# Raeber Druck Verlag und Buchhandel

Was passiert so alles, wenn Frauen und Männer in fünf Generationen für das gedruckte Wort arbeiten und von ihm leben? Wie verändert sich die Firma, wie die Stadt, in der sie es tun? Mal reinschauen und lesen!

\* Altes Wegmass: 1 Schweizer-Stunde = 16 000 Schweizer Fuss = 4,8 km.

Das Donnergrollen der 7 Jahre zuvor in Paris ausgebrochenen Französischen Revolution klingt den «Zopfherren»* des Hochlöblichen Standes Luzern bedrohlich in den Ohren.

Davon hört der kleine Aloys, mit dem die Vorgeschichte ihren Anfang nimmt, noch nichts: er liegt in der Wiege und schläft.

Sein Geburtsort: der Sagenhof in der kleinen Landvogtei Ebikon. Johann Reber**, sein Ur-Ur-Grossvater, hat die Sägerei laut Kaufbrief vom 26. Februar 1649 zusammen mit dem Widenwald gekauft und sich in Ebikon von Inwil kommend eingebürgert.

Doch schauen wir uns an, was Aloys Reber in seinen «Notizen und Erinnerungen» schreibt:

** (1624–86), führte im Bauernkrieg als «Harter» eine kräftige Sprache gegen die Gnädigen Herren und wurde 1653 für mehrere Jahre ins Elsass verbannt. Man schreibt sich Reber, Raeber oder Räber. In Luzern bürgert sich um 1860 Räber ein.

Am 7. August 1796 wurde ich als sechstes Kind geboren. Wie mir die liebe Mutter sagte, in der Ernte.

«Kommt! Kommt! Es ist da...!»

Die Taufe musste so eilig vor sich gehen, dass die übliche Schlotterden*** nicht vor sich gehen konnte, ...

«...taufe ich Dich auf die Namen Josef Deobald ALOYS. So!»

ÜÄÄH!

...da viel Korn geschnitten auf dem Boden lag und der Regen drohte.

* So nennt der Volksmund die Patrizier, die nach französischer Hofmode eine gepuderte Perücke mit Zopf tragen.   *** Taufschmaus.

* Einfall der französischen Revolutionsarmee im April 1798 bei Root.  ** Patengeschenke.

Ich erinnere mich auch, dass ich oft mit meinem Vater arbeiten musste. Er trachtete, das Land zu verbessern und die grossen Steine in der Matte beim Hof Büel wegzuschaffen.

Da musste ich bei ihm sein und beim Steinsprengen auf den Bohrer schlagen.

Vorsicht auf meinen grünen Daumen!

Mein Vater war etwas übelmögend, er litt an der Lunge. Arbeiten konnte er nur, wenn er sich nicht körperlich anstrengen musste, sonst konnte er den Athem nicht erhalten.

Ächz!

Er hat im Verhältnis zu der damaligen Zeit viel gelesen und war sehr religiös.

Er starb schon früh, 61 Jahre alt, als ich 13 war.

Sein Begräbnistag war der Tag meiner ersten Kommunion, der 4. April 1809.*

Meine Mutter war allen Leuten im Haus und in der Nachbarschaft lieb. Ich glaube als Kind schon bemerkt zu haben, dass sie für unsere ganze ökonomische Existenz bekümmert war.

Tagwohl!

Meine Lustbarkeiten oder Unterhaltungen waren in jener Zeit sehr sparsam.

Wichtig war mir, wenn ich an die Kirchweih unten in Ebikon entrinnen konnte ...

* 1801 und 1803 erlebt Aloys als 5- und 7jähriger den Tod eines Brüderchens und Schwesterchens. 4 der 10 Geschwister sterben wenige Tage oder Wochen nach der Geburt. Diese hohe Säuglings- und Kindersterblichkeit – noch um 1850 stirbt jeder vierte stadt-luzernische Säugling – gilt rund 150 Jahre später als Merkmal der Entwicklungsländer.

... und schätzte mich glücklich wie ein König, wenn ich mit einigen armen Buben in der Mosttrotte den in der Stande nicht aufgefassten Most mit der hohlen Hand trinken konnte.

Nachdem ich nur einige Winter, und zwar spärlich, die Schule in Ebikon besucht hatte, ...

... musste ich auf dem Land arbeiten, theils daheim, theils bei Nachbarn. Ich ging gern zu den Nachbarn, weil ich besser zu essen bekam. Wenn sie mich rühmten, so arbeitete ich aus allen Kräften.

Wenn ich allein, entfernt vom Hause arbeitete und einige Batzen Geld hatte, dass ich ein Büchlein kaufen konnte, von dem ich gehört und das mir gefiel, zum Beispiel Schmids Biblische Geschichte*, ...

... so liess ich die Arbeit im Stich und lief, oder vielmehr sprang in die Stadt, um das Büchlein zu holen.

War ich zurück, eilte ich nach Kräften, arbeitete so viel ich konnte, um meine Abwesenheit zu verbergen.

* Volksschriftsteller aus Augsburg, Christoph von Schmid (1768–1854).

Mein Bruder Joseph der Jüngere* hatte das Schneiderhandwerk erlernt und arbeitete als Gesell einige Zeit in der Stadt Luzern. Dies musste seine Fremde** sein. Als er wieder heimkam, war ich gerade vierzehn Jahre alt und musste auch zum Handwerk. Bei ihm lernen, kostete kein Lehrgeld.

*Also fing ich an zu Schneidern, und es ging so, wie es konnte.*

*Als ich etwas gelernt hatte, zog ich zu einem Meister in der Stadt, ...*

*... allda war ein französischer Anwerber, der sich bemühte, junge Leute unter die «Achtzehntausend»\*\*\* für Kaiser Napoleon anzuwerben. Ich war noch zu jung, sonst hätte ich nicht in diesem Haus wohnen dürfen.*

*Einmal, als vom Baden die Rede war, sagte er:*

Ich wollte mich an ein Schiff anbinden lassen und in kalter Herbstzeit über den See bis Flüelen schleifen lassen, wenn ich meine Sünden abwaschen könnte!

\*\*\* Die «Grosse Armee» Napoleons für den Russlandfeldzug 1812/1813. Da die Werber nur einige hundert Mann zusammenbringen, werden Verbrecher, Bettler, Arbeitsscheue, Nachtschwärmer und Väter unehelicher Kinder zum Kriegsdienst für Frankreich verurteilt.

*Als meinem ältesten Bruder Joseph seine erste Frau mit dem ersten Kind im Kindsbett gestorben war, wallfahrtete ich zum ersten Mal nach Einsiedeln. Es war im Herbst 1811. Ich war ein Knabe von 15 Jahren.*

*Er schickte mich mit einem sehr frommen Nachbars Sohn und gab mir als Reisegeld 2 Franken alter Währung mit.*

Hier hast Du was für unterwegs. Und jetzt geh mit Gottfried!!

*Wir gingen Morgens früh ...*

*... und verproviantierten uns mit Zwetschgen, die eben reif waren, jeder mit einem Fläschchen Schnaps und Brod.*

\* Zwei Brüder von Aloys haben den gleichen Rufnamen: *Joseph* Jost Fridolin Alois (1786–1868) und *Joseph* Alois (1794–1878).
\*\* Wanderzeit oder Walz als Schneidergeselle.

Auf Steinerberg*, St. Anna, setzten wir uns unter einen Baum und nahmen das Mittagsmahl.

Von da ging's ohne Säumen nach Einsiedeln, wo wir die Kirche besuchten, ...

... im Wirtshaus eine Suppe assen ...

... und ins Bett gingen.

Des Morgens stunden wir früh auf und gingen zur Kirche, um die Andacht zu machen. Ich hatte auch den Auftrag, in der Muttergottes-Kapelle eine hl. Messe lesen zu lassen.

«Es ist bald Zeit, ans Heimgehen zu denken!»

«Ich habe die Andacht nicht machen können. Du musst allein gehen, sonst denken die daheim, es sei uns ein Unglück begegnet...!»

Ich erschrack sehr und fürchtete, ich finde den Weg nicht, besonders über das Moos zwischen Küssnacht und Adligenschwyl, wo es, wie man sagte, sehr verirrlich sei.

Es läutete Mittag, als ich von Einsiedeln weg ging.

Ich fing an zu springen, den Chatzenstrick** hinunter, und setzte dies fort, ohne auf etwas anderes zu achten als nur, dass es schnell gehe.

Das Zäpfchen sprang aus dem Schnapsfläschchen, das noch ziemlich angefüllt war.

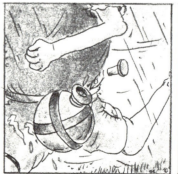
Ich fand es sogleich wieder, konnte es aber nicht einstecken, da ich wegen kaltem Wind und Regen zu stark an die Hände fror.

\* Zwischen Goldau und Steinen, 615 m ü. Meer, ungefähr auf halber Wegstrecke des 42 km langen Fussmarsches, im Anstieg zur Rothenthurmer Hochebene (923 m) – das Hochmoor wird erst 170 Jahre später zum nationalen Zankapfel.
\*\* Kleiner Pass, 1053 Meter ü. Meer, zwischen Einsiedeln und Rothenthurmer Hochtal. Weil die Luzerner Pilger über diesen Pass kommen, nennt man sie «Chatzenstricker», woraus später die spöttische Bezeichnung «Katzenstrecker» für alle Luzerner wird.

\* Landesstatthalter Dr. Karl Zay (1754–1816), Verfasser des «Schuttbuches» über den Goldauer Bergsturz, der 5 Jahre zuvor, am 2. September 1806, das Dorf mit 111 Häusern und 457 Menschen unter sich begraben hat.   \*\* Zur Arbeit zu den Leuten nach Hause.

An Werktagen trug ich Zwilchhosen, ...

... an Sonn- und Festtagen hatte ich Hosen von alten Kleidern vom Vater selig oder den älteren Brüdern. Die Hosen waren kurz, darüber, so gut es ging, weisse Strümpfe bis an die Knie*, mit schwarzen wollenen Bändern gebunden.

Dann ein rother Liber**, der ungefähr auf die Knie ging, vorne vermittels einem grossen Haften und rothen Bändchen zusammen gebunden, ...

... und anstelle des Hutes eine Nachtkappe.

Erst als ich etwas grösser war, erhielt ich einen Hut: um die Güpfe kaufte ich, wenn ich Geld hatte, eine schwarze oder eine Goldschnur.

Immer mussten, nach damaligem Brauch, bei jungen Leuten vorne zwei Quasten oder Zottel über den Hutrand herablampen.

Es kommt das Jahr 1814, ein bedeutungsvolles in jeder Hinsicht, für die Geschehnisse in Luzern, aber auch für den weiteren Verlauf unserer Vorgeschichte und der Geschichte selbst.

Am Schmutzigen Donnerstag, dem 16. Hornung, bringen sich die Luzerner Aristokraten durch einen *Staatsstreich* wieder an die Macht; die Stadt regiert erneut über die Landgebiete, Zollhäuser mit ihren Schlagbäumen innerhalb des Kantons und an seinen Grenzen, Brücken- und Weggelder werden wieder eingeführt.

* Die traditionellen Kniehosen des 18. Jahrhunderts. Während der französischen Revolution tragen die Pariser Handwerker, Gesellen und Lohnarbeiter ihre langen Hosen – die später Mode werden – bewusst als Zeichen ihrer Klasse, weswegen sie «Sansculottes» genannt werden.   ** Lange Jacke.

In diesem politisch nicht ungefährlichen Jahr verändert sich das Leben des achtzehnjährigen Bauernbuben und Schneidergesellen. Jakob Brunner, Sohn des Müllers in Ebikon, weiss zu berichten, dass der Buchdrucker und Buchhändler Anich an der Furrengasse einen Arbeiter sucht.**

\* Am Vorabend des Schmutzigen Donnerstags von Junker Thimotheus Meyer im Zusammenhang mit dem Staatsstreich niedergestochen. Der Täter bleibt unbestraft und dem Toten wird das Bürgerrecht der Stadt geschenkt.
\*\* Johann Martin Anich (1767–1838) vom bayerischen Unter-Ammergau, 1781 erstmals in Luzern, seit 1795 eine Buch- und Kunsthandlung unter dem Jesuiten-Bogen, ersteigert am 6. 12. 1811 die ehemals bedeutende Salzmannsche Offizin an der Furrengasse (Handpresse, Lettern und Zubehör).   \*\*\* Beromünster

Diesem musste ich Kleider auf seine Erste heilige Messe machen.

Um nicht Zeit zu verlieren, blieb ich die Nacht über bei ihm und schlief sogar bei ihm im Bett.

Er wohnte nahe dem damaligen «Schwarzen Thor» in der inneren Weggisgasse.*

Ich erzählte ihm, dass ich einige Wochen in der Buchdruckerei gewesen sei. Er lachte mich aus:

Es ist einfältig, wenn man es anders machen kann, als den ganzen Tag still zu sitzen und zuzustechen und kein Wort zu sprechen!

Mein Handwerk ist mir lieb. Wenn es mich reut, dass ich ausgetreten bin, so nützt alles nichts. Es ist schon ein anderer bei Anich!

Am Samstag kehrte ich nach Ebikon zurück und erfuhr, dass Anich ausrichten liess, die Stelle sei wieder offen, da der Ersatz nicht durchgehalten habe.

Aloys muss dem Buchdrucker 12 Gulden Lehrgeld bezahlen, erhält aber seinen bisherigen Lohn von 3 Gulden und 15 Schilling. Arbeitszeit: an allen Werktagen 6 Uhr morgens bis 7 Uhr abends mit einer Stunde Mittagspause.

Anfangs November 1814 kommt es zum Lehrvertrag:

Um die Sprach- und Rechtschreibekenntnisse von Aloys ist es schlecht bestellt. Weil er nicht leiden kann, von den Gehilfen als dummer Bauernbub ausgelacht zu werden, ...

... nimmt er abends nach der Arbeit Unterricht bei Herrn Lehrer Staufer ...

... und löst die Aufgaben nach dem Heimmarsch in Ebikon, wo man ihm das Nachtessen warmstellt.

* Beim Falkenplatz, 1860 abgetragen.

* Seit 1810 machen mechanische Webstühle in den Emmentaler und Aargauer Firmen viele bäuerliche Heimarbeiterinnen brotlos. Armennot und die Missernte 1816/17 begünstigen das Gaunerwesen, was 1824–26 zum «Gaunerhandel» Anlass gibt, einem Schauprozess mit politischem Einschlag (160 Jahre später im Stadttheater Luzern als Schauspiel «Gaunerkönigin Clara Wendel»).

* Geselle, der Schriftsetzer und Drucker gelernt hat.

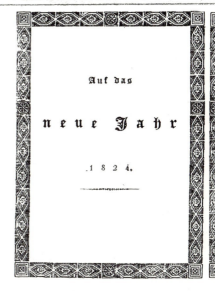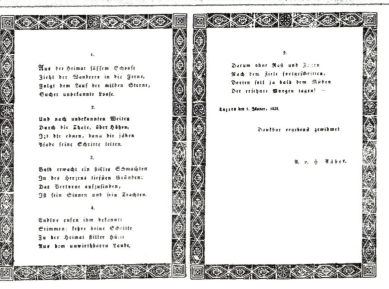

Haus 313 A* an der Ledergasse, angrenzend an das Gässchen zur Sust auf dem Kapellplatz, an die vordere Ledergasse und Buholzers Laube sowie an den Ehegraben**:

Aloys und Heinrich drucken die ersten Aufträge auf der eigenen hölzernen Handpresse und eröffnen einen kleinen Bücherladen mit Papierhandlung. Die als offene Druckbogen gelieferten Bücher werden nach Bedarf broschiert oder gebunden.

3. Jahrgang der Zeitschrift von Dr. Joseph Coelestin Segesser von Brunegg, ein Büchlein von 152 Seiten: «Zeichen der gegenwärtigen Zeit im Guten und Bösen – zunächst in bezug auf die Schweiz»

Am 9. Brachmonat 1825 erscheint ihr erstes Inserat im Luzernischen Intelligenz-Blatt:***

In der Kleinstadt leben rund 6800 Burger und Beisassen.****

Wiesen und Matten reichen unverändert an den Befestigungsgürtel der Stadt, in der sich die Häuser zwischen über 30 Türmen und einer Vielzahl von Toren um die mittelalterlichen Plätze drängen.

Intelligenz-Blatt: «Bemerkung wegen den Juden. Es wird den sämtlichen Polizey-Behörden nicht entgangen seyn, wie viele fremde Juden seit einiger Zeit in der Schweiz herumziehen, lediglich in der Absicht die Leute zu bestehlen... Um das Land so viel möglich von dieser gemein gefährlichen Menschenrasse zu reinigen, wäre es vielleicht nicht unzweckmässig, wenn jeder fremde Jude den eidgenössischen Grenzbehörden überliefert werden müsste...»

\* Heute Ledergasse 15. Das Haus gehört von 1824–1831 dem Bruder Joseph (1794–1878), bei dem Aloys das Schneidern gelernt hat.
\*\* Offener Abzugsgraben, Kloake zwischen zwei Häuserreihen.   \*\*\* Heute Luzerner Kantonsblatt, Brachmonat ist der Juni.
\*\*\*\* Stadtbewohner ohne volles Bürgerrecht, meist ohne Grundbesitz, besonders Handwerker und Juden.

Baulich hat sich kaum etwas geändert. Von 1819 bis 1822 hat man den übelriechenden Grendelkanal vom Falkenplatz bis gegen die Schifflände am See überdeckt.

Am Kapellplatz ist die einzige grosse Baustelle: Ein Jahr zuvor hat Bankier Johann Friedrich Knörr das mit Fresken von Hans Holbein dem Jüngeren prachtvoll geschmückte Hertensteinhaus niederreissen lassen, ...

... um einen Neubau aufzustellen.*

Über die hölzerne Reussbrücke, dem einzigen Übergang für Fuhrwerke, ...

... rattern die Kutschen zum Gasthaus «Rössli» am Mühlenplatz.

Frauen und Mägde tragen volle Zainen zum Waschfloss ...

... oder holen Wasser an den Brunnen.

Von irgendeinem Platz hört man die Schelle des Gantrufers.

\* Rund 140 Jahre später wird sich Ähnliches wiederholen: das 1824/25 erbaute Haus muss einem architektonisch fragwürdigen Warenhaus-Neubau weichen.

Im Heumonat (Juli), wenn die Stadtbehörden für Hunde den unbeliebten Maulkorb als Vorsichtsmassnahme gegen die Tollwut vorschreiben, liegt über den schmutzigen Gassenpflastern neben der Hitze ein derber Geruch.*

Gemütlichkeit und relative Freiheit sind seltsam mit der Angst vor Armut und Unglück, vor Strafe und Unterdrückung gemischt. Die streng gehandhabte Zensur macht es wenig ratsam, die einheimischen Verhältnisse zu beschreiben oder gar zu kritisieren.

* «Die engen, schmutzigen Strassen, auf denen es keine Beleuchtung gibt, die geschlossenen Läden, die Begegnung von betrunkenen Arbeitern und von Frauen, welche, um Wasser zu holen oder aus irgendeiner anderen Veranlassung, schnell durch die Gassen huschten – das alles vermochte meine trübe Stimmung nicht zu bannen...»
Juli 1857: Leo N. Tolstoj

Die patriarchalische Ordnung der Aristokratie und Geistlichkeit stützt sich auf überlieferte polizeistaatliche Massnahmen und auf eine harte Justiz – man lebt schliesslich im Jahr des «Gaunerhandels».

«Joseph Leimbacher, von Sins, Kant. Aargau, seines Berufes Landarbeiter und Strohhutmacher, 31 Jahre alt, 4 Schuhe 10 Zoll franz. Mass hoch... Ward am 18. dies vom hohen Appelationsrath hiesigen Standes wegen Diebstahl auf eine Stunde zur Schaustellung und nachher 10 Jahre Verbannung aus dem Kanton Luzern verurtheilt...»

Obrigkeitliche Bewilligungspflicht schränkt die Gewerbefreiheit stark ein. Es gibt in der Stadt vier Buchhandlungen – das Buchantiquariat Hautt an der Krongasse, die Thüringsche am Hirschenplatz, die Buchhandlung Anich am Mühlenplatz und Meyer am Kornmarkt.

Die drei städtischen Buchdruckereien sind zugleich die einzigen des ganzen Kantonsgebietes! Auf der luzernischen Landschaft darf nach wie vor nicht gedruckt werden, was die Zensur vollständig macht!

Gedrucktes aus den übrigen Kantonen sowie aus dem Ausland bedarf – wie könnte es anders sein – einer Einfuhrbewilligung.

** Der 67jährige Georg Ignaz Anton Thüring (1758–1831) besitzt seit 1781 die von Wyssing 1690 gegründete Buchdruckerei. Sein Sohn, Georg Ignaz Johann (1782–1838), ist mit Antonia Göldlin von Tiefenau verheiratet.

In der Tat sind die Einrichtungen der Brüder Aloys und Heinrich so bescheiden, dass sie sich leicht zügeln lassen: 1826 ins Haus Kapellgasse 21, das die beiden erwerben, 1829 an die Werchlaubengasse 6, in Heinrichs Haus.

1831, sechs Jahre nach der Geschäftseröffnung: Die Signale der Pariser Revolution von 1830 lösen in der Schweiz eine landesweite demokratische Bewegung aus, die in Luzern im Januar 1831 die Restaurations-Regierung zur Abdankung zwingt.

Auf dem Lande führt der Grossbauer Josef Leu die Gegenkräfte. Er steht anfänglich mit der liberalen Freiheitsbewegung in der gleichen Front für den Ausbau der politischen Freiheitsrechte und holt sich Rat bei Vater Wolf von Rippertschwand**.

In der Stadt ist es der aufgeklärte Dr. Kasimir Pfyffer von Altishofen.

An der Volksabstimmung vom 31. Januar über die neue Verfassung beteiligen sich rund 52 Prozent: 7162 nehmen an und 3490 verwerfen – die 8440 den Urnen ferngebliebenen und sich der Stimme enthaltenden Bürger werden als Ja-Stimmen gerechnet!***

Nach den Grossratswahlen vom 11. Februar kann Kasimir Pfyffer nach Zürich schreiben:

"Wir werden den liberalsten Grossen Rat besitzen, der in der Eidgenossenschaft wird zusammengesetzt werden..."

In diesem politisch explosiven Jahr, das eine konservative Buchdruckerei und -handlung nicht begünstigt, wagen die Gebrüder Aloys und Heinrich Räber den nächsten Schritt: Im Dezember übernehmen sie auf den 1. Januar 1832 von Johann Martin Anich

die seit zwei Jahren im Mietverhältnis betriebene Druckerei, die 6 Arbeiter beschäftigt und über eine hölzerne Handpresse verfügt.

* Xaver Meyer von Schauensee (1769–1829), Inhaber der 1798 gegründeten Buchdruckerei Meyer beim Baslertor und der gleichnamigen Buchhandlung am Kornmarkt, ein aufgeklärter und die Kunst liebender Patrizier, Mitbegründer der Theater- und Musikliebhaber-Gesellschaft im Jahre 1806, selber ein begabter Violinist.  ** (1756–1832), fortschrittlicher Bauer von Rippertschwand bei Neuenkirch, 1803 Grossrat, Gründer eines Gebetvereins und der «Bruderschaft zur Bewahrung und Belebung des Glaubens». Er bewirkt viele Krankenheilungen und wird vom Landvolk verehrt. Nach seinem Tod wird «Vater» Leu der anerkannte Führer und die Seele des Gebetvereins.  *** Stimmberechtigt: Kantonsbürger von mindestens 20 Jahren, katholischen Glaubens und weltlichen Standes, mit mindestens 400 Franken Eigentum (Jahreslohn eines Druckers rund 300 Franken). Ausgeschlossen: in Kost und Lohn Stehende, Bevogtete, entehrend Bestrafte und Konkursiten. Es herrscht Stimmpflicht. 20 293 Stimmberechtigte. Kantonsbevölkerung: 132 843 (zum Vergleich: 307 018 Kantonsbewohner im Jahr 1985).

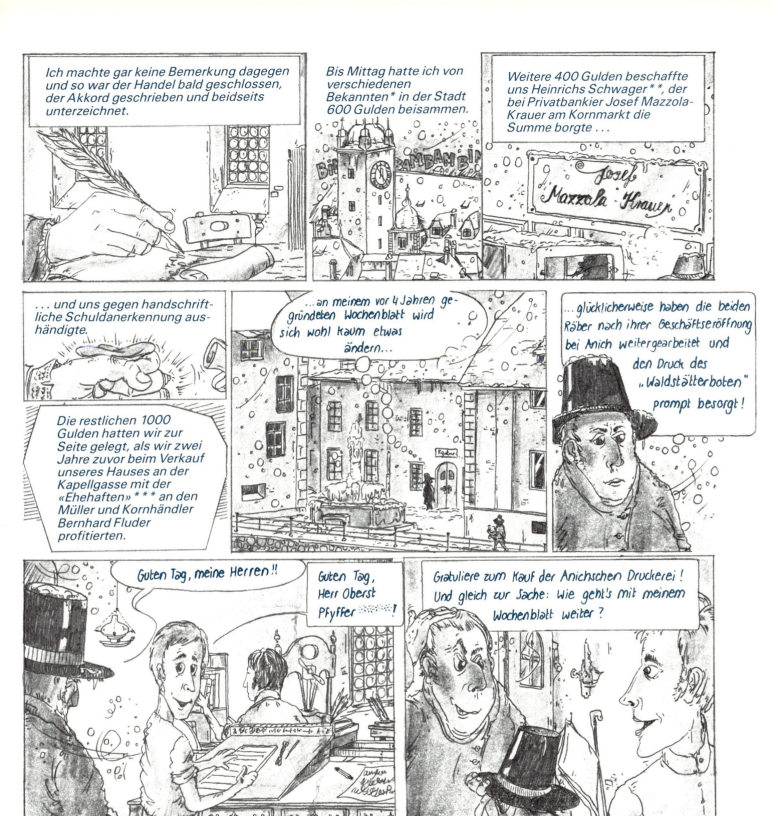

\* Lorenz Göldlin von Tiefenau (1802–64) aus der alten Patrizier- und Offiziersfamilie beteiligt sich an der Firma bis 1842, als er von Regierungsrat Alois Hautt (1806–71) das traditionelle Buchantiquariat an der Krongasse übernimmt.  \*\* Heinrich ist seit dem 1. Mai 1826 mit Anna Fluder (1802–35) vom Dottenberg in Adligenswil verheiratet. Die Fluder gehören zu den vermögensten Bauern im Kanton Luzern.  \*\*\* Eine traditionelle Bäckerei, die mit der Liegenschaft verbunden ist, ähnlich wie ein Tavernenrecht.  \*\*\*\* Carl Pfyffer von Altishofen (1771–1840), auf den Namen Carl-Josef-Anton-Johann-Nepomuk-Markus getauft, mit zehn Jahren an die Militärschule von Paris, 1787 zweiter Unterlieutenant im Schweizerischen Garderegiment in Paris, 1793 im Piemont als Hauptmann, 1801 Rückkehr nach Luzern. Hauptinitiant für die Schaffung des Löwendenkmals, das 1821 enthüllt wird. Er ruft 1828 den «Waldstätter-Boten» ins Leben, um das Volk über die politische Lage aufzuklären. In der «Ankündigung» schreibt er unter anderem: «... Er wird sich bestreben, die Sachen so zu erzählen, wie sie sind, wie sie dem gesunden Auge eines Bewohners der Urschweiz erscheinen, und nicht wie sie sich durch vom Ausland verschriebene Brillen darstellen ...»

Anfang Juli 1832 feiert Luzern mit der Durchführung des 6. Eidgenössischen Ehr- und Freischiessens den Beitritt zum Bund der Waldstätte. Die konservativen Regierungen der Urkantone verbieten ihren Schützengesellschaften zwar die Teilnahme im freisinnig-liberal regierten Luzern. So kommen viele Schützen ohne Fahnen auf die Buben- und Spitalriedmatt.*** Wettschiessen sind so beliebt wie die Wettkämpfe der neu gegründeten Turnervereine.

\* Melchior Schlumpf (1797–1880) von Zug, 1821–35 Lehrer am Gymnasium in Luzern. 1831, nach der Proklamation der Pressefreiheit, gibt er den Anstoss zur Gründung des Blattes. September 1835: Er muss den Kanton Luzern innert 8 Tagen verlassen.
\*\* Dr. Jakob Robert Steiger (1802–62) schreibt am 1. Dezember 1833 in einem Brief: «Bei uns hängen die Pfaffen die Köpfe. Indessen ist solchem Gevögel nie zu trauen ... !»   \*\*\* Schon damals: Fahnenstreit und Boykott bei sportlichen Wettkämpfen!

Heinrich ist ein begeisterter Schütze, wie seine Vorfahren, die in Ebikon das Amt des Trüllmeisters bekleideten. Auf Schützenfesten wird er als ächter Luzerner Bürger von biederem Charakter und als gemütlicher Mann gern gesehen.

Die wiedereingeführte Handels- und Gewerbefreiheit begünstigt die Gründung neuer Buchdruckereien in der Stadt: 1833 Johann Baptist Scherer von Hochdorf an der Eisengasse, 1835 das Berichthaus von Josef Leonz Hunkeler aus Schötz an der Inneren Weggisgasse, 1836 Kaspar Hübscher von Schongau an der Hinteren Eisengasse, 1837 Anton Petermann, Bürger von Schötz, am Mühleplatz – Einmannbetriebe mit einer hölzernen Handpresse. Aber schon innerhalb der ersten zwei Jahre ihres Bestehens wechseln sie wieder die Hand oder fallen in Konkurs.

Trotz der erklärten Pressefreiheit hat der «Waldstätter-Bote» mit Verboten, Haussuchungen und Postsperren der Regierung zu kämpfen. Als der Redaktor Carl Pfyffer einen Artikel zum «Siebner-Konkordat»* in

das Wochenblatt aufnimmt, verurteilt ihn die Luzerner Regierung zu 100 Tagen Haft. Um die Strafe nicht antreten zu müssen, begibt sich Carl Pfyffer im Januar 1833 nach Schwyz, wo die Zeitung erscheint.

*Endlich haben wir den konservativen „Waldstätter-Boten" vom Hals!*

*Das wird Anton Schnyder in Sursee freuen! Sein vor zwei Jahren gegründeter „Eidgenosse"** erhält so neuen Auftrieb...*

Der Triumph der beiden liberalen Regierungsräte währt nur kurz. Schon im April müssen sie lesen:

*Wir theilen unserer werthen Kundschaft mit,...*

* Am 17. März 1832 zwischen 7 liberal regierten Kantonen (Luzern, Zürich, Bern, Solothurn, St. Gallen, Aargau und Thurgau) geschlossenes Sonderbündnis, das bis 1848 besteht, im Gegensatz zu dem im November 1832 vereinbarten «Sarnerbund» (Basel-Stadt, Uri, Schwyz, Unterwalden, Neuenburg und Wallis), der im August 1833 auf Druck der Tagsatzung aufgelöst werden muss – erste Zeichen des «Kalten Krieges».   ** Radikales, seit Januar 1831 zweimal wöchentlich erscheinendes Blatt, das 1834–37 und 1840 von Dr. Jakob Robert Steiger redigiert wird und am 9. Juli 1841 eingeht.

| Pränumeration. | | Insertions-Gebühren. |
|---|---|---|
| Jährlich . . . . . . . . 30 Bz. | | Die Zeile 1 Bz. od. 4 Kreuzer. |
| Halbjährlich . . . . . . 15 Bz. | | Briefe und Gelder franco. |

# Luzerner Zeitung.

Freitag     **No. 1.**     den 12. April 1833.
und Probeblatt.

(Druck und Verlag bei Gebrüdern Räber.)

---

*Nemo est, qui sapientius tibi suadere possit te ipso, nunquam labere, si te audies.*

Niemand kann dir besser rathen, als du selbst; du wirst nie fehl gehen, wenn du auf dich selbst hörest.

*Cicero ad Fam.*, lib. 2, 17.

Was wir in der Ankündigung unserer Zeitung bemerkt haben, scheint wirklich eintreffen zu wollen. Wir haben nämlich in unserer Ankündigung die Ahnung ausgesprochen, es werde wohl Solche geben, welche unzufrieden den Kopf schütteln, weil sie uns in keine der bisherigen Parteien einzureihen wissen. Denn nachdem die Parteiung schon so weit vorgerückt, wie wir leider nur zu sehr erfahren müssen, glauben sie, sei es nicht mehr möglich, daß Jemand in der Mitte stehen bleiben könne, ohne auch auf die eine oder andere Partei zu treten. Wir erinnern uns aber hier gerade zweier Weltweisen Griechenlands, des Demokrit und des Heraklit. Ersterer lachte beständig über die Thorheiten der Welt, Letzterer hingegen weinte und jammerte beständig über die nämlichen Thorheiten.

Betrachten wir, was in der Welt, und namentlich in unserm lieben Vaterlande, vorgeht, so wandelt uns oft an, mit Demokrit darüber zu lachen, oft möchten wir mit Heraklit weinen. Wenn wir aber eine Zeitung schreiben wollen, halten wir es nicht für unsere Aufgabe, die Gefühle unseres Herzens, sondern die geschehenen Thatsachen dem Leser mitzutheilen, und dieser mag dann selbst achten, was für Gefühle sich darüber in seinem Herzen regen; nicht die politischen Stoßseufzer eines Zeitungs-Redaktors will und soll der Leser vernehmen, sondern die Begebenheiten der Welt, und vor allem des Vaterlandes. Es ist ein sehr großer und sehr schädlicher Mißbrauch, daß einige Zeitungs-Redaktoren dem Publikum beständig nur ihr eigenes Urtheil aufdringen, wodurch denn beim Volke das eigene Urtheil ganz verloren geht und nichts als bloße Nachbeterei entsteht. Unsere Ansicht aber ist, das Publikum soll durch die Zeitungen die Begebenheiten vernehmen, das Urtheil darüber soll es aber selbst fällen nach seiner eigenen Ansicht. So laden wir denn Alle ein, Radikale und Aristokraten, Just-Milieu-Männer und Indifferente, wenn sie nur für eigenes Urtheil fähig sind, zu lesen die Nachrichten, die wir treu darzustellen uns befleißen werden, und nach eigenen Ansichten mögen sie darüber urtheilen. Jene aber, welche fühlen, daß es für sie nothwendig sei, daß sie das Urtheil eines Andern sich aneignen, verweisen wir, sich nach Gerathewohl oder nach Gutdünken sich ein Blatt zu wählen, damit sie doch in Gesellschaften als vernünftige Leute passiren mögen, wenn sie nebst den Fakten auch das Urtheil auswendig gelernt haben; und wenn ein solcher Mensch etwa gar Gesellschaften von entgegengesetzter Partei besuchen und überall ins Horn blasen wollte, so wäre es für diesen gar rathsam, sich auch Blätter von entgegengesetzter Partei zu verschaffen, und bevor er die aristokratische Gesellschaft besuchte, etwa die Baseler Zeitung mit Berichten und Urtheil auswendig zu lernen, bevor er aber in die liberale Gesellschaft gienge, etwa den Eidgenossen mit Haut und Haaren zu verschlingen.

Daß Dasjenige, was wir uns hier zur Aufgabe gemacht haben, wahres Bedürfniß geworden sei, beweiset uns gerade die Note, welche uns so eben von der Friedensgesellschaft von Genf zugeschickt worden ist, mit der Bitte, sie in unsere nächste Nummer aufzunehmen. Sie lautet wörtlich also:

„Ein jeder biedere Schweizer seufzet ob der Uneinigkeit, welche unser gemeinsames Vaterland zerreißt. Jeder gute Christ soll daran arbeiten, derselben ein Ende zu machen. Zu diesem Zwecke hat der Präsident der Friedensgesellschaft von Genf allen HH. Geistlichen und Pfarrern der christlichen Gemeinden den Vorschlag zu machen, eine Petition an die hohe Tagsatzung zu unterzeichnen und von den Bürgern unterzeichnen zu lassen, daß nach §. 5 des Bundesvertrages von den Kantonen Schiedsrichter erwählt werden, den Zwist zu beendigen, welcher die Ruhe der Schweiz gefährdet, und selbst deren Unabhängigkeit gefährden könnte, wenn er noch länger andauerte."

## Schweizerische Eidgenossenschaft.

Tagsatzung. XI. Sitzung v. 29. März. Solothurn trug darauf an, es soll der Art. 9 des Tagsatzungsreglements so weit abgeändert werden, daß auch 12 Stände hinreichen sollen, die Tagsatzung zu eröffnen. Dafür stimmten 10 1/2 Stände; 3 Stände behielten das Protokoll offen. — Waadt trug an, es sollen auch zu einem gültigen Beschluß nicht 12 Stände nöthig sein. Dem widersprach Luzern.

Hierauf wurde das Gutachten der Kommission über die Angelegenheiten der äußern Bezirke von Schwyz verlesen, nämlich: 1) Der gegenwärtig im Kanton Schwyz bestehende politische Zustand wird einstweilen (unter feierlichem Vorbehalt der Wiedervereinigung) anerkannt. 2) Bis sich das innere und äußere Land Schwyz unter eine gemeinsame

\* Format des vorliegenden Bandes.   \*\* Niklaus Rüttimann (1799–1858), 3. Sohn des Staatsmannes Vinzenz Rüttimann (1769–1844), aus der Familie, die im 16. Jahrhundert als letzte zum Patriziat gestossen ist.
\*\*\* Constantin Siegwart-Müller (1801–69), Urner, im Tessin aufgewachsen, wo sein Vater eine Glashütte besitzt. Rechtsstudium an deutschen Universitäten, seit 1833 in Luzern, wechselt 1839 politisch und religiös ins konservative Lager (unter dem Eindruck der Berufung des freireligiösen Theologen und Leben-Jesu-Forschers Dr. David Friedrich Strauss an die Theologische Fakultät der Universität Zürich, was die Luzerner Freisinnigen in einen radikalen und in einen gemässigten Flügel spaltet). 1841–47 Regierungsrat, der führende Konservative des Sonderbundes bis zu dessen Niederlage und Auflösung.

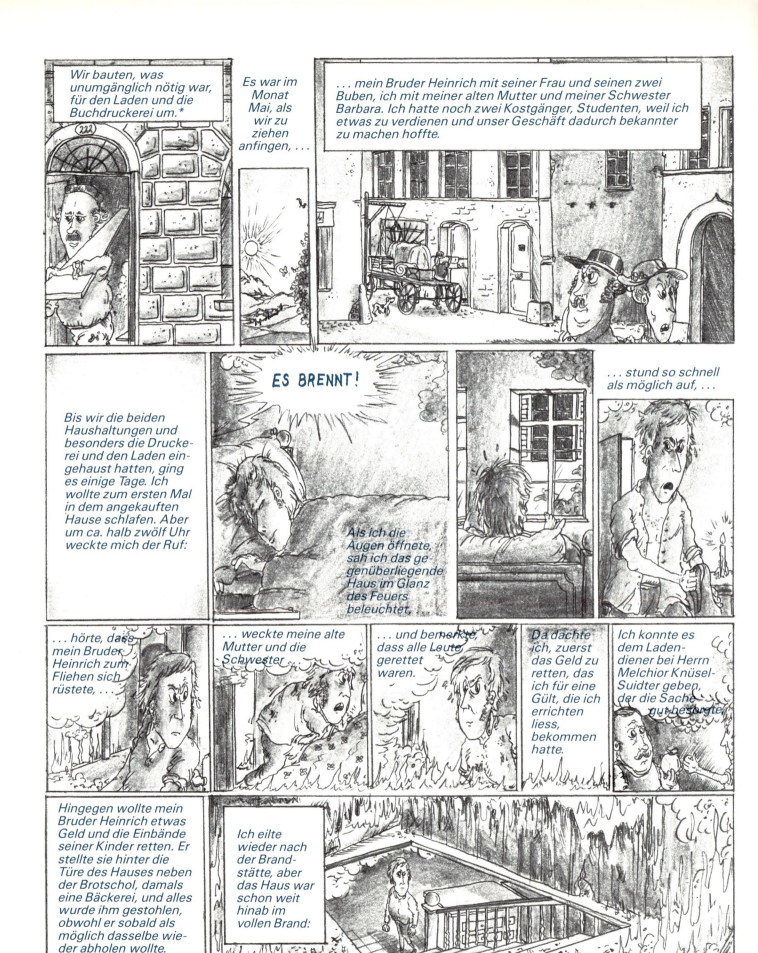

* Heute Kornmarktgasse 7, Taschenbuchladen Kornmärt.

*In die Druckerei\* konnte niemand mehr kommen. Wir fingen nun an, aus dem Laden zu retten, so gut wir konnten. Es waren noch keine Leute da, nur so ein Gewinsel von einigen wenigen.*

*Bald kam die Zeit, wo das Feuer gar zu nahe kam und häufig Funken von oben herabfielen, so dass man sich genötigt sah, ein Brett auf den Kopf zu nehmen und mit schweren Seufzern aus dem Haus zu fliehen.*

SEUFZ!

*Ich stellte mich in die Reihe, um mit den Lederkübeln Wasser herbeizuschaffen.*

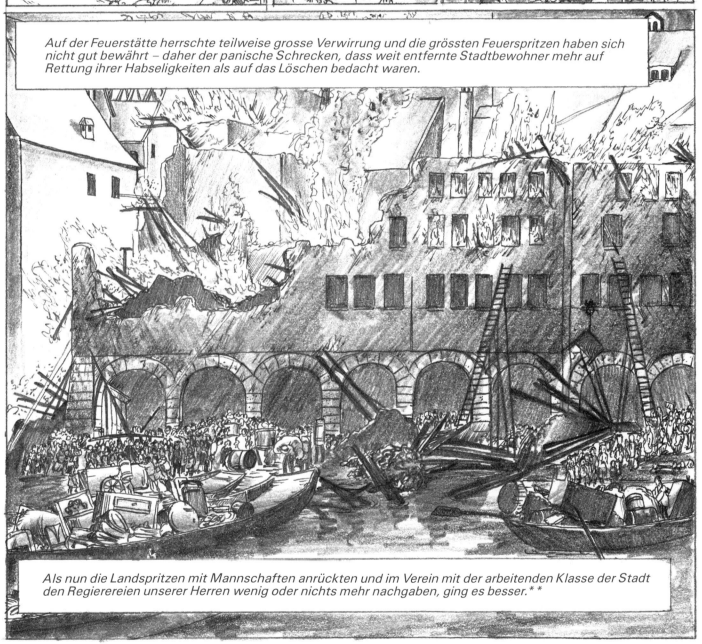
*Auf der Feuerstätte herrschte teilweise grosse Verwirrung und die grössten Feuerspritzen haben sich nicht gut bewährt – daher der panische Schrecken, dass weit entfernte Stadtbewohner mehr auf Rettung ihrer Habseligkeiten als auf das Löschen bedacht waren.*

*Als nun die Landspritzen mit Mannschaften anrückten und im Verein mit der arbeitenden Klasse der Stadt den Regierereien unserer Herren wenig oder nichts mehr nachgaben, ging es besser.\*\**

\* Im obersten Stock. Der darüberliegende Estrich ist von den Nachbarhäusern nur durch Bretterwände getrennt.
\*\* Aus den Kantonen Luzern, Unterwalden, Zug, Schwyz und Aargau werden mit Feuerreitern, Notschüssen und Sturmläuten 33 Feuerrotten herbeisignalisiert.

*In der Nacht um drei oder vier Uhr ging ich von der Brandstätte ein wenig fort zu meinem Bruder an der Ledergasse, wohin meine Mutter und meine Schwester sich geflüchtet hatten. Obwohl im höchsten Sommer zitterte ich vor Frost ...\**

Morgens um acht Uhr beginnt man dem Feuer Meister zu werden. Neun Häuser sind ganz, das zehnte zum grössten Teil eingeäschert, von der Kornmarktgasse an die Reuss hinunter, vom Zunfthaus zur Metzgern bis zum Kornmarkt.\*\*

Im Estrich des Hauses Weinmarkt No 224, neben der Firma Gebrüder Räber, ist das Feuer ausgebrochen: Die Putzmacherin Francisca von Büren, mit Ulrich Meyer verehelicht, hat in einem schadhaften Schwefelkessel Feuer gemacht, um Hüte zu schwefeln.

Die beiden dürfen sich öffentlich nicht mehr sehen lassen und ziehen es vor, Luzern für Jahre zu verlassen.

Den ganzen Tag wird ohne Unterlass weitergespritzt, weil bei der geringsten Unterbrechung die schrecklichen Flammen wieder aufleben.

Das Rathausdach ist mit Tüchern bedeckt, die man mit Spritzenwasser durchnässt, weil die ausgetrockneten Holzschindeln nachts beinahe in Brand geraten sind.

Als ich morgens um acht Uhr hörte, man sei nun endlich der Feuersbrunst Herr geworden, schrieb ich an der Ledergasse so viel ich konnte – da um zwölf Uhr die Post abfuhr – an unsere Handlungsfreunde, besonders aber an die Schriftgiesserei Graberg in Zürich.

Ich ging zu Buchdrucker Thüring\*\*\* und fragte, ob wir durch unsere Arbeiter eine Anzeige drucken dürften, um bekanntzumachen...

Ich muss das Geschäft so schnell wie möglich wieder fortsetzen!!

... warum die „Kirchenzeitung" und die „Luzerner Zeitung" einstweilen nicht erscheinen können...!...

Buchdrucker Thüring erlaubte uns die Benützung seiner Handpresse bereitwilligst.

\* Joseph Räber-Wyss, Schneidermeister, seit 1826 in der Stadt, seit 1849 Handelsmann für Kirchengefässe und -paramente, 1851 Stadtbürger.   \*\* Zwischen den Häusern noch kein Gässchen, sondern grössere und kleinere Nebengebäude (heute Brandgässli).
\*\*\* Georg Ignaz Johann, der 9 Jahre nach dem Tod seines Vaters die Druckerei 1840 dem jüngsten Sohn von Xaver Meyer von Schauensee, Alphons (1817–46), verkauft, der den Kleinbetrieb aber wenig später an Josef Müller weiterveräussert.

\* (1803–84), Bruder von Alphons. Er führt seit 1829 die Druckerei seines verstorbenen Vaters, während sein Bruder Karl (1800–60) die Buchhandlung Meyer am Kornmarkt übernommen hat.  \*\* Die 1653 gegründete Papiermühle Horw wird 1867 liquidiert und 1981 statt niedergerissen in das Horwer Kulturzentrum «Zwischenbühne» umgewandelt werden. – Der Papierfabrikant im Rotzloch, Kirchmeier Kaspar Blättler (1791–1872), Erbauer des Hotels «Klimsenhorn» auf 1900 m über Meer in den Jahren 1856–60 und Initiant für die Wiederansiedlung des ausgerotteten Murmeltieres am Pilatus.  \*\*\* Emanuel (1796–1834), Sohn von Dr. L. Corragioni d'Orelli (1758–1830). Der Vater war während des «Gaunerhandels» zu Unrecht ins Gefängnis gesteckt worden, weil ihm politische Gegner Schuld am Ertrinkungstod von Schultheiss Franz Xaver Keller (1772–1816) unterschoben.
\*\*\*\* Friedrich Graberg (1788–1871) aus Augsburg, seit 1823 Bürger von Hottingen, kauft 1824 die Schriftgiesserei, die vor 1805 und nach 1858 wieder der Orell-Gessner-Füssli & Co. gehörte (Grabergs einziger Sohn wird Kunstmaler und Zeichnungslehrer).

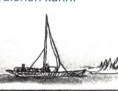

Das ganze Quantum, das er zu liefern hatte, belief sich auf die Summe von 7000 Franken. Der Betrag mag so gross geworden sein, weil man, wenn genüglich Schriften in einer Buchdruckerei vorhanden sind, mehr arbeiten, also auch mehr verdienen kann.

Ich wollte die Abschrift der Lieferung in den Sack stecken und mich verabschieden, die Bürgschaft zurücklassend.

Wenn wir Freunde bleiben wollen, so nehmen Sie die Bürgschaft mit sich!

Ich habe gehört, dass sie redlich, arbeitsam und sparsam sind. Für solche Leute brauche ich keinen Bürgen!

Müsste ich verlieren, so würde ich über Euch nicht zürnen und selbst keine Not leiden, ja kein Stücklein Brot weniger essen, wenn ich die ganze Bestellung verlieren müsste.

Auch meine Frau würde deswegen nicht Not leiden!

Mit welcher Freude ich von diesem braven – reformierten – Manne wegging, lässt sich denken.

Nach zehn Tagen fanden wir unsere neue eiserne Presse* im Schutt auf der Brandstätte. Sie war beschädigt, aber wir konnten sie mit 96 Franken wieder herstellen lassen, ...

... was das Meyersche Walzwerk** in Kriens in aller Eile ausführte. Sonst retten wir aus der Buchdruckerei nichts als einige eiserne Rahmen, Hammer, Zangen und mehrere Klumpen Blei.

Mein Bruder Heinrich hatte sein kleines Haus an der Werchlaubengasse 6 kurz vor dem Brand verkauft.

Der Käufer Goldschmied Dominik Meyer aus Sursee, unsere Lage einsehend, war einverstanden, den Kauf aufzuschieben.

Wir fingen also an, uns dort einzurichten, ...

... und da der Platz nicht ausreichte, so hatten wir noch in zwei oder drei anderen Häusern Arbeiter; im späteren Schobingerschen Haus an der Furrengasse*** arbeiteten die Setzer auf dem Estrich.

\* Nach Übernahme der Anichschen Offizin im Frühjahr 1832 gekaufte Handpresse «Stanhope», aus der mechanischen Werkstatt Christian Schenk in Bern, dem Vater des späteren Bundesrates Karl Schenk.
\*\* Niklaus Meyer-Duc (1774–1837) hat das Walzwerk 1826 begründet. Wie sein Vetter Xaver Meyer von Schauensee, der Druckereibegründer, betrachtet er Arbeit als ebenso standesgemäss wie den Staatsdienst oder die Militärlaufbahn und lehnt den noch vorherrschenden junkerlichen Lebensstil (aus Landbesitz zu leben) ab. \*\*\* Heute Hotel «Des Alpes».

* Jost Xaver Egli (1790–1859), Leutpriester in Root, um 1824 Herausgeber der Beschlüsse des Tridentinischen Konzils in deutscher Sprache (1545 und 1563: Abwehr der Reformation und Selbstreform der katholischen Kirche).   ** Franz Michael Blunschi (1798–1862) von der 1747 in Zug gegründeten Offizin Blunschi hilft aus (seit 1770 Herausgeberin eines eigenen «Neuen Hauskalenders»). Aloys besucht ihn dreimal während des Hausneubaues zu Fuss – um keine Zeit zu verlieren abends, und kehrt anderntags in der Frühe wieder zurück.   *** Es kommen drei Jahrgänge heraus.

* Auf Einladung der liberalen Luzerner Regierung verfassen die Delegierten der liberal-radikalen Stände Luzern, Bern, Baselland, Aargau, Thurgau und St. Gallen im Frühjahr 1834 die «Badener Artikel», die im Januar 1841 zur Aargauer Klösteraufhebung führen.   ** Geistliche.

* Vornehmes Wirtshaus ohne Beherbergungsrecht, seit 1699 an der Weggisgasse 32 (später an die Baselstrasse verlegt).
** Vorgehen der Regierung gegen den Katholischen Verein, 1834. Die Druckerei ist im 1., die Setzerei im 4. Stock eingerichtet.

Die Unterhaltung gefiel mir nicht übel und ich war wieder etwas aufgeheiterter. Die Sache ging so, wie verabredet:

Der Advokat, der vor Gericht gegen uns vortrug, war mit der Busse zufrieden.

Doch Fleury verlangte Appellation!

Die Sache nahm aber unerwartet ein Ende: Staatsanwalt Jakob Kopp kam nach Hause und ich erhielt am anderen Morgen um zehn die Kostennota. Ich ging eilends zum Staatsanwalt:

 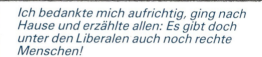

Bedeuten die 100 Franken Strafe, dass der Prozess fertig ist?

Ja! Wenn ich hier gewesen wäre, hätte die Plakerei schon lange aufgehört! Mein Sohn Jakob hat mir gestern abend noch erzählt, wie es zuging!

Ich bedankte mich aufrichtig, ging nach Hause und erzählte allen: Es gibt doch unter den Liberalen auch noch rechte Menschen!

Obwohl wir uns der Gunst der Behörden nicht zu erfreuen hatten und von diesen keine Arbeit erhielten, konnten wir den Kredit behaupten, der uns beim Brandunglück geschenkt worden war.

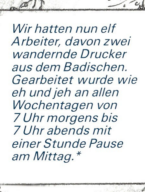 

Wir hatten nun elf Arbeiter, davon zwei wandernde Drucker aus dem Badischen. Gearbeitet wurde wie eh und jeh an allen Wochentagen von 7 Uhr morgens bis 7 Uhr abends mit einer Stunde Pause am Mittag.*

Eine zweite Presse wurde nötig, die wir ebenfalls nach Stanhope'schem System im Meyerschen Walzwerk in Kriens anfertigen liessen, kurz bevor es in Fallit geriet, was dem Herrn Meyer-Duc das Leben gekürzt hat, wie man sagte.**

\* Der durchschnittliche Lohn für Setzer und Drucker beträgt 26 Franken 80 Centimes im Monat. Ein Brot von 5 Pfund kostet 3 Rappen, 1 Pfund Butter 5½ Rappen.   \*\* Die kostspieligen Experimente von Niklaus Meyer und der ungünstige Fabrikstandort führen zur Verschuldung, was den vier Brüdern Meyer einige hunderttausend Franken alter Währung, eine Riesensumme, kostet. Der im Metallhandel erfahrene Mitaktionär Pierre-Isaac La Salle aus Vevey übernimmt 1837 das Werk (bis 1905 weitergeführt).

Im Weinmonat 1838 geleiteten wir Herrn Anich zur letzten Ruhestätte. Seine letzten Jahre waren sehr trüb und von schwerem Leid erfüllt, bis ihn ein Schlagfluss erlöste.*

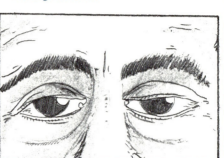

Ich selber war nach dem Tod meiner lieben Frau so herabgestimmt, dass ich von der Welt nichts mehr wünschte. Sie war eine arbeitsame, brave, kluge, bescheidene Frau gewesen.**

Meine betagte Mutter ermahnte mich wiederholt, ich sollte meinen Trübsinn bekämpfen, mich den Geschäften fleissig widmen, mich unter die Menschen begeben und wieder heiraten.

Die Zeit heilt Wunder oder vernarbt sie!

Da ich wegen verschiedenen Angelegenheiten nach Ebersol zu Herrn Leu*** gehen musste, ...

... so sah ich dort seine Familie, seine Mutter, seine Frau und seine Schwestern.

Da kam mir der Gedanke, wenn ich eine von diesen zwei Schwestern zur Frau bekäme, könnte ich wieder glücklich leben.

Ich bewarb mich um die Jüngere namens Maria, und bevor ein Jahr verflossen, feierten wir am 15. Hornung 1841 unsere Hochzeit.

Ich sah bald, dass man mit Herrn Leu zu schaffen haben könne, ohne in Schaden oder Verlegenheit zu kommen. Wenn er Artikel in unsere Zeitung schrieb, so stand er mit seiner Unterschrift dazu.

Nie merkte man an ihm Stolz, eine wichtige Miene schneiden oder sich, wie immer auch, Ansehen geben wollen.

Man sah ihn über die Gassen gehen, sich mit Herren und Gemeinen unterhalten, gegen jedermann, ob reich oder arm, freundlich, und immer fröhlich.

\* Der Sohn schlägt auf Anraten von Remigius Sauerländer in Aarau die Erbschaft des Vaters aus, worauf das Haus an der Pfistergasse und die hausrätlichen Effekten im Frühjahr 1839 versteigert werden.  \*\* Aloys hat am 23. Hornung 1835 Anna Maria Weingartner (1807–38) von Adligenswil geheiratet. Tochter von Franz Weingartner, Courier nach Flüelen, Ruder-Franz genannt. Sie stirbt am 2. Mai 1838.  \*\*\* Josef Leu (1800–45), Grossbauer in Ebersol bei Hochdorf, 1835–40 und seit 1841 Ratsherr (Grossrat), Vorkämpfer für die konservative Verfassung von 1841 und seit 1839 für die Jesuitenberufung nach Luzern (die Jesuitenfrage spaltet die konservative Partei sowie die katholischen und protestantischen Konservativen in der Schweiz).

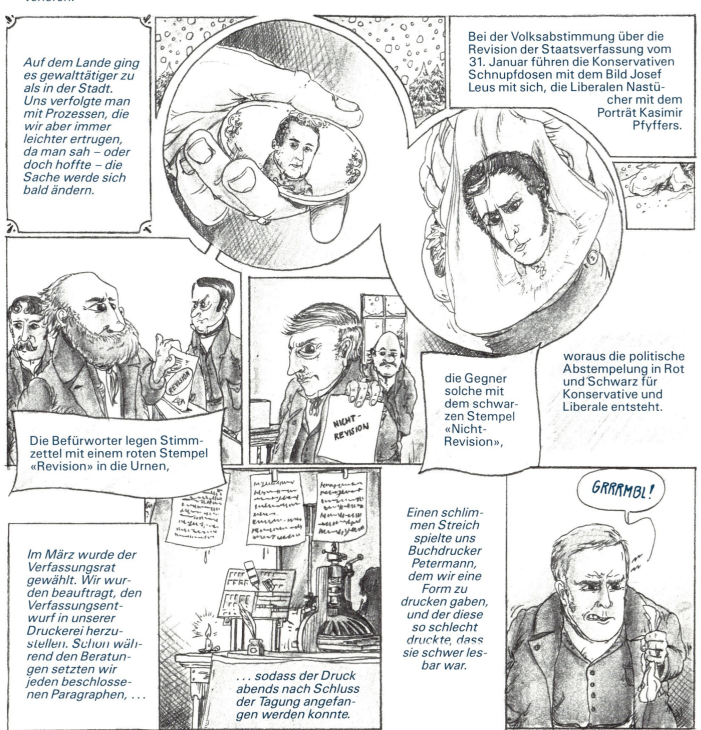

Am 1. Mai 1841 wurde die neue Verfassung mit grosser Mehrheit angenommen – zur grössten Freude der katholisch Gesinnten, der Konservativen und vieler Liberaler. Der neue Grosse Rat, der die Regierung wählte, wurde fast einstimmig konservativ.*

Ich konnte nicht neutral bleiben und musste in den Kampf treten, in die Politik hinein. Die damalige Zeit, mein Beruf als Zeitungsverleger und Buchdrucker und auch meine Bekannten rissen mich unwillkürlich hinein.

Ich wurde in den Engeren Stadtrat** gewählt, was für mich den Nachteil mit sich brachte, dass ich dem Geschäft grossenteils entzogen wurde.

Alle im Rat hatten den besten Willen, die Dinge so gut als möglich zu besorgen und gegen jedermann gerecht zu sein. Doch waren wir uns im ökonomischen Punkte nicht einig:

Wir müssen sparen, alle Kosten möglichst vermeiden, dass keine Steuern nötig sind.

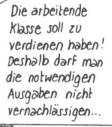

Die arbeitende Klasse soll zu verdienen haben! Deshalb darf man die notwendigen Ausgaben nicht vernachlässigen…

Richtig! Die lange Hofbrücke ist bereits teilweise abgebrochen***. Man sollte weiterfahren und möglichst bald aufschütten! So wie beim "Schwanen"…

Es genügt, wenn man so auffüllt, dass die Fuhrwerke hin- und herfahren können und Platz für die Fussgänger ist!

* Konservatives Lied zur Verfassungsabstimmung: «Luzern hat seinen rechten Mann gefunden / er heilt des Volkes tief' geschlagne Wunden / er spricht die Wahrheit ohne Scheu / und dieser brave Mann heisst Leu! (1. Strophe) – 16 726 Ja, 1468 Nein und 4923 Abwesende, die den Ja-Stimmen zugerechnet werden. Der liberale Grosse Rat hat vor dem Abstimmungskampf den Salzpreis von 8 auf 7 Rappen gesenkt und den Gemeinden 300 000 Franken aus der Armenkasse zukommen lassen.
** 9 Mitglieder, alle konservativ. Stadtammann Josef Isaak-Meyer v. Schauensee (1799–1853) wird später liberal (Regierungsrat von 1847 bis 1853). *** 1835 Abbruch des Hoftores auf dem Kapellplatz. 1839 folgte der Teil Ledergasse–Seehofstrasse, rund 100 Meter. Im Sommer 1852 wird die fertig gebaute Landverbindung zum Hof die Hofbrücke endgültig zum Verschwinden verurteilen. Die «Luzerner Zeitung» ist voll des Lobes für die Dynamik der städtischen Behörden und rühmt den Plan des Basler Architekten Melchior Berri für die Quaianlage.

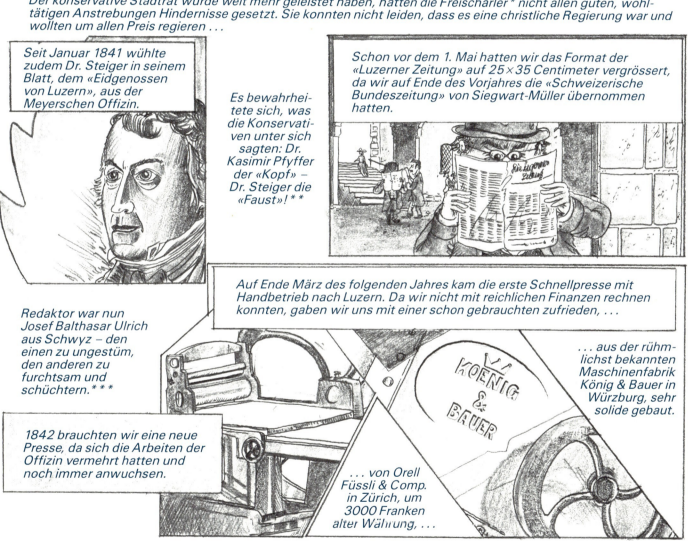

\* Franktireurs – Personen, die sich an Kriegshandlungen beteiligen, ohne Kombattanten im Sinne des Völkerrechts zu sein – Partisanen oder wie man sie rund 120 Jahre später nennen wird: Guerilleros.  \*\* Jakob Robert Steiger (1801–62) von Geuensee, Sohn eines Schneidermeisters, mit 14 Jahren Lateinunterricht bei Kaplan Räber in Sursee, 1817 am Gymnasium in Luzern, 1823 Präsident der liberalen Studentenverbindung «Zofingia», ein Jahr Theologiestudium, dann Medizin in Paris, 1826 Arztexamen mit Auszeichnung in Luzern, seit 1830 Führer der Luzerner Radikalen, 1847–52 Regierungsrat, 1848 erster Präsident des Nationalrates.
\*\*\* Mit dem Gesinnungswandel Siegwarts wird die radikale «Bundeszeitung» konservativ und kommt auf den 1. Oktober 1841 zu Räber. J. B. Ulrich (1817–76) von Muothatal, Mitbegründer des katholischen Schweizerischen Studentenvereins Ende August 1841, Verfasser des Vereinsliedes «Der Riesenkampf» (vertont durch P. Alberik Zwyssig, Komponist des Schweizerpsalmes «Trittst im Morgenrot daher»), gedruckt 1843 bei den Gebrüdern Räber.

---

* Die Meyersche Offizin erhält den gleichen Typ aus der Maschinenfabrik Klein, Forst & Bohn in Johannisberg am Rhein im Jahr 1857.  ** Der Bruder der Firmengründer, Kaspar Räber-Schürmann (1791–1858), tritt 1816 als 25jähriger bei Anich als Hilfsarbeiter ein und bringt es zum Drucker, als was er bei seinen Brüdern bis Mitte März 1858 arbeitet (Todestag: 5. April). – Vater von Heinrich Räber-Schriber (1840–1925), dem späteren Setzereileiter.  *** Die «Luzerner Zeitung» erscheint vom 1. Juli 1842 bis Ende 1846 unter dem pompösen, durch Siegwart aufgedrängten Titel «Staatszeitung der katholischen Schweiz», dreimal wöchentlich in 1300 Exemplaren.  **** Dr. Kasimir Pfyffer von Altishofen (1794–1875), Anwalt und Lehrer am Luzerner Lyzeum, Gründer des liberalen Schutzvereines 1831, erster Stadtpräsident 1832–35, Grossrat, Nationalrat 1848–63 (1854 Präsident), Bundesrichter (mehrmals Präsident), Historiker und geistiger Führer der liberalen Bewegung Luzerns.

* Philipp Anton von Segesser (1817–88), Rechtsgelehrter, Grossrat, Regierungsrat, Nationalrat 1848–88, verfolgt die rasche Laufbahn Siegwarts misstrauisch.   ** Seit 1356 am Hirschenplatz, 1820–30 Lokal der liberalen Vereinigung «Fontana d'oro» (Name eines spanischen Geheimbundes), deshalb lange als «Haus der Loge» bezeichnet, obwohl diese erst 1904 aus dem 1895 gegründeten Maurerzirkel «Fiat lux» entstehen wird.

\* Das erste kleine Feuergefecht verjagt die Radikalen, die sich mit rund 1200 Freischärlern aus dem Aargau in Reussbühl treffen und die Emmenbrücke besetzen, wo die Regierungstruppen im Gefecht 4 Tote und 20 Verwundete verlieren.
\*\* (1792–1870), Weinhändler, verwandt mit der Familie von Segesser auf dem Weinmarkt, später kurze Zeit Regierungsrat.
\*\*\* Joseph Jakob Xaver Pfyffer zu Neueck (1798–1853), Stadtschreiber, Reiseschriftsteller und Publizist.

* Konkursbeamter.  ** Es sind rund 3600. Die Propaganda beider Seiten ist an übertriebenen Zahlen interessiert.
*** Ulrich Ochsenbein (1811–90), Anführer der Freischaren, deswegen von der Tagsatzung aus dem Generalstab gestrichen. 1848–51 Nationalrat – nicht wiedergewählt, 1848–54 Bundesrat, ebenfalls nicht wiedergewählt.   **** In der Stadt herrscht ein grosses Durcheinander, einen Verteidigungsplan gibt es nicht. Sie wäre im Handstreich erobert, aber Ochsenbein befiehlt gegen den Widerstand von Dr. Steiger Gefechtspause und setzt den Angriff auf den kommenden Tag in der Frühe an, so dass noch viele «Länder» in die Stadt einschleichen können.

"Ich kann Euch nicht so gut aufwarten, als Ihr es wünschen möchtet."

"Es tut nichts! Wir nehmen es auch nüchtern mit dem verräterischen, elenden Gesindel auf!"

Der Gütsch wurde von den Freischärlern des nachts erstiegen und Dr. Steiger soll den Rat gegeben haben, feurige Kugeln in die Stadt zu schiessen, dieselbe an verschiedenen Orten anzuzünden und in der Nacht zu stürmen.

Die Freischaren wurden von den Regierungstruppen in Gefechten zwischen morgens halb fünf bis halb neun Uhr vertrieben. Es scheint, dieselben seien zum Teil aus Furcht und Schrecken geflohen, ohne den Feind gesehen zu haben.

Sie rannten über Malters, wo sie eine gewaltige Niederlage erlitten.

Die vielen Gefangenen waren eine schwere Last. Mehrere Lokale, worunter auch die Jesuitenkirche, wurden angefüllt.

Die Radikalen und die «Pfefferweiber» wollten sie befreien, oder da dieses nicht geschehen konnte, mit Speis und Trank überfüllen, wodurch Schlägereien entstunden.*

Es hiess bald, die Regierungen von Bern, Aarau etc. würden die gefangenen Freischärler, lichtscheues Gesindel, loskaufen. Dagegen warnten besonders ältere Männer:

"Der Handel mit Menschen bringt kein Glück!"

"Die weniger schuldigen oder wie immer verleiteten und Verführten soll man freilassen – die Anstifter und schwer Gravierten strafen! Auch Leu meint es so!"

"Präzis! Aber die Regierung zieht es vor, 350 000 Franken zu bekommen, da ja das Militär viel gekostet habe und sonst Schaden entstanden sei."

"Die Regierung steht auch hinter Verhörrichter Ammann, der besser im Thurgau geblieben wäre...**"

* Unter Singen des Leuenliedes machen die Landsturmleute Jagd auf die zersprengten Freischärler, fangen in Mosen Dr. Steiger und führen an die 1800 Mann, zu zweit an lange Wagenseile gebunden, nach Luzern. In Neuenkirch wird ein Oberst mit halb ausgerissenem Bart gefesselt ins Spritzenhaus gesperrt. – «Pfefferweiber»: Frauen von Radikalen, die verabredet haben sollen, den Regierungstruppen Pfeffer in die Augen zu streuen, um sie am Kampf zu hindern. ** Wilhelm Ammann (1810–59) von Frauenfeld, das er 1843 wegen seines herrischen Wesens und seiner Untersuchungsmethoden (an den Haaren zupfen, mit Ruten drohen und schlagen, krumm schliessen) verlässt und nach Luzern überwechselt. 1845 Verhörrichter im Leuen-Prozess. 1847, nach der Niederlage des Sonderbundes, Flucht mit der Familie nach Mailand, später nach Wien. Seit 1851 österreichischer Staatsangehöriger. Er gerät in finanzielle Bedrängnis und geht nach Innsbruck. 1854 erhält er den Titel eines k. und k. österreichischen Rates.

* Wer denkt da nicht an die Pariser Mai-Unruhen von 1968?    ** (1810–74) von Sursee, Studium der Rechte in Heidelberg, München und Paris, 1841 Mitglied des Grossen Rates und Erster Staatsschreiber, konsequenter Gegner der Jesuitenberufung, 1847 nach Niederwerfung des Sonderbundes ins Exil, über Mailand und München nach Wien, 1852 Hof- und Ministerialrat, 1868 in Ruhestand unter Verdankung und allerhöchsten Zufriedenheit des Kaisers Franz Joseph I. Ernennung zum Ritter Bernhard von Meyer.

* Das Urteil erregt im In- und Ausland Aufsehen. 4000 Bittschriften von Schweizern stimmen die Luzerner Regierung um. Ebenso setzen sich die Bischöfe von Basel und Freiburg für das Leben des Verurteilten ein.

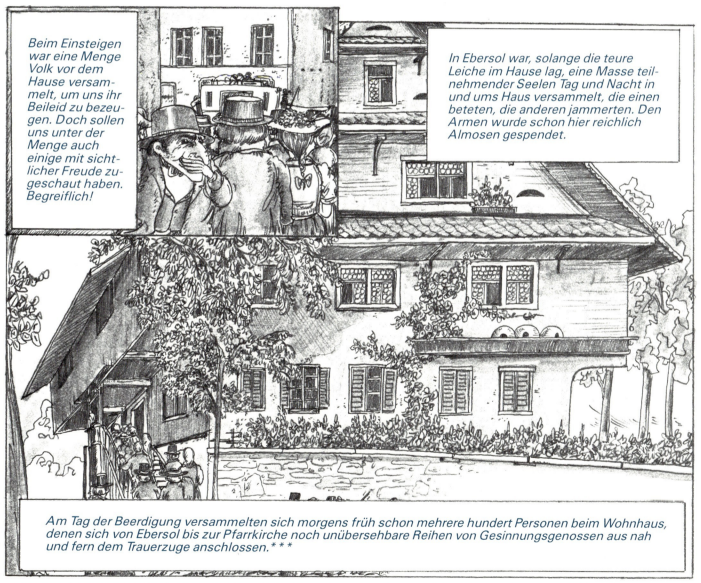

* Dr. med. Josef Scherer (1791–1854), Regierungsrat, Freund von Josef Leu.   ** Die 15jährige Maria Leu (1830–1911) an der Töchterschule, wo auf Betreiben Siegwarts seit dem 1. März 1844 wieder die Urselinerinnen unterrichten.   *** Mit der Regierung und dem Grossen Rat sind es gegen 10 000 Leute.

Dr. Kasimir Pfyffer: Leu ist unter- und überschätzt worden. Er hatte Verstand, aber – ausgenommen die Landwirtschaft – besass er durchaus keine Kenntnisse. Schulen, ausgenommen diejenigen seines Dorfes, hat er nie besucht und Bücher las er keine. Er war ein gescheiter Bauer, dabei redlich im Verkehr, moralisch in seinem Wandel. Es zeugt von einer geringen Bildungsstufe der Masse im Kanton Luzern, dass Leu in demselben diejenige Rolle spielen konnte, die er wirklich spielte...

Dr. Philipp Anton von Segesser: Leu war der vollendete Typus des reichen Luzerner Bauern seiner Zeit, selbständig in seinen Ansichten, fest in seinem Willen, schlau ohne Falschheit, fromm ohne Bigotterie, sparsam für sich, aber ein grosser Wohltäter der Armen. Popularität suchte er nicht, sie fiel ihm bei seinen Standesgenossen von selbst zu, weil er der Bauernsame* als ein Vorbild erschien, das jeder achtete, wenn auch nicht immer nachahmte...

*Bald nach dem dritten Gedächtnistage wurde ich nach Ebersol gerufen, um die Hinterlassenschaft des so theuren Verstorbenen ordnen zu helfen.*

*Beim Durchlesen der Briefe fand sich ein einziger, der auf Politik Bezug haben können. Josef Leu hatte nämlich die Gewohnheit, alle derartigen Papiere, falls sie nicht als Belege aufbewahrt werden mussten, gleich zu zernichten.*

*Auf radikaler Seite wandte man alle Mittel an, diesen Ehrenmann als Selbstmörder zu stempeln. Ähnliches soll schon morgens nach der Ermordung in einem Aargauer Blatt gestanden haben und in hiesigen Gasthäusern, im «Adler» und «Schlüssel», berichtet worden sein!*

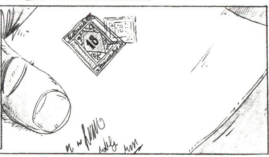

*Ich erhielt einige Tage nach der Ermordung einen Brief, datiert auf Magdeburg, Post-Timber Karlsruhe, mit fingierter Unterschrift und einem Bericht über einen Vorfall, damit der Mörder weniger entdeckt würde.*

*Bei der Hinrichtung des Mörders** am 31. Jänner 1846...*

*...fand sich auf der Richtstätte, auf offener Wiese zwischen Reuss und Baslerstrasse unweit des Sänti-Gefängnisses, eine ungeheure Menschenmasse ein, die sich auf viele tausend Köpfe belief.*

* Alter Ausdruck für die Bauernschaft.   ** Jakob Müller (1811–46) vom Stechenrain bei Ruswil, Sohn eines Kleinbauern, mangelhaft oder kaum erzogen, in zerrütteten Familienverhältnissen aufgewachsen, wenig Schulunterricht, des Schreibens nicht mächtig, wegen Diebstahl vorbestraft.

*Schon folgender Umstand bürgt für die Richtigkeit: es wurde nämlich verordnet, das gedruckte Urteil samt der Predigt von Stadtpfarrer Melchior Rickenbach nicht vor halb zwei Uhr auszugeben.*

*Nun waren aber die 11 000 Exemplare schon vor ein Uhr vergriffen. Ja, man schlug sich gleichsam um jedes Blatt, das später nachgedruckt wurde:*

*Scheiben wurden eingedrückt und selbst in die Druckerei im 1. Stock drang man ein, um nicht leer ausgehen zu müssen! Der Gewinn aus dem Verkauf der Flugschrift wurde dem Stadtpfarrer für die Armen verabfolgt.*

Um fünf Minuten vor elf Uhr legt Jakob Müller, von kleiner, starker Statur und mit einem roten Hemd angetan, sein Haupt unter das Schwert des Scharfrichters …

Das Ausland verfolgt aufmerksam die fiebrigen Zuckungen in der Schweiz, die wachsende Radikalisierung des öffentlichen Lebens. Fast alle Grossmächte – England, Frankreich, Österreich, Preussen, Russland – unterhalten neben den diplomatischen Vertretern eine grosse Zahl von Spionen, welche die Verhältnisse in den schwärzesten Farben malen, um ihre Existenz zu rechtfertigen.

Es ist mehr als zweifelhaft, ob sich die Schweiz gegenüber ihren beiden mächtigsten Nachbarn, Frankreich und Österreich, selbständig hätte behaupten können, wenn nicht England dazwischengetreten wäre.*

… "L'Etat - c'est moi!" … das waren noch Zeiten! Und ich muss mich mit diesen Citoyens herumschlagen … doch mit dem Voisin Helvétique mache ich, was ich will! Mag mein Minister Guizot die Konservativen und ihr überliefertes Föderativsystem unterstützen … ich habe veranlasst, den Freischärlern 20'000 franc suisses in Fünflibern - quel mot difficile! - auszuteilen! On ne sait jamais, wenn ich die Radikalen für den Fall eines Krieges gegen Fürst Metternich als Freunde haben muss …

König von Frankreich 1830-1848:
Bürgerkönig Louis Philippe
(1773-1850)

* Schon 1840 meint das Pariser «Journal des Débats»: Frankreich muss bei einer allfälligen Teilung des Nachbarlandes mitmachen. Der Jura, Genf und der Tessin sind für die Schweiz ohnehin unbequeme Anhängsel …!

# Luzerner Tagblatt.

N° 13.     Mittwoch.     1. Juli 1846.

(Druck von Gebrüdern Räber, am Weinmarkt, No. 222.)

*Erscheint alle Tage, mit Ausnahme der Sonn- und Feiertage. — Anzeigen werden möglichst billig berechnet.*

## Fremden-Verzeichniß.

### SCHWEIZERHOF.

Mr. et Mlle. Rhodes, de Yorkshire.
Saumarz, de Querusez, avec famille et suite.
Will. C. Mattusen, v. Cambridge.
Kickly, avec famille, v. Chellenham.
John V. Saumarez, v. London.
Mr. et Mad. Boutaud, de Cournoy.
De la Salle, de Londres.
R. Bunn,    „    „
E. Bunn,    „    „
C. Mathison, v. Cambridge.
Jatham, Rentier, v. London.
Jomearth,    „    „
le Comte et la Comtesse de Berthune, Propriétaire.
H. B. Lott, Rentier, a. England.
Mad. la Comtesse Visconti, de Milan.
Mr. R. Fischer, avec sœurs, Rentiers, de Bâle.
Vucetich, av. 2 frères, Particuliers, de Trieste.
Rev. Alf. Mason, a. England.
W. Mason,    „
A. Levasseur, de Paris.
A. Tardy, de Lyon.
Hiriart, de Nouvelle-Orléans.
J. Ward, v. Krul.
Mlles. Gilhms, a. England.
Mr. Gebhardt, v. Duren.
Esch, v. Aachen.
Th. Richard, v. Niederägeri.
A. Mantelli, de Milan.
Mlle. Bagley, aus England.
Malliecol,    „    „
Harrison,    „    „
Mr. Johannot, avec épouse, de Vevey.
Rosemund, a. Brasilien.
le Comte de Grunn, de Vienne.
le Dr. Eug. de Grunn,    „
le Comte S. de Sparre, de France.
Mlle. Taglioni, v. Como, avec suite et domest.
Mr. G. Desorgnes, avec épouse, de Londres.
G. Wigand, v. Leipzig.
Mad. et Mlle. Passavant, v. Basel.
Mr. Ryhiner, av. épouse,    „

### SCHWANEN.

Mr. Reverend Bates, von England.
H. Wood, Rent., a. England, mit Familie und Dienerschaft.
E. Holland-Cubett, a. England, mit Familie.
Mr. Streuli, Negotiant, v. Wädenschwyl.
Burroughs, Rentier, aus England.
Robert. A. Cuninghame, d'Irlande, av. famille et domestiques.
G. Cotton, Rentier, a. England, av. épouse.
R. Macfarlane, Rent.,    „
Gordon, Rentier, v. Aberdeen.
Rasle, Ecclésiastique, v. Cambridge.
M. Kupper, Rentier, v. Neu-York.
S. L. Pomeroy, Rentier, a. America.
Schneider, Negotiant, v. Neu-York.
G. Hugher, Professor, v. Dresden.
Armandrag, Student,    „
v. Bach, Student, v. Titchfild.
Hon. C. F. Stuart, Propriétaire, d'Ecosse, avec domestiques.
The Misses Stuart, d'Ecosse.
Son Exc. Mr. le Comte Crotti, Ministre plénipot. de Sa Majesté du Roi de Sardaigne, avec suite et domestiques.
Mr. Mugmann, avec famille, v. Hamburg.
Mad. Reglin,    „    v. Ueberlingen.
Arnold, mit Tochter, v. Fluelen.
Mr. Oetiker, Negotiant, v. Wädenschwyl.

### RŒSSLI.

Mr. Hüninger, Marchand de bois, de Salins.
Maitrejean,    „    „    de Seurre.
le Capitaine Waggett, Rentier, v. London.
Binder, Negotiant, v. Schwerin.
Hiltermann, Negotiant, v. Merane.
von Wagner, Officier, aus Böhmen.
Werenwag, Propriétaire, mit Gemahlin, von Kenzingen.
Vivis, Negotiant, v. Solothurn.
Hauser,    „    v. Altdorf.
Wüest, Fabrikant, v. Zürich.
Bernet, Negotiant, v. Bern.
Nüssle,    „    v. St. Gallen.
Gænsler,    „    v. Genf.
Barkhorn,    „    v. Bremen.
Eberhard, Négotiant, de Locle.
Herrmann,    „    a. Ungarn.
Sudfeld,    „    v. Iburg.
Gebhardt,    „    v. Wyl.
Laub,    „    v. Münzingen.
Tardent, Gastgeber, v. Rothrisch.

### WAAGE.

Mad. Douwering, Rentier, de Naples, av. domest.
Mr. et Mad. Gully-Brunet, Rentier, d'Angleterre.
Rau, Negotiant, v. Nürnberg.

---

Von Juni bis September 1846 geben die Gebrüder Räber das Fremdenverzeichnis der in Luzern abgestiegenen Gäste heraus. 1837 ist es erstmals in der Meyerschen Druckerei als «Tagblatt der Stadt Luzern» erschienen, 1844 bei Drucker Joseph Müller an der Rössligasse, dem 24jährigen Nachfolger der Thüringschen Buchdruckerei am Kornmarkt (nach seiner Verhaftung am 8. Dezember 1844 wird Müller am 15. Mai 1845 auf freien Fuss gesetzt und eröffnet am 2. Juni wieder seine Druckerei, erhält aber kaum mehr Aufträge und lässt sich im September in Wädenswil nieder).

\* «Dissensions and Disturbances in Switzerland», im Oktober 1846 vertraulich gedrucktes Memorandum, das sich mit der Entwicklung in der Schweiz seit 1830 auseinandersetzt!  \*\* Schutzbündnis der Kantone Luzern, Uri, Schwyz, Unterwalden, Zug, Freiburg und Wallis vom 11. Dezember 1845, das im Juni 1846 bekannt wird und im ganzen Land heftige Reaktionen auslöst.

Wie ein Blitzstrahl traf die Kunde, es sei kapituliert. Doch sogleich wurde beraten, was zu tun sei, damit die Stadt möglichst geschont werde.

Man verordnete, Fahnen auf den Türmen aufzupflanzen, vor allem aber, den anrückenden Armeekorps Abgeordnete der Stadt entgegenzusenden.

Man fand auch für gut, dass einzelne Mitglieder des Stadtrates sich zu einflussreichen Personen begaben, um sie zu ersuchen, Hand zur Mässigung des Unglücks zu bieten. Für mich wurden der liberale Grossrat Josef Mohr und andere mehr bezeichnet.

Von konservativer Seite drang man in mich zu fliehen, denn es wurde Schlimmes befürchtet.*

Aber ich hatte versprochen, mich morgens zwei Uhr im Sitzungslokal des Stadtrates einzufinden und über meine Mission zu rapportieren.

Ihnen ist bös zu raten, Herr Räber! Die 42'000 Franken, die sie vom Kloster Einsiedeln für politische Propaganda erhalten haben, werden Ihnen noch warm machen!

Dummes Zeug, Joseph!**

Einsiedeln hätte keine 42 Franken, geschweige denn so viele Tausender für besagten Zweck hergegeben... man muss die Klöster kennen!

Besten Dank, Herr Kopp!***

Aber wie kommt es dann zu jenem Schriftstück, das bei einer Haussuchung bei Ihnen gefunden worden ist?

In den zwanziger Jahren waren die Herren Benziger dem Kloster feindlich gesinnt, sodass die Patres eine eigene Hausdruckerei anschafften - für die eigenen Bedürfnisse und um den Benzigern Konkurrenz zu machen.

Weil jedoch das Geschäft wegen ungeschickter Leitung nicht rentieren wollte, trachteten die Patres, dasselbe einer soliden Firma zu verkaufen... Druckerei samt Haus wurde uns in einem übermachten provisorischen Vertrag um die Summe von 22'000 Gulden oder 42'000 alte Franken angeboten...

\* Begleitet von Klosterfrauen und Jesuitenpatres flieht der gesamte Regierungsrat im Schiff über den See nach Flüelen, von wo er eine Proklamation an das Luzerner Volk richtet («Ertraget das ganze Unglück gottergeben!...»)   \*\* Joseph Schumacher-Uttenberg (1793–1860), Stadtratspräsident 1845–47, Präsident der provisorischen Regierung von 1847, liberaler Regierungsrat 1837–41, Ständerat.   \*\*\* Jakob Kopp (1786–1859), Fürspech und Staatsanwalt, 1838 Präsident der Tagsatzung in Luzern, liberaler Regierungsrat 1835–41 und 1848–59, Stadtrat 1845–47 und Mitglied der provisorischen Regierung von 1847.

„Das Papier kam der Polizei während den Freiämter-Wirren in die Hände. Da sie nichts Belastendes finden konnten, streute man auf Kosten dieser wertlosen Beute die bekannte Tendenzlüge über uns aus..."

„Wie gesagt, ich rate Ihnen zu bleiben – aber ebenso rate ich Ihnen, Herr Räber, während des ersten Sturmes mit Ihrer Frau in einem bekannten, aber nicht zu konservativen Haus zu nächtigen!"

„...dabei haben wir auf vielseitiges Abraten das Anerbieten des Klosters ausgeschlagen..."

Wirklich erfreuten wir uns der liebevollsten Pflege im Koppschen Haus am Franziskanerplatz, bis wir nach wenigen Tagen wieder unbesorgt zu Hause bleiben konnten.

Meine Frau ging schon am folgenden Tag nachsehen und traf viele Soldaten im Hause an. Sie fasste Mut, sich den Mannen vorzustellen und bewirtete sie so gut es ging, trank sogar mit den Leuten. Das machte natürlich gut Blut.*

Zuerst wurden die Mannschaften nicht regulär einquartiert, sondern eigentlich in die Häuser gedrückt, möglichst viele in konservative. Uns wurden 35 Mann zugeschickt! Wenig später aber wurden die Einquartierungen dank den Herren Kopp und Schumacher geregelt.

Unsere Druckerei entging nur durch den besonderen Umstand der Zerstörung, dass wir gerade eine eilige Proklamation von General Dufour auf unserer Schnell-

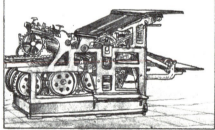

presse – der einzigen in der Stadt – zur Arbeit hatten.

So begnügten sich die siegestrunkenen Radikalen damit, einigen Satz zusammenzuschmeissen und ein heilloses Durcheinander anzurichten! Sie sind dann bestraft worden...**

Das Militärkommando anerkannte am Tag nach dem Einmarsch der eidgenössischen Besetzer den Engeren Stadtrat als provisorische Regierung für den Kanton. Sonntags, den 27. Wintermonat wurde sie im Theatersaal constituiert:

---

\* An zwei Tagen rücken je 24 000 eidgenössische Soldaten in die Stadt ein, die rund 9500 Einwohner hat.   \*\* Plünderungen in konservativen Häusern sind an der Tagesordnung und im Jesuitenkloster werden alle Zellen verwüstet. Viele einfache Soldaten sind schon zu Beginn der Kämpfe weggelaufen – um ihr Leben nicht aufs Spiel setzen oder gegen Verwandte kämpfen zu müssen – und plündern. Einzelne schicken die Beute per Post nach Hause!

* Fast sämtliche Schriften, Verhandlungsprotokolle und Beschlüsse zur Frage der Jesuiten-Berufung nach Luzern tragen den Druckvermerk «Gedruckt bei Gebrüdern Räber». ** Dr. Jakob Steiger, Gegenspieler des rechtsliberalen Flügels von Kopp und Schumacher-Uttenberg, bewirkt die Entfernung Aloys Räbers aus der provisorischen Regierung und wird selber Statthalter.

*Eine Woche nachdem General Dufour in unsere Stadt eingeritten war, wurde mir befohlen, unsere Zeitung wegen «Gefährdung der öffentlichen Ruhe und Ordnung» einzustellen!*

*Und auch der «Schweizerischen Kirchenzeitung» erging es nicht besser: Am 6. Wintermonat hatte Kaplan Zürcher die letzte Nummer redigiert – dann wurde sie verboten, weil sie den neuen Herren ein Dorn im Auge war!\**

*Schon am 17. Christmonat wurden Grossratswahlen abgehalten: Im ganzen Kanton hatte man für die Zeit der Wahlen viele konservative Führer eingesperrt. In Rothenburg, Hochdorf und Sempach verweigerte man die Zählung der Stimmen, als sich konservative Mehrheiten ergaben, und erklärte die liberalen Kandidaten kurzerhand für gewählt.*

*Wen wunderts, dass von den 100 Grossräten ein einziger konservativ war?\*\**

*Von dieser Zeit an trat ich mit einundfünfzig Jahren in mein Privat- und Berufsleben zurück und suchte das Geschäft sowohl zum allgemeinen als zum Interessen der Meinigen nach Kräften zu fördern...*

**Literarischer Anzeiger der Gebrüder Räber,** Buchdrucker und Buchhändler in Luzern.

No. 36. Ausgegeben im **April 1848.**

Bei uns sind nebst den hier verzeichneten – auch alle andern Bücher, aus jedem Zweige der Literatur, wo sie nur immer erscheinen mögen, entweder gleich vorräthig zu haben, oder können möglichst schleunig verschafft werden; jedoch die Literatur und jene Werke ausgenommen, die der katholischen Religion oder Moral gerade entgegen sind. Ferner ist auch immer eine Auswahl Kirchen-Musikalien bei uns vorräthig, und auf Verlangen werden Musik-Kataloge gratis mitgetheilt.

Reich Gottes, das, auf Erden. Biblische Geschichts-predigten aus dem alten und neuen Bunde, mit beigefügten Glaubens-, Sitten- und Heilsmittellehren auf alle Sonn- und Festtage des ganzen Jahres. I. Jahrg. Altes Testament. 1r u. 2r Thl. 8. Regensb. 1847 – 1848. geh. 4 fl. 30 kr.

\* Maximilian Zürcher (1808–63) aus Zug, 1836–47 der kirchentreue Redaktor der kirchlich-konservativen Wochenschrift, die 1848 im Verlag der Scherrer'schen Buchhandlung in Solothurn wiedererscheint und mit dem Jahr 1900 wieder nach Luzern zur Firma Räber & Cie zurückkommt. \*\* Der Volksmund nennt sie «Bajonettsherren», weil die Wahlen im Schutz der eidgenössischen Besatzungstruppen stattfinden (16 000 Mann, die im Herbst 1848 abgezogen werden). Zwei liberal gewählte Grossräte aus dem Entlebuch treten aus Protest gegen die Wahlmanipulationen zum Konservativen über.

\* Die Volksabstimmung vom 5. 8. bis 3. 9. 1848 ergibt rund 40% Ja-Stimmen, 15% Nein-Stimmen und schon 45% Nicht-Stimmende! Allerdings können im Kanton Luzern die Stimmberechtigten nur an 6 Orten wählen (seit 1851 an 11 und erst ab 1872 in jeder Gemeinde), im Zeitalter ohne Eisenbahn für viele kaum erreichbar.  \*\* Jakob Robert Steiger appelliert vergeblich an seine radikalen Parteigenossen in der übrigen Schweiz, es würde den eidgenössischen Geist in der Innerschweiz fördern, wenn der Bundessitz nach Luzern käme – in der ersten Bundesversammlung erhält Luzern ganze 9 Stimmen!

Auch nach diesen Entlassungen bleibt die Offizin Gebrüder Räber die grösste Buchdruckerei im Kanton. Neben dem besten Letternmaterial – rund 120 Zentner Bleischriften, 300 Holztypen und zahlreiche Vignetten – verfügt sie nach wie vor über die einzige Schnelldruckpresse. Das Inventar samt Bücherlager beläuft sich auf 50 450 Franken neue Schweizer Währung, versichert bei der Schweizerischen Mobiliarversicherung.

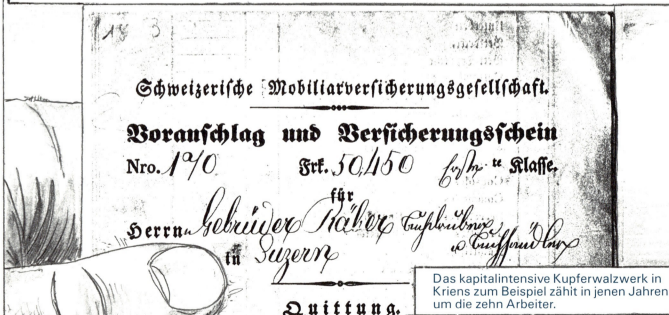

Das kapitalintensive Kupferwalzwerk in Kriens zum Beispiel zählt in jenen Jahren um die zehn Arbeiter.

* Josef Ineichen (1824–72) von Ferren bei Hohenrain, juristisch gebildet, verwaltet das bäuerliche Gut seines Vaters und greift als 23jähriger mit seinem Oppositionsblatt ungestüm in die Politik ein. Die «Neue Luzerner Zeitung» erscheint einmal wöchentlich vom 1. Januar bis 2. September 1848.   ** Am 13. April 1848 beschliesst der Rat die Aufhebung mit 61 zu 28 Stimmen. Bei der Volksabstimmung werden den rund 6000 Annehmenden die Nichtstimmenden hinzugezählt (15 908 Ja gegen 11 097 Nein).

\* Vom April 1833 bis Ende 1847 werden in Luzern 17 Wochenblätter gegründet. Ausser der «Luzerner Zeitung» übersteht keines die Zeit von drei Jahren – eines, das «Alphorn», erscheint in einer einzigen Nummer am 7. Jänner 1843. \*\* Caspar Hübscher (1812–65) von Schongau, zweimal in Luzern: vom Juni 1836 bis Dezember 1837 und in den Jahren 1848–55 als Drucker von sieben kurzlebigen konservativen Blättern («Neue Luzerner Zeitung», «Luzerner Bote», «Urschweiz», «Luzerner Volksblatt», «Luzerner Wochen-Zeitung» und «Luzerner Tagszeitung»), wobei er am 25. Juli 1855 wieder in Konkurs gerät.

\* Hermann von Liebenau (1807–74) von Geltwil, natürlicher Sohn des Freiherrn von Lassberg und der Fürstin von Fürstenberg, Arzt, Geschichtsforscher, Vater des Luzerner Staatsarchivars Dr. Theodor von Liebenau (1840–1914). – Der «Eidgenosse», unter den Konservativen vom 8. 12. 1844 bis zum 24. 11. 1847 verboten, erscheint seit Januar 1848 zweimal wöchentlich, in verhältnismässig kleiner Auflage, weil er die Landbevölkerung nicht anzusprechen vermag.  \*\* Georg Josef Bossard (1814–94), wegen seiner bei Räber gedruckten Broschüre «Eine Stimme für St. Urban und Rathausen», die beschlagnahmt wird, vier Tage im Zuchthaus und längere Zeit polizeilich überwacht.

Am 3. Dezember auf dem Bezirksgericht von Luzern:

Auf Antrag von Staatsanwalt Knüsel* wird der Redaktor Heinrich Reber jünger...

...assistiert von Fürsprech Dagobert Schumacher - wegen Verleumdung von Behörden zu der Geldbusse von 100 Franken sowie zum Tragen der Untersuchungs- und Prozesskosten erkannt.

Karl von Moos, Redakteur des „Luzerner Botens", hingegen wird zu achtzehntägiger Haft verurteilt!!

Am 29. Dezember werden die konservativen Presseorgane «Basler Zeitung» und «Schwyzer Zeitung» für das ganze Jahr 1850 im Gebiet des Kantons Luzern verboten!**

Auf Ende 1851 löst sich die «Gesellschaft des Luzerner Boten» auf, und das Blatt erscheint nicht mehr. In seinem Abschiedsartikel schreibt er leicht verächtlich von «seiner vorsichtigern Schwester, der Luzerner Zeitung», die im unermüdlichen Ringen gegen die liberale Herrschaft nur eine wenig brauchbare Sekundantin gewesen sei...

Heinrich jgr., der Redaktor der «Luzerner Zeitung», bleibt auf der mittleren Linie und kann das Blatt klug durch die Zeit balancieren, während seine beiden Onkel den Buchladen und die Buchdruckerei kräftig zu fördern trachten.

*Melchior Josef Martin Knüsel (1813–89), Rechtsstudien in Heidelberg und Göttingen, seit 1841 Staatsanwalt, Regierungsrat seit 1852 (Nachfolger von Dr. J. R. Steiger), 1854–79 Nationalrat, 1855–75 erster Luzerner Bundesrat. ** Nach der Niederlage des Sonderbundes vertritt das bestehende «Schwyzer Volksblatt», das Anfang 1849 seinen Namen ändert und *täglich* erscheint, neben lokal-schwyzerischen Anliegen die allgemein-innerschweizerischen Interessen der Konservativen und ist so die einzige katholische Tageszeitung von gesamtschweizerischer Bedeutung.

Bereits im Juni 1848 hat sich Aloys mit einem städtischen Fuhrhalter abgesprochen und die Mitbenützung eines Pferdes mit Chaise für Geschäftsfahrten vertraglich geregelt.

Aloys fährt in die «Länder», weil dort grössere leistungsfähige Druckereien fehlen und so die Staatskanzleien der konservativ regierten Kantone Ob- und Nidwalden mit Druckaufträgen über die ersten schwierigen Jahre helfen.

Und so besorgt man mit dem Jahr 1853 den Druck des «Amts-Blattes des Kantons Unterwalden nid dem Wald» sowie die Herstellung des ersten gedruckten Gesetzbuches. Ein Jahr später folgt auch das «Amts-Blatt ob dem Wald», bis 1858 Caspar von Matt in Stans und 1862 Karl Baumann in Sarnen die Amtsblätter in eigenen, neu gegründeten oder übernommenen Kleindruckereien herstellen.

Bei der Landbevölkerung viel Sympathie haben die Schriften des Ballwiler Pfarrers Xaver Herzog, des «Balbelers». Der «Landgeistliche», wie er sich nennt, schreibt vielen aus dem Herzen, wenn zu lesen ist:

Es gibt im Luzernbiet und auch anderwärts eine zweifache Freiheit: Eine Casimir Pfyffer'sche und eine Philipp Anton Segesser'sche! Jenes ist die geschriebene, diese die wirkliche; jenes die todte, dieses die lebendige... eine radikale und eine conservative; eine französische und eine altschweizerische; eine gezwungene und eine freiwillige... eine bloss für die Freunde und eine auch für die Feinde!

Der «Katholische Luzernerbieter» zeigt die steigende Bedeutung des Lesestoffs im Alltag der bäuerlichen Bevölkerung. An erster Stelle der religiösen Volksliteratur stehen aber die Volkskalender, die in breiten Kreisen gelesen

werden. Hinter ihnen stehen jene kirchlichen Kreise, die gegen die katholische Aufklärung reagieren, indem sie das herkömmliche religiöse Brauchtum wieder aufwerten und den Heiligen- und Marienkult fördern. Fast in allen Landesgegenden kommen eigene Volkskalender heraus. Zu den ersten Herausgebern gehören die Gebrüder Räber mit «Dem Grossen Christlichen Hauskalender» im Jahre 1834 – im Volk «Bruderklaus Kalender» genannt. 1837 folgt der «Volkskalender aus Solothurn», später «St. Ursenkalender»,

1838 der «Neue St. Galler Kalender», später in «Christlicher Hausfreund» umgetauft; 1841 erscheint erstmals der im katholischen Raum auflagestärkste «Einsiedler Kalender»*, 1859 der «Almanach Catholique de la Suisse Française», 1860 der «Calender Romantsch» und 1862 «Il Cattolico Svizzera Italiana».

* Firma Carl und Niklaus Benziger. Seine Auflage beträgt in den fünfziger Jahren 50 000 Exemplare – in den achtziger Jahren sogar 300 000 –, während die Gebrüder Räber 20 000 Exemplare verkaufen, ebenfalls bis ins benachbarte Ausland, vor allem im Elsass.

1853 kauft Aloys das Verlagsrecht des «Thüringschen Kalenders» samt Manuskript für 1854 um 371 Franken vom Nachfolger der gleichnamigen, mit Schwierigkeiten kämpfenden Druckerei.

Die liberale «Meyer-Brattig»: «... nicht von Anfang an ein Muster gediegenen Geschmacks und eben deshalb dem Volksempfinden entgegenkommend...»

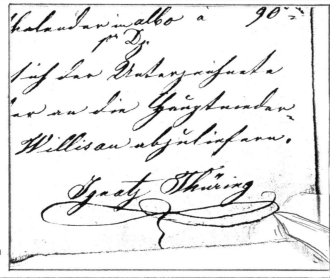

Eine Edition ganz anderer Art kommt am 30. Brachmonat 1854 zur Fortsetzung: Philipp Anton von Segesser und Aloys Räber unterzeichnen den Verlagsvertrag für den Band 2 der «Rechtsgeschichte der Stadt und Republik Luzern».**

\* Jahreszeitschrift, im Sommer 1853 erstmals herausgegeben, letztes Heft 1871. Die ersten Jahrgänge religiös-katholische Mahn- und Erbauungsschrift, dann deutlich politisch. Verfasser: Xaver Herzog (1810–83), von Beromünster, 1826 am Luzerner Gymnasium, Mitglied der Studentenverbindung «Zofingia» und der radikalen, 1832 in Hitzkirch gegründeten «Helvetia», 1833–35 Theologiestudent in Tübingen, «bekehrt» sich, 1842 Pfarrer in Ballwil, Korrespondent der konservativen süddeutschen «Augsburger Postzeitung» (Möglichkeit, die liberale Regierung anzugreifen). \*\* Das Hauptwerk und der eigentliche Schwerpunkt seiner publizistischen Tätigkeit, vier Bände 1850, 54, 57 und 58 mit insgesamt 3074 Seiten, alle bei Gebrüder Räber herausgegeben. Das Preisgericht der Schweizerischen Industrie- und Gewerbeausstellung in Bern, 1856, verleiht dem Verlag die bronzene Medaille für das Werk.

* In neuer Währung: Fr. 4.50. Zum Vergleich: 5 Pfund Schwarzbrot: 88 Rp.; 2 Pfund Weissbrot: 42 Rp.

* Probenummer vom 23. Dezember 1853. Schon am 27. Juli 1855 lässt von Segesser sein Wochenblatt enttäuscht eingehen.
** Ambros Eberle (1820–83), Gründer des Hotels Axenstein (1870), Nationalrat, später Regierungsrat und Landammann. Hinter der Zeitung steht Nazar von Reding (1805–65), nach dessen Tod das Blatt seine Bedeutung als Zentralorgan der Konservativen wieder verliert. *** Vorläufer von Gottlieb Duttweiler (1888–1962), der rund 70 Jahre später seine Automobilläden in die entlegenen Täler und Ortschaften bringt.

* Franz-Xaver Beck (1827–94), Grossbauer vom «Beckenhof» in Sursee, seit 1851 mit der ältesten Tochter von Josef Leu verheiratet, 1871–91 Grossrat, 1869–94 Nationalrat, Förderer der Land- und Alpwirtschaft. Sein Besitz umfasst den Beckenhof, das Renaissance-Stadthaus und die Stadtmühle in Sursee, die Alpen Kadhus, Wittenfärren und Imberg (Gemeinde Marbach) für mehr als 100 Haupt Grossvieh, sowie die Ruine Neuhabsburg in Meggen.  ** Johann Amberg (1830–87) von Büron, Advokat in Luzern, Grossrat, 1873–87 Nationalrat, aus dem Kreis des «Zugervereins» (1850 von Mitgliedern des Schweiz. Studentenvereins gegründet), der die konservative Presse der fünfziger und sechziger Jahre prägt. – Sein Gehalt: der bestbezahlte Setzer, Andres Bolzern, verdient 1858 672 Franken im Jahr.

Drei Monate nach Übernahme des «Luzerner Landboten» stirbt am 5. April 1858 im Alter von 67 Jahren Kaspar Räber-Schürmann, der im Betrieb für die Drucklegung der Zeitung verantwortlich ist. Der ältere Bruder der beiden Firmengründer hat noch bei Johann Martin Anich an der Furrengasse durch Vermittlung von Aloys das Raddrehen und Drucken gelernt; als Drucker hat er auch bei seinen Brüdern bis vierzehn Tage vor seinem Tod weitergearbeitet.

Kaspar ist täglich von Ebikon nach Luzern zu Fuss zur Arbeit gekommen. In seinem Haus, dem Althus, hat er seit 1852 die erste Poststelle der eidgenössischen Postverwaltung für Ebikon geführt; von 1850 bis 1864 verkehrt zwischen Luzern und Zürich täglich ein Vierspännerkurs mit Halt in Ebikon.

Kaspars zweitjüngster Sohn Heinrich, beim Tod des Vaters noch nicht achtzehnjährig, erhält Aloys zum Vormund und kann am 20. Juli 1858 bei den Gebrüdern Räber die Lehre als Schriftsetzer antreten.

Das Jahr 1859 bricht an. Für das Buchdrucker-Gewerbe der Stadt Luzern von besonderer Bedeutung: Am 18. Februar gründen die Prinzipale und die Gehilfen der Räberschen Offizin eine betriebseigene Kranken-Kassa-Gesellschaft, und am 19. findet die Gründungsversammlung der Typographia Luzern statt.*

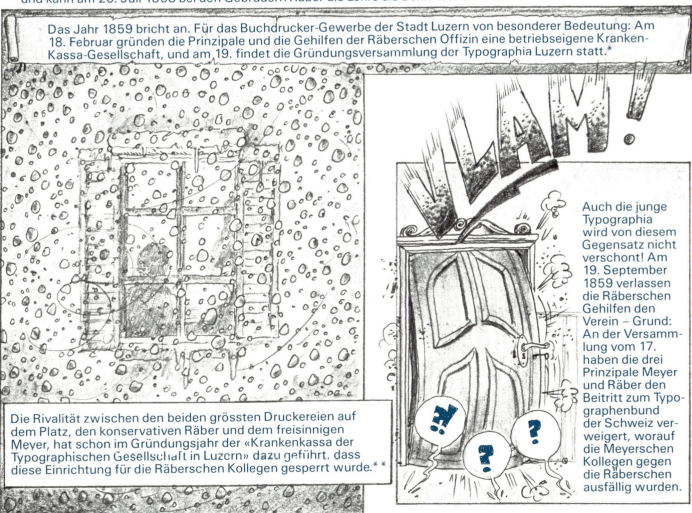

Die Rivalität zwischen den beiden grössten Druckereien auf dem Platz, den konservativen Räber und dem freisinnigen Meyer, hat schon im Gründungsjahr der «Krankenkassa der Typographischen Gesellschaft in Luzern» dazu geführt, dass diese Einrichtung für die Räberschen Kollegen gesperrt wurde.**

Auch die junge Typographia wird von diesem Gegensatz nicht verschont! Am 19. September 1859 verlassen die Räberschen Gehilfen den Verein – Grund: An der Versammlung vom 17. haben die drei Prinzipale Meyer und Räber den Beitritt zum Typographenbund der Schweiz verweigert, worauf die Meyerschen Kollegen gegen die Räberschen ausfällig wurden.

\* Erster Präsident des Vereins ist Xaver Meyer-Balthasar, Prinzipal der Meyerschen Offizin am Baslertor. – Ein Jahr zuvor ist in Olten als erste gesamtschweizerische Gewerkschaftsorganisation der Schweizerische Typographenbund gegründet worden.
\*\* Die Gründung erfolgt am 10. Januar 1836 durch zehn Ausländer und drei Schweizer. Die unfreundlich behandelten Kollegen der Räberschen Druckerei warten mit dem Beitritt zu, worauf am 9. Oktober deren Aussperrung mit einem Zusatzartikel beschlossen wird. 20 Jahre später, am 11. Oktober 1856, wird das Gesuch von Anton Bachmann, Setzer bei Gebrüder Räber, um Aufnahme in die Kasse wegen seines «stets kränkelnden Zustandes» einstimmig abgelehnt!

* (1821–82), Publizist in Fribourg, Mitbegründer des Schweizerischen Studentenvereins (Papa Gmür genannt), ist nach dem Eingehen der ihm nahestehenden «Schweizer-Zeitung» im Jahr 1860 interessiert, dass die «Schwyzer-Zeitung» nicht vom Misserfolg der ehemaligen Konkurrentin profitiert. – 1859 geht die 1831 gegründete «Basler Zeitung» mit nur noch 400 Abonnenten ein. Die 1860 in Bern als Zentralorgan ins Leben gerufene «Eidgenössische Zeitung» muss vier Jahre später wegen finanziellen Problemen aufgeben.  ** Schon für die zweite Jahreshälfte bringt es die «Schweizer-Zeitung» nur noch auf 850 Abonnenten und auf den 31. Dezember 1862 erscheint die letzte Nummer. – Die «Schwyzer-Zeitung» hat als Konkurrenzblatt Ende 1861 etwas über 650 Abonnenten.  *** Auf den 1. Januar 1863 erscheint die «Luzerner Zeitung» täglich, Untertitel «Täglicher Anzeiger für die innere Schweiz». Die «Schweizer-Zeitung» wird als «Neue Schweizer Zeitung» in Baden angekündigt, wo sie zwei Jahre erscheint und dann eingeht.

Heinrich Räber (1840–1925), Sohn von Kaspar Räber-Schürmann (1791–1858), ist vom Mai 1865 bis Ende Juli 1870 in ganz Europa unterwegs, wobei er sich den Lebensunterhalt und das Reisegeld durch längere oder kürzere Arbeitsaufenthalte in Buchdruckereien der besuchten Städte verdienen muss – er kann nicht mit den Annehmlichkeiten rechnen, die den Söhnen von Prinzipalen bei Auslandaufenthalten in befreundeten Verlagshäusern und Buchhandlungen entgegengebracht werden.

Berlin, 9ter August 1868

Liebe Brüder und Schwestern! *

Es macht mir Freude, wieder einmal einige Zeilen an Euch zu schreiben. Wohl mehr denn ein Jahr ist verflossen, seitdem ich den Brief, die Todesanzeige unserer so theuren Mutter,[1] von Euch, als ich noch in St. Cloud war, erhielt. Ihr habt aber ja während dieser Zeit einen Brief von mir gelesen, den ich Onkel Aloys schrieb...
Ihr werdet vernommen haben, dass es mir anfangs in Berlin nicht gut gehen wollte, lange ging es, bis ich Arbeit hatte und als ich Arbeit hatte, sah ich erst, dass es nicht ratsam ist, jede angebotene Condition[2] immer anzunehmen. Arbeiten und nichts dabei verdienen, als was zum Leben gehört, genügt einem Menschen, der immer wieder fort und fort und vorwärts und weiterzieht, nicht. Nichts desto weniger musste ich mich für einstweilen begnügen, denn die gegenwärtige Zeit ist gerade die schlechteste und jeder sucht womöglich einen Platz, wenn auch kaum genügend Geschäfte gebucht werden können.
Zu allem Unglück wurde ich noch krank, wie Euch Onkel Aloys gemeldet haben wird... Meine Krankheit war wieder wie früher in Paris, ein Stechen zu beiden Seiten, dass ich fürchtete, die Lungenentzündung oder eine schwere Krankheit zu bekommen... Nebst dem schmerzen mich die Zähne sehr viel und machen mir schlaflose Nächte... Dann noch das unerträgliche Fuss-Schwitzen, dass mir die Strümpfe und Schuhe massenweis kaputt gehen. Doch muss man alles mit Geduld ertragen. Die letzteren zwei Übel glaube ich mir in der Jugend selbst zugezogen zu haben. Zu nachlässig mit dem Putzen der Zähne, und das im Winter mit blossen Füssen in den Schuhen gehen...
Ich will Euch noch mittheilen, wo ich durchgekommen bin, seitdem ich an Euch geschrieben. In Hannover verblieb ich den Winter circa 4 Monate und verreiste auf Verschreibung[3] Anfangs Hornung nach Bremen. In Bremen gefiel es mir sehr gut... Mit Anfang April aber, als dort schönes Wetter kam, regte sich in mir die Reiselust... Mein Plan war, noch einmal das weite Meer zu sehen und zwar die Ostsee. Von Bremen fuhr ich die ganze Nacht durch per Diligence[4] über die fast unbewohnte Lüneburger-Heide gegen Harburg, setzte da über die Elbe und kam so nach Hamburg, der grössten Handelsstadt von Deutschland. Sehr gerne hätte ich da gearbeitet, aber es war nicht möglich, Arbeit zu finden. Das Interessanteste ist dort der grosse Hafen mit seinen zahlreichen grossen Seglern aller Nationen,... vor meinen Augen fuhr ein solches Schiff mit etwa 400 Auswanderern nach Amerika ab. Diese Schiffe sind ungeheuer gross und schön gebaut, übrigens sah ich ja in London schon ähnliche.
Ich hielt mich in dieser grossen Stadt drei Tage auf und ging dann ins Schleswig-Holsteinische und kam dann an den preussischen Kriegshafen[5] nach Kiel. Die Kriegsschiffe stehen hart an der Stadt, dass man sie ziemlich genau vom Ufer aus anschauen kann. Mein Aufenthalt war bloss ein Tag.
Abends um acht Uhr fuhr ich mit dem Dampfer von Kiel ab und steuerte dem Land der Dänen zu... Wir waren circa 15 Stunden auf dem Wasser und kamen dann in Kopenhagen an. Diese Hauptstadt ist ganz mit Wasser umgeben und könnte im Falle eines Krieges[6] sich verteidigen. Das Militär erinnerte mich, in seiner Uniform, viel an die schweizerische. Ich besuchte auch einen Buchdrucker dahier, dessen Sohn mein guter Freund war, als ich in Genf arbeitete.[7]
Es war ein Charfreitag, als ich bei starkem Sturm nach Schweden hinübersegelte, nach der Stadt Malmö... Am Samstag Mittag vor Ostern trat ich mit einem schwedischen Post-Dampfer die Rückfahrt nach Deutschland bei starkem Sturm an...
Die Matrosen hoch oben auf den Masten lichteten die Segel und kletterten wie Katzen auf den Segeln herum. Es war ein schöner Anblick, der mir mein Leben lang in Erinnerung bleibt. Die Nacht brach ein und mit ihr der Sturm, immer stärker, und unser Schiff wurde an den Rudern beschädigt, sodass die Schiffsknechte mitten auf der See daran flicken mussten und das Schiff einige Zeit den Wellen preisgegeben war... Die Seekrankheit bekam ich aber nicht mehr; ich legte mich zum Schlafen und so kam ich denn, mit festem Vertrauen auf Gott, in Lübeck an, wo ich mich den Oster-Sonntag aufhielt und dann weiter nach Mecklenburg, Schwerin und von da nach Berlin fuhr. Dass Berlin die Hauptstadt und der Sitz der Könige von Preussen ist, werdet Ihr auch wissen... Es ist hier sehr lebhaft und selten wird es eine Stadt geben, die so viel von Concerthäusern, Schauspielhäusern, Belustigungsorten und hauptsächlich Schwindel aufzuweisen weiss wie Berlin. Auch alle Arten von Mördereien, Selbstmorde, wie kürzlich einer, der seine Frau und 4 Kinder tötete etc.
Ich will schliessen mit dem Wunsche, dass Ihr Alle gesund und wohl seid... Gerne würde ich bald wieder einmal bei Euch sein, aber trotzdem schon 3¼ Jahr verflossen sind, ist noch nicht an ein schnelles Zusammentreffen zu denken,... denn da ist noch Leipzig, die Buchdruckerstadt, wo ich ebenfalls auch hin will...[8]
Der liebe Gott möge uns Alle wieder einmal beieinander sehen!
Euer Bruder
Heinrich

Adress:
H.R. Schriftsetzer, Schützenstrasse Nr. 37, z. Zt. bei Witwe Raminsky, Berlin.

[1] Am 4. 2. 1867, als Heinrich in St. Cloud, dem Vorort von Paris beim Bois de Boulogne, als Setzer arbeitet.  [2] Anstellung, meist mit beidseitigem Recht, auf jeden folgenden Samstag zu kündigen.  [3] Nach bestimmter Zeit mussten die Wandergesellen weiterziehen, um anderen Platz zu machen und die einheimischen Handwerker nicht um die Arbeit zu bringen. Hornung: Februar.  [4] Postkutsche.  [5] Preussen befindet sich bereits in den Kriegsvorbereitungen gegen Frankreich, das Bismarck zwei Jahre später mit einer verfälschten Antwort des Königs (Emser Depesche) provoziert, nachdem er im Juli 1866 die vereinigten Sachsen und Österreicher im Streit um Schleswig und Holstein geschlagen und ganz Norddeutschland erobert hat.  [6] 1864 haben die verbündeten deutschen Grossmächte Preussen und Österreich den dänischen König mit Waffengewalt gezwungen, Schleswig und Holstein an sie gemeinsam abzutreten.  [7] Dänische Setzer und Drucker besuchen auf der Walz gerne die Schweiz. So sind von den 13 Gründern der Krankenkasse der «Typographischen Gesellschaft» in Luzern (10. Januar 1836) zwei Dänen aus Kopenhagen.
[8] Ende Juli 1870, kurz nach der Kriegserklärung Frankreichs an Preussen, kehrt Heinrich nach Luzern zurück und übernimmt auf den 1. August als Faktor die Leitung der Setzerei im Haus Weinmarkt No. 222 (Brandgässli 10/Kornmarktgasse 7).

Im Herbst 1869 kauft der 73jährige Aloys den Anteil seines kränkelnden Bruders Heinrich, der sich nach dem Tod seiner beiden Söhne und einzigen Nachkommen mehr und mehr aus dem Geschäft zurückgezogen hat und am 2. Oktober 1870 an den Folgen eines Schlaganfalls stirbt.

Liebe Nepoten!* Mit dem heutigen Tag übergebe ich euch auf Schaden und Nutzen des 1. Juli die Buchdruckerei, die Verlags-, Sortiments-, Buch- und Kunsthandlung, die ich mit meinem Bruder Heinrich vor nun bald fünfzig Jahren als kleine Butik begründet habe.

Ihr habt hier euer Handwerk redlich erlernt, bevor ihr als Zwanzigjährige zur Fortbildung ins Ausland gezogen seid oder in militärischen Diensten nützliche Kenntnisse erworben habt, wie Josef als Stabssekretär der Herren Obersten Meyer-Bielmann und Göldlin in den vierziger Jahren.

Ich trenne mich umso ruhiger, da ihr seit langem zum Gedeihen beiträgt: Heinrich als ältester von euch seit bald dreissig, Josef während fünfundzwanzig und Bernard seit siebzehn Jahren.** Ihr sollt den bisherigen Namen „Gebrüder Räber" für euer Geschäft beibehalten!

Von den 30'000 Franken, um die ich euch die Firma verkaufe, kann ich alljährlich 2'000 Franken fordern. Aber ihr könnt mir auch beliebig grössere Zahlungen leisten. Verzinslich ist die Kaufsumme zu fünf Prozent.

Und noch ein letztes: Bei wichtigen Angelegenheiten behalte ich mir den endgültigen Entscheid vor, solange ich lebe – aber besonders, wenn ihr untereinander verschiedener Meinung wäret...

... so ist der Inhalt des Kaufvertrages, den wir nun unterzeichnen wollen...

Und damit vollzieht sich am 21. Juni 1870 der erste Generationenwechsel in der Leitung der fünfundvierzigjährigen Buchdruckerei, Buch- und Kunsthandlung.

\* Nepoten = Neffen.  \*\* Die beiden Brüder Heinrich Räber-Jurt (1818–1902) und Josef Räber-Meyer (1822–94) sowie deren Vetter Bernard Räber-Rotschy (1831–1904). Alter bei der Übernahme: 52, 48 und 39 Jahre.

## Und wie geht es 1870 in der Stadt Luzern zu und her?

Das *Ortsbild* ist kaum wiederzuerkennen: Die Hofbrücke ist verschwunden, die meisten Türme und Tore sowie die Stadtbefestigungen mit Ausnahme der Museggmauer sind abgerissen und haben Aufschüttmaterial für Quaianlagen und die Einebnung der Stadtgräben geliefert.

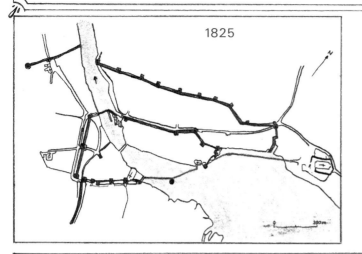

Die *Fremdenindustrie* steht in voller Entwicklung, es herrschen Hochkonjunktur und das Baufieber. Die Luzerner «entdecken» die Natur, denn die fremden Gäste verlangen nach der Weite der Landschaft und nach dem Blick auf den See und die Alpenfirne.

Der *Verkehr* erlebt einen bislang für unmöglich gehaltenen Aufschwung: Trotz vieler Gegner unter den Wirten und Handwerkern sowie der meisten Bauern entlang der alten Landstrassen hat die Centralbahn-Gesellschaft elf Jahre zuvor das letzte Schienenstück von Emmenbrücke in die Stadt hinein fertiggebaut. Die Eröffnung des neuen Bahnhofes im Mai 1859 wertet auch die Bubenmattparzelle von Josef Räber-Meyer auf.

1863 führt das Englische Reisebüro Cook die erste Schweizer Reise mit Halt in Luzern durch, und seit 1870 verkehren auf dem See die Dampfer der dritten Gesellschaft.\*

Die Stadt will sich sehen lassen!

\* Schiffahrtsgesellschaft des Vierwaldstättersees.

Die *Gasbeleuchtung* gehört längst zum Alltag: Am 10. Oktober 1858 hat Luzern mit einem Volksfest die Laternen gefeiert, die das magische und leicht summende Licht der Gasglühstrümpfe verbreiten, versorgt aus der Gasfabrik mit Hochkamin am Stadtrand, in der Nähe des Bahnhofes, allein auf weiter Flur.*

Der *Bau der Seebrücke,* eben fertiggestellt, signalisiert als Verbindung der beiden Seeufer den Schritt in die Neuzeit und lässt die fragwürdigen Erscheinungen der Hochkonjunktur vergessen.

Die *Zahl der Stadtbewohner* steigt unaufhaltsam: 1870 sind es 14 400, rund das Doppelte als zur Zeit der Gründung der Firma «Gebrüder Räber». Die Zuzüger hoffen, im städtischen Zentrum der Region besser und leichter als auf dem Land zu verdienen.

Es herrscht *akuter Wohnungsmangel* trotz der hektischen Bautätigkeit. Spekulanten vermieten die Neubauten vor Ablauf der gesetzlichen Frist an arme Familien, die nach Abnahme des Rohbaues die noch feuchten Räume trocken wohnen – zur Hälfte des späteren Mietzinses!

Die *Versorgung mit gutem Trinkwasser* ist mit dem herkömmlichen Brunnensystem und den Holzzuleitungen nicht mehr möglich: Die Holzdünkel sind zu wenig leistungsfähig und oft verfault.

Die *Ehegräben oder Dohlen,* die meist offenen Abwassergruben und rechtsgültigen Grenzgräben zwischen den Häuserreihen, sind fast ständig verstopft. Die Überdeckung oder Beseitigung dieser gefährlichen Infektionsherde macht keine Fortschritte – man riecht sie, vor allem im Sommer.

Die *Angst um den guten Ruf als gesunder Fremdenort* ist allgemein: 1869 bricht eine weitere Pockenepidemie aus und 1870 erreicht die Sterblichkeit in der Stadt ein bisher nie gehabtes Ausmass. Die Furcht vor Cholera und Typhus ist nicht unbegründet: die Körper- und Wohnhygiene hat je nach Quartier einen bedenklichen Tiefstand! Nicht zuletzt, weil man für das Trink- und Brauchwasser oft stundenlang bei den öffentlichen Brunnen warten muss.

* Auf dem heutigen Areal der Zentralbibliothek an der Frankenstrasse. Von England wird die Gasbeleuchtung 1811 nach dem Kontinent gebracht, nach Freiberg in Sachsen; 1815 folgt Paris, 1818 Wien und 1826 Berlin, während in der Schweiz Bern 1843 und Zürich 1855 die Neuerung als erste Städte übernehmen.

*Klagen über den Sittenzerfall* ertönen jeden Sonntag von den Kanzeln der fünf Stadtkirchen: Die Zahl der wilden Ehen und Kegel* nimmt sprunghaft zu! Trotz des etwas gelockerten Heiratsverbotes. Die vielen ledigen Frauen und Männer, die vom Fremdenverkehr beschäftigt werden, leben entwurzelt ausserhalb ihrer Familien und Dörfer und können es sich nicht leisten, mit ihrem kärglichen Verdienst 62 Franken an die Armenkasse und 40 in die Militärkasse zu bezahlen.**

Und zudem: *Die Luzerner fühlen sich überfremdet!* Fast ein Fünftel der Stadtbewohner sind nicht Bürger des Kantons und knapp ein Zehntel sind Ausländer! Vor allem Deutsche, darunter viele Handwerksburschen, die den Verdienst streitig machen ... das hat man von der eidgenössisch verordneten Niederlassungsfreiheit!***

Der Firmengründer verfolgt die neuen Strömungen und zieht sich auf seinen 1851 vom Müller und Kornhändler Bernhard Fluder gekauften Landsitz «Hummelrüti»**** zurück, wo er kinderlos mit seiner Frau den Lebensabend verbringt und an seinen Erinnerungen weiterschreibt, die er 1868 aufzuzeichnen begonnen hat.

Seinen drei Neffen bläst schon bald nach der Firmenübernahme ein garstiger Wind ins Gesicht, nicht zuletzt wegen zwei Ereignissen:

Am 18. Juli 1870 schliesst das Vatikanische Konzil in Rom mit der Unfehlbarkeits-Erklärung des päpstlichen Lehramtes, und am 19. Juli bricht der deutsch-französische Krieg aus.

"Der Krieg macht mir Sorgen!"

* Kegel werden die ausserehelichen Kinder genannt («mit Kind und Kegel»).  ** Anfang des 19. Jahrhunderts führt Europa die Heiratsverbote zur Bekämpfung der Armenfrage ein. Auch die freisinnige Regierung von Luzern führt von 1848–71 die rigorose Ehegesetzgebung weiter – erst die Revision der Bundesverfassung von 1874 bringt die Aufhebung des Eheverbotes. Jahreslöhne um 1870: Knechte 570 Franken, Schneider und Zimmerleute 740, Setzer bei Gebrüder Räber 870 und Hilfsarbeiterinnen 340 Franken.  *** Die Schaffung des Bundesstaates von 1848 ist ohne die Mitwirkung des katholisch-konservativen Lagers zustande gekommen.  **** Hommel- oder Hummelrütihof (lat. cummulus: Anhöhe, Bodenerhebung), wahrscheinlich ehemals Teil einer römischen Siedlung an der alten Brünigstrasse, heute Teil des Hubelmatt-Schulhaus-Areals.

Knapp ein Jahr später können die neuen Prinzipale aufatmen: Am 10. Mai 1871 gibt es zwischen dem kleindeutschen Kaiserreich und der französischen Regierung Frieden, und am 7. Mai siegen in Luzern die Konservativen nach einem beidseits heftig geführten Wahlkampf!

\* Joseph Duret (1824–1911), Vikar in Littau, 1854 Kanzler, 1883 Chorherr und seit 1893 Stiftspropst zu St. Leodegar, verbietet im Artikel «Die Frage der Unfehlbarkeit und die Haltung der katholischen Tagespresse» jede weitere Diskussion unter Katholiken – bevor die Dogmatisierung erfolgt ist! Von Segesser wendet sich öffentlich gegen die «Frontveränderung» der «Luzerner Zeitung», die von einer ambivalenten Haltung zur Linie des Gehorsams übergeht. \*\* Ende 1856 gegründet, seit 1857 unter Leitung des Ultramontanen Theodor Scherer-Boccard (Redaktor der «Schweizerischen Kirchen-Zeitung» in Solothurn von 1855–81), Basis für die katholisch-konservative Politik und Stütze zur Überwindung des Schocks aus dem Sonderbundskrieg.

Luzerner Zeitung Nr. 124, Montag, den 8. Mai:
*Soviel ist jetzt schon sicher, dass unter den 136 Mitgliedern, welche der neue Grosse Rath zählt, sich wenigstens 80 Konservative befinden, eine Mehrheit zu Gunsten der Konservativen, welche selbst die Radikalen zugeben.\**

Nr. 128, Freitag, den 12. März:
*In Ihrer Wahlbetrachtung kommt «Die Freiheit»\*\* von Willisau zum fettgedruckten Bekenntnis: «Die Liberalen sind unterlegen», und meint dann weiters, es wäre halt doch nicht so gegangen, «wenn die Bauernsame nicht am Gängelband der Religionsgefahr hängen geblieben wäre» und wenn die Liberalen nicht so uneinig gewesen wären ...*

*Das Schlauste alles Schlauen liefert, wie immer, so auch über die Luzernerwahlen die «N. Z. Ztg.». Heute meldet sie, die als konservativ gewählten Mitglieder seien allerdings nach der konservativen Liste gewählt, es sei aber zu bezweifeln, ob viele darunter auch «urchig» konservativ stimmen werden ...*

Nr. 130, Sonnabend, den 13. Mai:
*So lange das «Tagblatt» fortfährt, der konservativen Partei Wahlbestechung vorzuwerfen, macht es sich der frechsten Beschimpfung und Verleumdung des Kantons Luzern schuldig. Dass das «Tagblatt» lügt, geht schon daraus hervor, dass es keinen einzigen Fall speziell anzuführen und keinen Namen zu nennen weiss!*

Der erste Wahlsieg der Konservativen im Kanton Luzern seit der Niederlage im Bürgerkrieg von 1847 – alle anderen «Sonderbundskantone» werden längst wieder konservativ regiert – hat für die Offizin der Gebrüder Räber und ihre «Luzerner Zeitung» bereits im Spätsommer weitreichende Folgen.

Von Einsiedeln, wo sich Ende August aus allen Teilen Europas führende katholische Föderalisten zu einer Wallfahrt versammeln und am 3. September eine Denk- und Dankschrift an die schweizerischen Landesbischöfe «als die eigentlichen Vertreter der Freiheit» richten, reist der jugendliche Chorherr Schorderet\*\*\* aus Fribourg nach Luzern, wo er sich mit Aloys Räber-Leu trifft:

\* In der Stadt bleibt die liberale Mehrheit. Im Kanton gemässigt-konservative Regierung mit vier Konservativen und drei Liberalen, die Luzern vor dem Kulturkampf bewahrt und Extremisten im konservativen Lager ausschaltet – Segesser unterbindet jede Hexenjagd gegen unfehlbarkeitskritische Priester.   \*\* Freisinnige Tageszeitung von Conrad Kneubühler in Willisau. Auf dem Land ein gewagtes Unternehmen – der konservative Sieg macht aus ihr ein vollends gesichtsloses Blatt (1. 1. 1867 bis Ende 1872).
\*\*\* Joseph Schorderet (1840–93), Chorherr seit 1869, spielt eine bedeutende Rolle als Organisator der katholischen Presse: Begründer der «Liberté» in Freiburg, Leiter des katholischen Pressedienstes der Schweiz, schafft 1876 in Paris eine katholische Zeitungsagentur sowie eine Buchhandlung und Buchdruckerei der Paulusstiftung, ebenso 1879 in Bar-le-Duc und 1880 in Bordeaux.

* Die «Luzerner Zeitung» hat 1871 rund 2900 Abonnenten, eine recht beachtliche Zahl, verglichen mit den 5000, die ihre Nachfolgerin, «Das Vaterland», 1880 als gesamtschweizerisches Blatt aufweist.

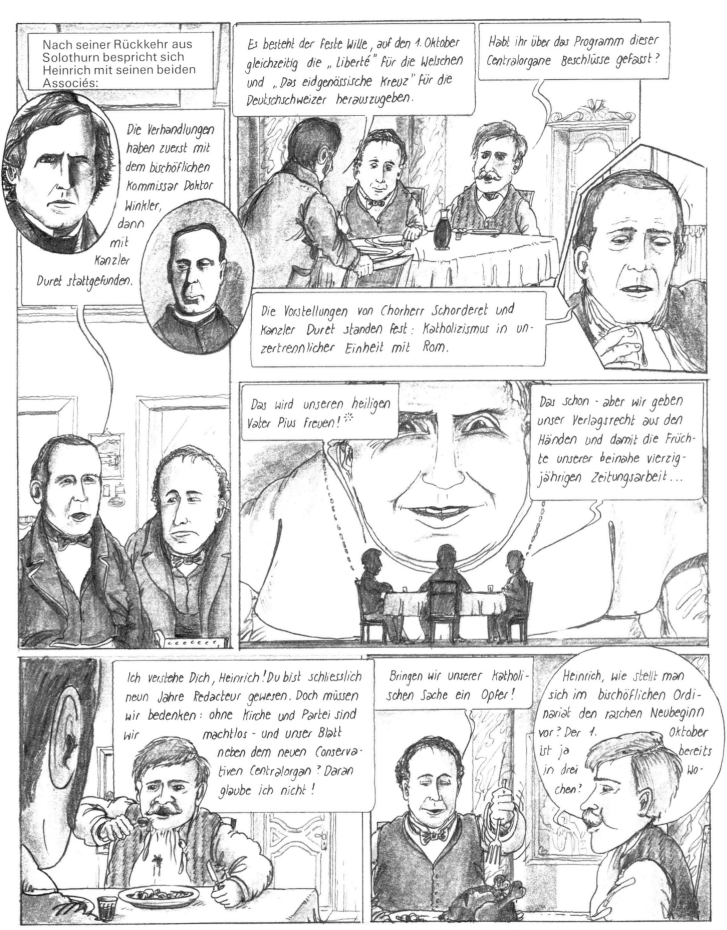

* Am 25. November 1871 beglückwünscht Papst Pius IX. in einem Brief die Schweizer Bischöfe zu den Anstrengungen auf dem Gebiet der katholischen Presse und lobt ihre treue Haltung in der Frage des Alt-Katholizismus.

Am 30. September 1871 erscheint die letzte Ausgabe der «Luzerner Zeitung». Die Druckerfamilie Räber beschliesst ihre 38jährige zeitungsverlegerische Tätigkeit, und legt mit handwerklichem Können und verlegerischer Erfahrung den Grundstein zur neuen Zeitung, die sie wie das eigene Blatt pflegt und fördert.

Die letzte Nummer mit einem Bericht über den Altkatholiken-Kongress** in München und über die in Lausanne versammelte Friedensliga***, an der «selbst Frauen massgebend mitsprechen, um die blutige Menschenschlächterei abzuschaffen», ist Gegenstand eines Gesprächs im Kaffeehaus Gilli bei der Reussbrücke:

* «Jungtürken» und «Altschweizer»: Gegensatz zwischen den Generationen innerhalb der Konservativen, der im katholischen Pressewesen eine wichtige Rolle spielt, während er in der parlamentarischen Aktivität der Partei unbedeutend ist. ** Als Folge der Unfehlbarkeitserklärung von Papst Pius IX. am Vatikanischen Konzil kommt es zur Abspaltung der Alt-Katholiken, die das Dogma nicht anerkennen, in Luzern unter Führung von Eduard Herzog (1841–1924), dem ersten Bischof der schweizerischen Christkatholiken (1876). *** Das Anliegen bleibt, die Namen ändern sich: Friedensliga, Völkerbund, Vereinigte Nationen, Irische Frauen, Friedensbewegung...

* Vinzenz Fischer (1816–96), Fürsprech, 1854–79 Grossrat, 1870 Oberrichter, 1879–93 Regierungsrat, 1859–79 Nationalrat und 1879–89 Ständerat. Am 27. Oktober 1855 hat er für A. Räber-Leu ein Wegrecht durch das Gut «Hubel» geltend gemacht.  ** Johann Amberg, Redaktor der «Luzerner Zeitung», wird 1873 in den Nationalrat gewählt. Die neue «Vaterland-Gesellschaft» will ihn nicht als Redaktor, was Fischer weiss.   *** Weltweite Krise als Folge der Umstellung von handwerklicher auf maschinelle Produktion. Billige Getreideimporte aus Übersee bewirken den Preiszusammenbruch am inländischen Markt, für die Luzerner Bauern besonders katastrophal, weil im Kanton seit Jahrhunderten der Kornbau vorherrschend ist.   **** Das Doppelwohnhaus «Musegghof» wird 1878 von der Creditanstalt für 372 000 Franken aus dem Konkurs des Besitzers ersteigert. Im Mai 1888 kauft Bernard Räber-Rotschy Haus und Liegenschaft.

So ist es! Eine Expansion mitten in einer Wirtschaftskrise – das muss scharf überlegt sein!

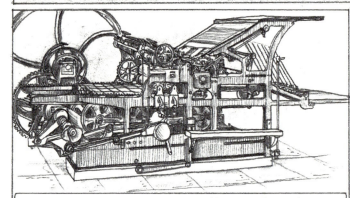

Aber wir sind doch mit neuen Einrichtungen gut versehen, wenn ich an die erste Perforier-Maschine von Stamminger in Bern denke oder an die zweite Schnellpresse, die wir vor drei Jahren angeschafft haben?*

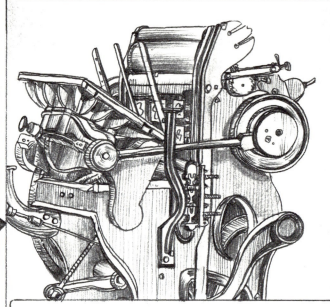

Die Perforier-Maschine läuft erst seit einem Monat... aber die Schnellpresse ist zur Hälfte abgeschrieben, da hast Du Recht. ...mit anderen Maschinen können wir noch zuwarten, mindestens mit einer Papier-Schneidmaschine und dem Tiegel-Druck-Apparat... eine Kopf- und Zifferdruck-Presse, wie sie der Lieferant in Hannover angeboten hat, wäre allerdings von grossem Nutzen...**

Mir scheint, unter diesen Umständen könnten wir bei der Bank den Kredit für einen Hauskauf erhalten!

Und zudem sind wir mit der Zeitung, mit dem Kantonsblatt und unserem Hauskalender...

(hüring'scher)
**Haus-Kalender**
auf das Schalt-Jahr
nach der gnadenreichen Geburt
**Jesu Christi**
**1872.**

Zweihundertsechsundzwanzigster Jahrgang.

Luzern,
Druck und Verlag von Gebr. Räber.

...nicht so stark von Schwankungen der allgemeinen Lage abhängig wie die Drucker von Geschäftsdrucksachen aller Art...

...das wird die Spar- und Leihkasse interessieren.

* Die zweite Schnellpresse, im Dezember 1873 gekauft; Katalogpreis Fr. 8000.–, bezahlt Fr. 6840.–; der Kaufpreis bleibt gegenüber der ersten Schnellpresse praktisch unverändert, während in den 13 Jahren von 1860–73 die Jahreslohnsumme bei einem um 2 Personen höheren Bestand von Fr. 9072.– auf Fr. 22 390.– ansteigt – Inflation! ** Die Kopf- und Zifferdruck-Presse folgt 1879, die Schneidmaschine sowie der Gally-Tiegeldruck-Apparat von der Mechanischen Werkstätte A. Stamminger, Bern, im Jahr 1883.

Auch die Zeitungsredakteure hätten es leichter, wenn sie ihre Bureaux im gleichen Haus besässen - Pfarrherr Kreyenbühl hat sich bei mir erst kürzlich wieder über das Hin und Her der Korrekturabzüge beklagt!

Gut! Ich erkundige mich in der „Rosalischen Gesellschaft" und Du erhälst womöglich einen Hinweis im „Altersgenossen-Verein", wer weiss...

Übrigens, hast Du's schon gehört? Der Josef Schill will am unteren Hirschengraben eine Druckerei auftun!*

Jo, so. Der Sepp! Man muss etwas wagen, wenn man jung ist... nur scheint mir der Zeitpunkt schlecht gewählt. Bankrotte Geschäfte helfen nicht... ein tüchtiger Setzer war er bei uns! Mit etwas Glück wird's ihm schon gelingen!

Was des einen Leid, ist des andern Freud! Die Wirtschaftskrise gibt den Anstoss zur Liquidation der Handwerkerzünfte und ihrer Zunfthäuser. 1873 trifft es die Metzgerzunft, 1874 die Pfister und die Schneider.

Im November 1876:

---

\* Josef Schill (1850–1905) von St. Louis im Elsass, Setzerlehre in Basel, vom 10. Dezember 1868 bis 3. Juli 1869 erstmals in Luzern: als Setzer bei den Gebrüdern Räber mit Fr. 72.– Monatslohn (der bestbezahlte Schriftsetzer verdient Fr. 80.–).

\* Vinzenz Kreyenbühl (1836–1925) von Pfaffnau, Pfarrherr, 1864–67 Redaktor der «Monat-Rosen» (Zeitschrift des Schweizerischen Studentenvereins, Druck 1864–74 bei Räber), 1871–83 Redaktor des «Vaterlandes», 1885 Gründer der Konkurrenzzeitung «Luzerner Volksblatt» (ab 1913 Christlichsoziales Organ für Luzern und Umgebung), 1894 Wahl zum Chorherrn des Stiftes St. Leodegar in Luzern. \*\* Jakob Joseph Zelger (1812–85), Landschaftsmaler, 1830 in Genf bei François Diday und Mitschüler von Calame. 1868 bestellt Königin Victoria von England bei ihrem vierwöchigen Aufenthalt in Luzern sechs Ölbilder und vier Aquarelle. Atelier seit 1873 im Engelberghaus, Kapellplatz 2. \*\*\* Kirchliche Organisation um den Vierwaldstättersee, die 1492 – im gleichen Jahr entdeckt Kolumbus Amerika – mit der Gesellschaft der Schneider eine Abmachung zur Aufnahme der Kapitelherren in das Stuben- und Gesellschaftsrecht trifft. Das Kapitel löst sich 1814 bei der Abtrennung der Innerschweiz vom Bistum Konstanz auf. \*\*\*\* 1850 vom Grossen Rat gegründet und 1876 in ein Staatsinstitut umgewandelt, die heutige Luzerner Kantonalbank – Staatsgarantie hat schon damals ihre Bedeutung: 1878 führen Wirtschaftskrise und die Fehlspekulation um den geplanten Gotthardbahn-Bahnhof in der Halde, der nie gebaut wird, zum Konkurs von Kasimir Knörr und seiner Bank!

Auf den 1. April 1877 beziehen die Redaktoren, Pfarrherr Kreyenbühl und der junge St. Galler Jurist August Trittenbass, ihre Arbeitsräume im obersten Stockwerk:

Hoch über dem grossen Betrieb, der unter uns hastend und jastend den Tag beginnt und beschliesst, haben wir unsere Arbeitsräume – hell, freundlich, ruhig...

Drunten die dunkelgrüne Reuss, drüben die architektonisch so hervorragend schöne Häuserzeile des obern linken Reussufers...

Uns gerade gegenüber die prächtige Fassade der Kirche zu St. Xaver, die uns jeden Mittag so kräftig das Angelus läutet...

Ein schönes Heim, auch wenn es unsern Besuchern von wegen der etwas obskuren Zugänge weniger gefallen mochte...

Das Bureau der Buchdruckerei in der 1. Etage nimmt Aufträge, Abonnementbestellungen und Inserate entgegen wie auch die Buchhandlung No 222 am Weinmarkt, wobei man sich an Sonn- und Feiertagen oder an Werktagen vor und nach der gewöhnlichen Arbeitszeit im Wohnhaus Brandgässli 10 melden kann. Redaktionsschluss für die Zeitung ist nach wie vor morgens um zehn Uhr. Der Druck erfolgt im vorgerückten Nachmittag.

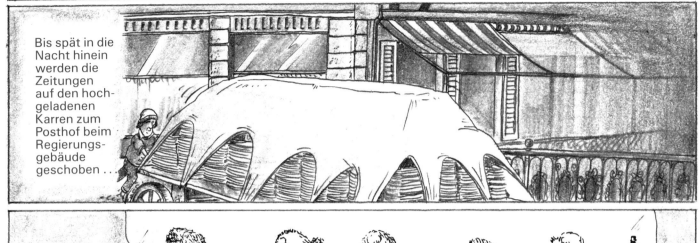

Bis spät in die Nacht hinein werden die Zeitungen auf den hochgeladenen Karren zum Posthof beim Regierungsgebäude geschoben...

...vorbei am Kaffeehaus Gilli, das vornehmlich alten Militärs und Patriziern als Treffpunkt dient*...

...über die neu gebaute Reussbrücke.

Im ersten Stock über der Buchhandlung, im bisherigen Druckersaal, wird das Kunstlager eingerichtet mit Kupfer- und Stahlstichen, Ölfarbendruckbildern, Glasbildern und Devotionalien**.

* Im 1658 erbauten Balthasar-Haus, seit 1770 im Besitz von Johann Gilli. 1775 Bewilligung zum ersten Kaffeehaus der Stadt. 1858–60 Redaktionsstube von Fürsprech Johann Amberg im Haus an der Reuss («Luzerner Zeitung»). Um 1925 Krämerladen von Max Leszinski im ehemaligen Café Regazzoni. Am 3. Februar 1960 Fackelzug von Schülern und Studenten für den Erhalt des Riegelbaues. 1969 Abbruch. Modehaus Spengler auf dem Areal von ehemals drei Liegenschaften mit Innenhof.   ** lat. devotio = Andacht. Gegenstände zur Unterstützung der Andacht wie Rosenkränze, Statuen, Kreuze, religiöse Bilder sowie Versehgarnituren.

Am 11. April 1879 geht die Druckerei knapp an einer Brandkatastrophe vorbei: Gegen Mitternacht entdeckt man im Setzersaal das Feuer und kann es mit einem Haushydranten löschen. Ein Gehilfe hat vor Arbeitsschluss einen glimmenden Zigarrenstummel in einen mit Sägemehl gefüllten Spucknapf geworfen!

Da haben wir nochmals Glück gehabt!

Und wie, Herr Fischer[*]! Es ist mir recht in die Glieder gefahren – anno 33 habe ich als Lehrbube die damalige Brunst zur Genüge erlebt!!

Das Geschick war diese Nacht gnädig... aber wie hat es Ihr Vetter Bernard?

Nicht viel besser! Es ist halt ein furchtbarer Schlag, wenn drei Tage nach Geburt des zwölften Kindes die Mutter stirbt![**]

Und ob! Und drei Wochen später haben wir Ihrem Onkel Räber-Leu das letzte Geleit geben müssen. So ist das Leben!

Ja! Die Nachricht vom Tode Josephines muss ihm sehr zugesetzt haben... er war dem Zweitältesten Götti! Ihm selber war der Tod ein Erlöser! Vor einigen Jahren hat er das Augenlicht ganz verloren und die letzten Monate war er sehr krank... ein braver Mann, dem wir viel zu verdanken haben!

Möge Gottes Segen auf seinem Werke ruhen...

In der Tat gedeiht das Unternehmen, in dem 34 Leute beschäftigt sind: Die Buchdruckerei wächst mit ihren Aufträgen und die Buch- und Kunsthandlung dank ihrer treuen Kundschaft, an die auch die zahlreichen Verlagswerke gerichtet sind: Kleriker, katholisch-konservative Akademiker des Schweizerischen Studentenvereins und das kirchlich gesinnte Landvolk.

* Gustav Fischer (1855–1921), von Merenschwand, Studium der Rechte in Basel und München, 1870 Redaktor an der «Ostschweiz» in St. Gallen, seit dem 1. November 1878 am «Vaterland» (bis zu seinem Tode). ** Josephine Räber-Rotschy (1837–79) stirbt am 7. Februar am Kindbettfieber im Alter von 42 Jahren (gebürtig von Leuk im Wallis). Das älteste Kind, der sechzehnjährige Bernhard, steht im 2. Jahr der Setzerlehre und besucht gastweise die 4. Gymnasialklasse sowie bei Seraphin Weingartner die Zeichenkurse der 1876 gegründeten Kunstgewerbeschule.

Bis Neujahr 1880 steigt die Zahl der Abonnenten für «Das Vaterland» auf 5000. Seit 1876 ist man ohne rote Zahlen, die Zusammenarbeit zwischen Redaktion und Druckerei gedeiht familiär und freundschaftlich:

"Da habe ich die letzte Meldung! Die vergangene Nacht ist in Wien das Ringtheater niedergebrannt! Wenn nötig müssen wir einen schon gesetzten Text auswechseln!"

"Wie sind Sie schon so rasch an die Neuigkeiten herangekommen, Hochwürden?"

"Da staunst Du, Heinrich! Der Lorbeerkranz gehört dem jungen Josef: Er hat das grausige Schauspiel in nächster Nähe von Anfang bis Ende angeschaut und mir in der Frühe im Telegraphenbureau Leopoldstadt ein Telegramm aufgegeben!*"

"In zehn Minuten haben sie den Bürstenabzug..."

Das Jahr 1882 bringt der Stadt Luzern einen anhaltenden Aufschwung der Wohnbautätigkeit, Zeichen für die Wende in der mehrjährigen Wirtschaftskrise.

Man setzt grosse Erwartungen in die neu eröffnete Gotthardbahn – den gigantischen Alpendurchstich, an dem im August 1880 von Immensee bis Lugano 17 451 Fremdarbeiter** arbeiten und der ohne diese so wenig hätte gebaut werden können ...

... wie ohne ausländisches Kapital der beiden frisch geschaffenen Nationalstaaten Deutschland und Italien, die eine rasche und wintersichere Verbindung wollen und mehr als die Hälfte der Kosten als europäische Entwicklungshilfe übernehmen.

Die beiden Quartiere Hof und Halde widersetzen sich der offenen Linienführung, so dass die Gotthardzüge schliesslich mit Rauch, Lärm und Gestank durch das dicht besiedelte Untergund-Quartier fahren, aber am Fuss des Bramberges im Tunnel verschwinden und so die Villenbewohner und Hotelgäste verschonen.

* Joseph (1860–1934), einziger Sohn von Räber-Jurt, seit dem 6. Juni 1880 zur Ausbildung im Ausland (Freiburg i. Br., Leipzig, Köln), erlebt am 9. Dezember 1881 in Wien den Brand, der über 600 Menschen das Leben kostet. Am 30. September 1883 kehrt er aus Rom nach Luzern zurück, nachdem er während eines Jahres in der vatikanischen Druckerei «Propaganda» gearbeitet hat. ** 27./28. Juli 1875 Streik der italienischen Tunnelarbeiter in Göschenen. In der Bauzeit (1872–82) ereignen sich 307 tödliche Arbeitsunfälle, die 847 Tote oder Krüppel fordern. Viele Tunnelarbeiter sterben, nachdem sie die Schweiz längst verlassen haben, an der heimtückischen Wurmkrankheit, «Gotthardkrankheit» genannt.

Die Buchdruckergehilfen der Stadt haben in dieser Zeit andere Sorgen: Bei Bucher wird am 26. September 1882 die Arbeit für eine Woche niedergelegt\*. Am Stammtisch im Gasthaus Schiff treffen sich die Räberschen Setzer zum Schoppen:

"Die Kollegen haben Recht, dass sie gegen so rigorose und ungerechte Bestimmungen der Bucherschen Hausordnung Opposition machen!"

"Wer zahlt – befiehlt!", heisst es dort!

"Unsere Prinzipale wollten im letzten März für die Setzer den zehnstündigen Arbeitstag einführen – aber der Bucher hat sich widersetzt!"

"Nicht nur der – auch die Prinzipale Schill, Bader und Keller \*\* waren dagegen! Da hat die Typographia die 10½-Stunden angenommen, um den Bruch zu vermeiden..."

"...a propos Typographia: nächstes Frühjahr feiern sie Jubiläum. Der Pöldi vom Vorstand hat bei mir sondiert, ob wir nicht beitreten würden! Ich bin dafür, die Einladung zu ignorieren..."

Mitte der achtziger Jahre bricht für das Buchdruck-Gewerbe das technisch-industrielle Zeitalter an. Worüber man sich in Setzerkreisen um 1860 mit Spott geäussert hat, wird 1886 verwirklicht: Der Deutsch-Amerikaner Ottmar Mergenthaler führt im Betrieb der New Yorker «Tribune» erstmals seine Zeilensetz- und Giessmaschine Linotype vor!

Ein Setzer-Automat

In der Offizin Gebrüder Räber setzt der Gasmotor das Zeichen: Anstelle des Handbetriebes bewegen nun Lederriemen die beiden Schnellpressen. Mittels Transmissionen wird die Kraft durch die Stockwerke geleitet, so dass die Dielen mit Rädern und Riemen verhängt sind.

\* Josef Leonz Bucher (1831–1905), Grossdietwil, kauft mit U. Müller am 15. Mai 1870 die kleine Offizin von J. A. Bolzern aus dem Konkurs, ersteigert das neu eingerichtete Geschäft 1871 um 7900 Franken von seinem Partner, verlegt es 1872 in den Wey und 1882 an die Zürichstrasse 5 hinter die Bierhalle Muth. 1897 an Sohn Carl Josef Bucher (1873–1950), 1973 an Ringier-Verlag in Zofingen! \*\* David Heinrich Keller (1843–1929), Zürich, übernimmt auf den 1. Januar 1879 die Meyersche Druckerei, da der Inhaber keinen männlichen Nachkommen hat. Keller hat im Mai 1878 die Druckerei seines verstorbenen Schwagers Moritz Härdi-Keller erworben (am Weinmarkt 206) und diese an J. und K. J. Bader verkauft, die sie 1884 an J. Burkhardt weiterveräussern.

Am 25. November 1885 genehmigt der Regierungsrat die «Haus- und Fabrikordnung für die Buchdruckerei von Gebrüder Räber».

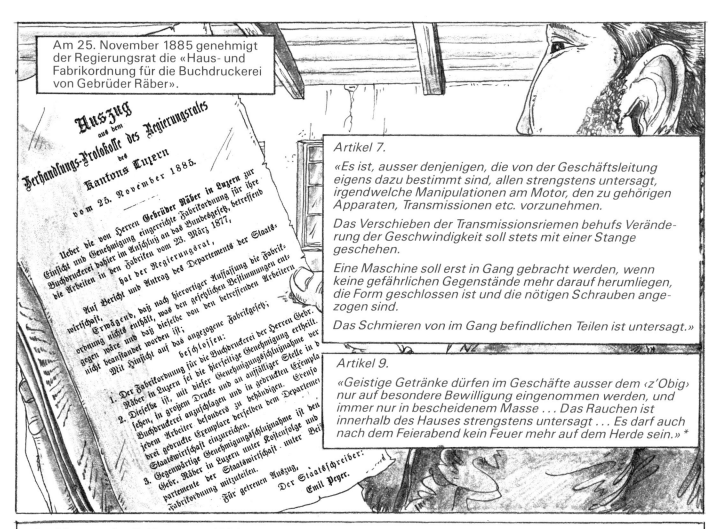

Artikel 7.

«Es ist, ausser denjenigen, die von der Geschäftsleitung eigens dazu bestimmt sind, allen strengstens untersagt, irgendwelche Manipulationen am Motor, den zu gehörigen Apparaten, Transmissionen etc. vorzunehmen.

Das Verschieben der Transmissionsriemen behufs Veränderung der Geschwindigkeit soll stets mit einer Stange geschehen.

Eine Maschine soll erst in Gang gebracht werden, wenn keine gefährlichen Gegenstände mehr darauf herumliegen, die Form geschlossen ist und die nötigen Schrauben angezogen sind.

Das Schmieren von im Gang befindlichen Teilen ist untersagt.»

Artikel 9.

«Geistige Getränke dürfen im Geschäfte ausser dem ‹z'Obig› nur auf besondere Bewilligung eingenommen werden, und immer nur in bescheidenem Masse ... Das Rauchen ist innerhalb des Hauses strengstens untersagt ... Es darf auch nach dem Feierabend kein Feuer mehr auf dem Herde sein.» *

Am Montag, den 5. Heumonat 1886 liegt eine ungewöhnliche Ruhe über der Stadt. Viele Läden sind geschlossen, und in der Buchdruckerei Räber bleibt nur eine kleine Mannschaft zurück, die für die Zeitungsausgabe besorgt ist. Prinzipale und Angestellte brechen in aller Herrgottsfrühe auf: zur fünften Säkularfeier der Schlacht bei Sempach!

Mit Extrazügen aus allen Teilen der Schweiz herangebracht, pilgert das Volk zum Festplatz auf der «Schlacht» ... über 30 000 sollen es sein. Der Höhepunkt der Feier,

---

\* Die Arbeitszeit dauert für die im Setzersaal Beschäftigten 10 Stunden – von morgens 7 bis abends 6½ Uhr mit 1¼ Stunde Mittagszeit und einer Viertelstunde Pause für das Vesperbrot – für die Zeitungsdrucker und -expedienten im Maximum 11 Stunden, für die übrigen Angestellten 10½ Stunden. Gearbeitet wird an allen 6 Werktagen.

das monumentale Festspiel mit einer Riesenbühne für 1500 Akteure und 800 Sänger sowie einer Tribüne für 7000 Zuschauer, löst im ganzen Land ein Raunen der Ehrfurcht und eine Welle der nationalen Begeisterung aus.*

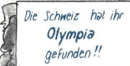 Die Schweiz hat ihr *Olympia* gefunden!!

 Landeswallfahrt zum Gnadenort Sempach!!

Auf Anordnung des Regierungsrates erscheint bei den Gebrüdern Räber die Schrift mit den Festreden:

Festpredigt von Professor Leonhard Haas:

Geliebte in Christo Versammelte! Die Fluthen von fünf Jahrhunderten sind über die schweizerische Eidgenossenschaft herabgerauscht... Jahrhunderte der Umwälzung, der Veränderung, des Wechsels...

Standrede des Herrn Nationalrath Dr. Josef Zemp:

Eidgenossen!... Im Namen des Volkes und der Regierung des Kantons Luzern entbiete ich den freundeidgenössischen Gruss... Hier und heute sei gesagt, dass unser Vertrauen auf den erleuchteten und patriotischen Männern ruht, in deren Hand die Bundesexekutive gelegt ist...

* Das erste nationale Volksschauspiel, Ausdruck der Versöhnungsfeier zwischen Konservativen und Radikalen, zwischen Föderalisten und Zentralisten, bleibt bis in die Mitte des 20. Jahrhunderts wegleitend für historische Festspiele.

Rede des Herrn Bundespräsidenten A. Deucher:

Eidgenossen!... Inmitten der grossen Errungenschaften der neuern Zeit und zum Theil mit denselben innig zusammen hängend, sind auch neue Schäden entstanden... Vielerorts gährt es in den tiefen Schichten der Gesellschaft... während andererseits eine humane Regelung der Arbeitsverhältnisse zu denjenigen Aufgaben gehört, die eine baldige Lösung dringend verlangen...

HIER HAT WINKELRIED DEN SEINEN EINE GASSE GEMACHT

Rede des Herrn Nationalrath Amtstatthalter Johann Amberg, Präsident des Denkmal-Komite's von Sempach:

Eidgenossen!... Aber diese Säule gebe kunde, dass der heutige Tag kein blasses Schaugepränge sieht, sondern das Gelöbnis eines ganzen Volkes,... nie zu vergessen, dass wir Alle kinder Eines Landes sind, in dem Allen das Herz warm und opfervoll für's Vaterland schlägt...

Rede des Herrn Nationalrath Oberst Ulrich Meister von Zürich, Präsident des schweizerischen Komite's der Winkelriedstiftung:

Eidgenossen!... Wohl verdient es dieser Tag, dass wir ihm aus dem Granit unserer ewigen Berge ein unvergängliches Denkmal setzen, ein Denkmal erbaut aus den tausend und abertausend freiwilligen Gaben der gesammten schweizerischen Nation...*

«Ihr Freunde all, in dieser Stunde
Geloben feierlich auf's neu
Dem blutgetauften Schweizerbunde
Wir ew'ge Liebe, ew'ge Treu...»

Nach dieser «nationalen Feierstunde» kehrt der Alltag wieder ein, mit technischen Umwälzungen und sozialen Spannungen:

Im September 1889 kommt der erste Telefonapparat** in die 1. Etage des Geschäftshauses «zu Schneidern».

Am 11. Dezember bricht ein siebentägiger Streik der Typographia aus, eine Arbeitsniederlegung aus Solidarität zu den streikenden Kollegen in Zürich.

Heiri, wie geht es im Zeitungssatz weiter?

* 1886 wird nach zahlreichen vergeblichen Anläufen die Winkelried-Stiftung, das nationale soziale Soldatenhilfswerk, gegründet. Aus den im Jubiläumsjahr gesammelten Geldern errichtet die Stiftung die Denksäule in Sempach. Präsident des Denkmal-Komitees ist der ehemalige Redaktor der «Luzerner Zeitung», Johann Amberg.  ** Am 1. August 1883 hat die erste «Telefon-Zentralstation» mit 61 Abonnenten in der Altstadt ihren Betrieb aufgenommen. Von morgens 7 Uhr bis abends 9 Uhr besorgen «besonders hierfür angestellte Frauenzimmer» die Verbindung zwischen den Abonnenten. 1891 wird die Zentrale in den Dachstock des Hauptpostgebäudes beim Bahnhof verlegt.

* Am 20. Dezember 1889 schliesst Franz Süss aus Neuenkirch einen Anstellungsvertrag mit dieser Klausel, gegenseitige Kündigung eine Woche. Später verzichten die Prinzipale, seit Dezember 1888 im «Luzernischen Buchdrucker-Club» zusammengeschlossen, auf diese Vertragsbestimmung.

Am Bärtelistag 1890 erhält der 72jährige Senior-Prinzipal Räber-Jurt einen Neujahrsbesuch von Nationalrat Zemp und Kriminalgerichtspräsident Räber***. Grund: Für das kommende Wahljahr 1891 will die Partei ein besonders schlagkräftiges «Vaterland», das bereits in grösserem Format als bisher erscheint.

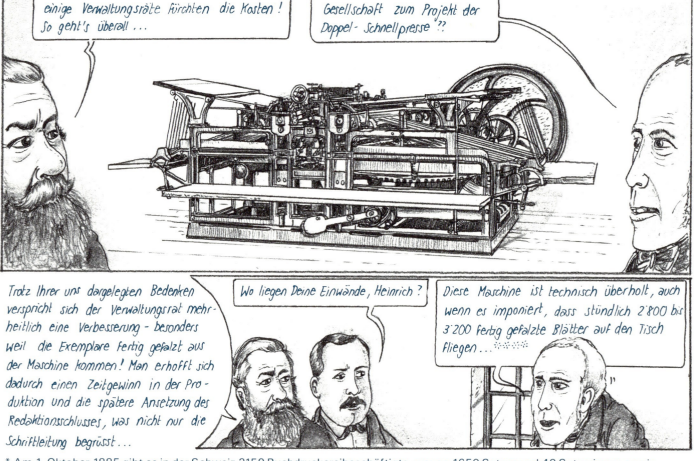

\* Am 1. Oktober 1885 gibt es in der Schweiz 3159 Buchdruckereibeschäftigte, wovon 1650 Setzer und 49 Setzerinnen sowie neben den 294 Maschinenmeistern noch 36 Handpressendrucker.  \*\* Initiant ist der viertälteste Sohn von Räber-Rotschy, Buchhändler Joseph Räber-Hauser (1866–1948), der spätere Geschäftsleiter von Buchhandlung und Verlag, Mitbegründer der Krankenkasse Konkordia Luzern im Jahr 1893. Der Verein Schweizerischer Buchdruckereibesitzer gründet am 30. Mai 1891 eine Unterstützungskasse für Invaliditäts- und Todesfälle.  \*\*\* Josef Zemp (1834–1908) und Alois Räber (1834–1905) sind Studienfreunde aus Heidelberg (1856). Alois, Vetter 2. Grades der Prinzipale, ist deren Freund und Ratgeber, 1870 Grossrat, 1876 Nationalrat (tritt am 30. Oktober 1881 zugunsten von Josef Zemp zurück) und von 1885 bis zu seinem Tod Kriminalgerichtspräsident des Kantons.  \*\*\*\* Am 18. März 1890 läuft die Presse – und erweist sich zwei Jahre später als Fehlinvestition. Auf ihr wird das konservative Kampfblatt «Lueginsland» für die Verfassungsabstimmung vom 15. März 1891 gedruckt (weil die Kantonsregierung einen radikalen Putsch wie im Tessin vom 11. September 1890 befürchtet, werden die Arbeiter im Zeughaus bewaffnet und die verstärkte Polizeimannschaft mit geladenen Gewehren ausgerüstet).

"Keller druckt aber das „Tagblatt" seit drei Jahren mit Erfolg auf diese Art - Neuerungen bringen eben auch Propaganda für den Leser ... unsere Abonnenten stagnieren! Immer noch ein Tausend weniger als das freisinnige Blatt..."

"Die katholische Leserschaft in der deutschen Schweiz gibt zuviel Geld aus für die „neutralen" und sogar gegnerischen Blätter... Chorherr Schorderet hat dies schon anno 71 mir gegenüber als Uebelstand vermerkt, als wir zusammen ins bischöfliche Ordinariat nach Solothurn fuhren - wegen der Zeitungsgründung..."

Die politischen Kämpfe von 1891 haben Folgen: Auf den 1. Januar 1892 tritt Obergerichtsschreiber Josef Winiger in die «Vaterland»-Redaktion ein – er hat mit seinen im Stil und Ton von Jeremias Gotthelf gehaltenen Artikeln im «Lueginsland» massgeblich zum konservativen Sieg im Verfassungs-Kampf beigetragen.*

Im März 1892 beschliessen die Aktionäre der Vaterland-Gesellschaft eine nochmalige Format-Vergrösserung auf den 1. Januar 1893 und die Umfangerweiterung der Zeitung um einen Drittel! Die Zahl der Abonnenten übersteigt erstmals die Grenze von 7000, der Vorsprung des «Luzerner Tagblattes» schmilzt auf 500.

Treibende Kraft dieser Veränderungen ist der 48jährige Präsident des Verwaltungsrates, Dr. Josef Zemp – seit drei Monaten der erste Bundesrat der konservativ-katholischen Partei.**

Heinrich Räber-Jurt handelt rasch: Anfangs April fallen in der 4. Etage im Brandgässli 10 die zukunftsweisenden Beschlüsse. Am Sonntag nach dem Gottesdienst treffen sich die Prinzipale mit ihren Söhnen. Nur Joseph Räber-Meyer fehlt, er ist seit längerer Zeit krank und an sein Haus am Kapuzinerweg gebunden.

"Wir haben über Anschaffungen zu entscheiden, die in die Zukunft weisen und unsere Nachfolger nicht minder betreffen als uns jetzige Inhaber."

"In den vergangenen zwanzig Jahren „Vaterland" haben wir drei Formatvergrösserungen erlebt, 1876, 1880, 1890 und nun wird auf Neujahr 1893 die vierte fällig."

"Die Auflage hat sich von anfänglich 3'000 auf über 7'000 verdoppelt und das Inseraten-Volumen ist um das 2½-fache gestiegen, während die Erträge gegenüber 1872 siebenmal grösser sind!"

* Während der konservativen Feier in der «Metzgern» besteigen einige junge Konservative den Museggturm Lueginsland und lassen ihn in bengalischem Licht erstrahlen!  ** Josef Zemp aus Entlebuch, 1857/58 Zentralpräsident des Schweiz. Studentenvereins, Anwalt, 1860 Ehe mit Philomena Widmer aus Emmen (fünfzehn Kinder), 1871–72 Ständerat, 1872–76 und 1881–91 Nationalrat, am 17. Dezember 1891 mit 129 Stimmen (absolutes Mehr 78) zum Bundesrat gewählt, Schöpfer der Bundesbahnen durch Verstaatlichung der Privatbahnen. 1887–1895 Präsident der Vaterland-Aktiengesellschaft.

* Joseph Räber-Schryber (1860–1934), einziger Sohn der drei Kinder von Räber-Jurt, seit 1886 mit Anna Schryber von Schachen verheiratet (acht Kinder), 1903 Wahl in den Grossen Stadtrat, Rektor der kaufmännischen Fortbildungsschule, Mitglied der städtischen Theaterkommission, Mitwirkung beim Richard-Wagner-Museum, seit 1924 Bürger von Luzern.  ** Auf Neujahr 1893 wird der Zeitungstitel in «Vaterland» geändert. Untertitel: Der «Luzerner Zeitung» sechzigster Jahrgang.  *** Bernhard Räber-Zemp (1863–1946), ältester Sohn der zwölf Kinder von Räber-Rotschy, Setzerlehre in Luzern, Weiterausbildung bei Herder in Freiburg i. Br. und Pustet in Regensburg von März 1883 bis Juli 1886, heiratet 1896 Adelheid Zemp (neun Kinder), eine Nichte von Bundesrat Zemp, 1907–35 Ortsbürgerrat und Vorsteher der ortsbürgerlichen Anstalten.

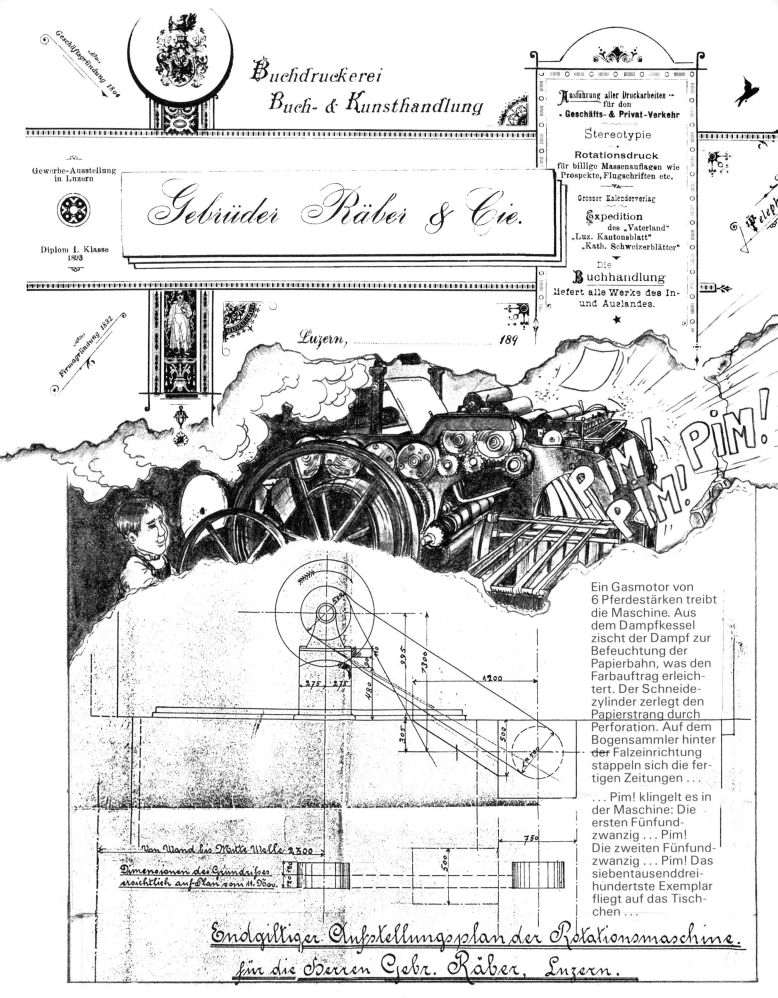

* Heinrich Räber-Schriber kauft aus der Erbschaft von Marie Räber-Leu (1805–86) den Hof seines Onkels und widmet sich der Landwirtschaft – ein Aussteiger mit 52 Jahren. «Viatikum» = Ausdruck der wandernden Gesellen für den Austritt (die Räbersche Offizin hat zum Leidwesen der Typographia Luzern seit 1867 eine eigene «Viatikums-Kasse», in die alle Gehilfen zur Unterstützung in Not geratener Kollegen Beiträge leisten müssen, zur Auszahlung von Handgeld für Übernachten und Weiterreise).   ** Joseph Räber-Meyer, der 1½ Jahre darauf am 22. Juli 1894 stirbt.   *** Die Jahreslohnsumme des 41 Angestellte zählenden Druckereibetriebes für 1892 beträgt 48 714 Franken (2 Faktoren, 19 Handsetzer, 1 Korrektor, 1 Stereotypeur, 3 Drucker und Maschinenmeister, 2 Setzerlehrlinge und 13 Hilfskräfte).

In diese Zeit des technischen Umbruchs fällt der zweite Generationenwechsel in der Firmenleitung: Am 14. Oktober 1897 wird der Kaufvertrag unterzeichnet, der auf den 2. November in Kraft tritt.

Wir verkaufen euch die Einrichtungen der Buchdruckerei und Stereotypie, die Verlagsrechte, das Bücherlager von Verlag und Buchhandlung sowie den Vorrat...

...an Kunstdrucken und Devotionalien um 100'000 Franken.*

Die Geschäftsliegenschaft ist vom Verkauf ausgenommen. Wie besprochen verpflichtet ihr Euch, alles von der Geschäftstätigkeit auszuschliessen, was sich gegen die katholische Kirche oder die Moral richtet!

Das Kapital wird je zur Hälfte von unseren beiden Familien beigebracht, Joseph Räber-Schryber auf der einen,...

...Bernhard Räber-Zemp und Josef Räber-Hauser auf der andern Seite. Jeder Associé soll einzeln rechtsverbindliche Unterschrift führen...**

Die Nachfolger vereinbaren für die ersten drei Jahre ein jährliches Fixum von je 3000 Franken; der bestbezahlte Schriftsetzer verdient 1897 rund 1900 Franken.

Sie übernehmen das Geschäft in einer Zeit wachsender Konkurrenz, was den «Luzerner Buchdrucker-Club» zu einer öffentlichen Stellungnahme veranlasst:

Es ist uns nicht unbekannt geblieben, dass es ein grosser Theil von Drucksachen für den Handels- und Gewerbestand, für die Hôtel-Industrie, ja selbst für Behörden, im Ausland oder doch in schweizerischen Ortschaften ausgeführt werden, die durch nichts weniger als Interesse-Gemeinschaften mit der Centralschweiz verbunden sind. Firmen: J.L. Bucher, J. Burkhardt, Gebrüder Räber & Comp., J.B. Imbach & Weber, E. Klein, Meyersche Buchdruckerei H. Keller, J. Schill, M. Sproll.

\* Buchdruckerei und Buchhandlung bezahlen 1896 bei einer Belegschaft von 52 Personen Fr. 52 064.– an Lohngeldern.
\*\* Räber-Schryber (37jährig) und die beiden Brüder Räber-Zemp (34) und Räber-Hauser (31) sind Vetter 2. Grades.

Die acht Buchdruckerei-Besitzer der Stadt Luzern haben sich aber nicht nur mit der Konkurrenz auseinanderzusetzen: Am 8. Juli 1897 treten 55 Typographen auf dem Platz in den Ausstand:

Die Streikenden erreichen ihre Ziele nicht und müssen die Agitation am 16. Oktober abbrechen: Aus der Schweiz, besonders aus Zürich, und zum Teil aus Deutschland kommen genügend Setzer und Drucker, die in den bestreikten Druckereien den Betrieb aufrecht halten. Den streikenden Kollegen gelingt es nur in wenigen Fällen, die «Rausreisser» zum Verlassen der Stadt zu bewegen.

Aber auch für die Prinzipale geht die Rechnung nicht auf: Am 13. August 1897 gründen elf verheiratete und ausgesperrte Setzer und Drucker unter finanzieller Mithilfe des Typographenbundes die «Genossenschafts-Buchdruckerei». Und am 24. Oktober erscheint eine eigene Zeitung, der «Luzerner Tages-Anzeiger – Unparteiisches Organ für Jedermann».**

\* Dr. jur. Hermann August Heller (1850–1917), 1891–1916 Stadtpräsident, 1891–1917 freisinniger Nationalrat, während mehreren Jahren Vorsitzender der radikaldemokratischen Fraktion der Bundesversammlung.  \*\* Der «Luzerner Tages-Anzeiger», bis 1916 in der Genossenschafts-Druckerei hergestellt, wird 1917 von C. J. Bucher übernommen und 1918 durch die «Luzerner Neuste Nachrichten» ersetzt. Das Arbeiterblatt «Centralschweizerischer Demokrat» erscheint vom Juli 1899 bis März 1912 in der Genossenschafts-Druckerei, bis es nach Olten wechselt.

Der dreimonatige Streik findet in der arbeitenden Stadtbevölkerung wenig Widerhall: Hotelangestellte, Wäscherinnen, Glätterinnen oder Ladentöchter arbeiten nahezu 15 Stunden täglich, kennen kaum Pausen für die Mahlzeiten und viele haben keinen freien Sonntag, weil die vom Fremdenverkehr abhängigen Geschäfte während der Saison nach dem Hauptgottesdienst um halb elf Uhr ihre Lokale offen halten.

In Luzern herrscht wie überall in Europa Hochkonjunktur – eine Auswirkung der Industrialisierung Mittel- und Westeuropas sowie des Kolonialismus der europäischen Grossmächte.

In und um Luzern läuft eine Gründungswelle neuer Fabriken an. So eröffnet Robert Zemp-Schacher, ein Bruder von Bundesrat Zemp und der Schwiegervater von Bernhard Räber-Zemp, im Jahre 1897 in Reussbühl-Roten am Kanal der Emme seine Möbel- und Parkettfabrik, die er ganz auf die schnell wachsende Hotelindustrie ausrichtet.

Nicht weniger als 35 neue Hotels schiessen zwischen 1891 und 1915 aus dem Boden. Ein zweiter Bauboom – statt der monumentalen öffentlichen Gebäude wie Hauptpost, Bahnhof oder Direktionsgebäude der Gotthardbahn werden Pensionen und Luxushotels für die anspruchsvollen Feriengäste aus den europäischen Adelshäusern gebaut. Wer auf sich hält, reist nach Luzern, an die «Riviera der Schweiz», in die südlichste Stadt vor den Alpen.

Im Hirschmattquartier entstehen zahlreiche neue Wohnhäuser – die Verlegung des Bahntrasses aus der Pilatusstrasse im Zusammenhang mit dem Neubau des Bahnhofes schafft Platz. Aber trotz des steigenden Angebots an neuem Wohnraum liegen die Mieten für Ein- und Dreizimmerwohnungen über den Preisen für vier und fünf Zimmer. Zum Ärger der Hotelier werden immer mehr Feriengäste in Privatzimmern einquartiert, was zu einem wilden Preiskampf mit den Hotels und Pensionen führt.

Optimismus und Zukunftsfieber in Luzern wie in den anderen Schweizer Städten: Das wirtschaftliche Wachstum übertrifft Jahr um Jahr die Erwartungen! Neue Ideen zur Veränderung der Stadt sind an der Tagesordnung – zum Beispiel die Hängebrücke über die Reuss! Man richtet sich auf die Gäste ein, weit über 100 000: ein Drittel Deutsche, ein Fünftel Briten, aber auch Russen, Polen, Bulgaren, Magyaren, Rumänen ...

## 1897
Auch die Firma Räber & Compagnie spürt diesen Rhythmus:

## 1898

## 1899

\* An der Winkelriedstrasse 15, 1897–1907. Auf dem angrenzenden Grundstück entsteht in den Kriegsjahren 1915–17 der Neubau der Stadtverwaltung (Arbeitsbeschaffung).   \*\* Am 14. 6. 1899, später in Schweizerischer Zeitungsverleger-Verband umbenannt. Räber-Schryber ist Mitinitiant, Vizepräsident des Gründungsvorstandes und Präsident von 1915 bis 1929.   \*\*\* Jakob Schmid-Ronca (1840–1908), Gelfingen, 1871 massgeblich an der Gründung des «Vaterlandes» beteiligt, gründet 1875 mit Ludwig Falck das Bankgeschäft Falck & Co., Mitglied des Grossen Stadtrates, 1889 Wahl zum Ständerat.

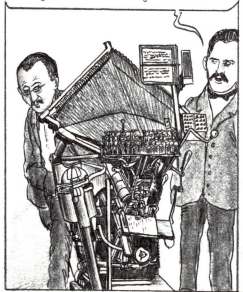

**1905**

Am 23. August fällt der wichtigste Entscheid in der nunmehr achtzigjährigen Firmengeschichte in der Villa «Eichhof» des Industriellen Heinrich Endemann:*

«Meine Herren, nun habe ich Ihnen meine drei Grundstücke an der Franken- und Morgartenstrasse verkauft! Möge Ihr geplanter Neubau die gewünschte geschäftliche Expansion in die Zukunft sichern helfen!...»

«... Gestatten Sie mir, Sie zu einem kühlen Bier in meiner Brauerei einzuladen...»

Für 115 000 Franken wechseln die Liegenschaften mit 1307 Quadratmetern die Hand, zahlbar in bar und durch Übernahme der Gülten von 58 870 Franken. Der Kaufpreis entspricht der Jahreslohnsumme der Räberschen Offizin.**

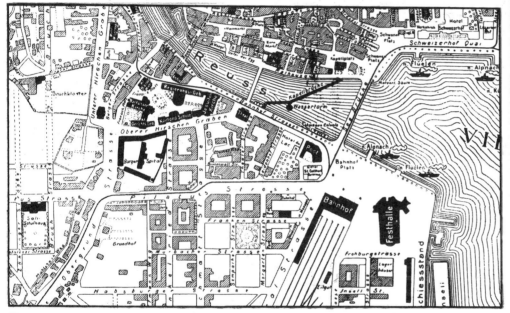

Auf dem Heimweg:

«So, das ist erreicht! Ohne die Liegenschaftskrise von anno 1901 wären wir wohl nicht so weit...»

«Da magst Du Recht haben – die Brauerei musste damals das Aktienkapital erheblich reduzieren und Herr Endemann hat als Hauptaktionär der Gesellschaft Aktien in der Höhe einer halben Million zur Verfügung gestellt!»

«Unentgeltlich – um sein Unternehmen wieder auf gesunde Beine zu stellen. Da werden ihm flüssige Mittel nicht unwillkommen sein!»

* (1846–1914), Sohn einer grossbürgerlichen Familie in Bochum, seit 1888 in Luzern, erwirbt nebst dem «Hof zur Eich» die Brauerei zum Rosengarten, baut 1890 den barocken Landsitz Eichhof um, gründet 1900 mit weiteren Geldgebern die «Luzerner Brauhaus AG», die heutige Brauerei Eichhof. ** 88.–/m$^2$ (zum Vergleich: 1903, Bauplatz Hotel Palace, 3245 m$^2$, 271.–/m$^2$).

**1906**

**1. März** — Um 6 Uhr in der Frühe beginnt die Baufirma Gebrüder Keller mit dem Aushub des Fundamentes.

**6. April** — Die ersten der 2000 über zehn Meter langen Eichenpfähle werden in den sumpfigen Grund gerammt.

**10. November** — Aufrichtefeier im Hotel Du Nord um 8 Uhr abends.

**1907** ist das Unternehmen «Gutenberghof» an der Ecke Frankenstrasse-Morgartenstrasse auf den 1. Oktober vollendet!

An die 100 Fabrikations-, Handels- und Handwerkerfirmen aus der Stadt und der Umgebung haben während 19 Monaten daran gearbeitet, wobei ein Steinhauerstreik den Bezug um mehrere Wochen verzögert hat. Die vorgesehenen Baukosten von 405 000 Franken werden geringfügig überschritten.

Um auch nach der verkehrsreichen Pilatusstrasse zu wirken, hat man sich für einen monumentalen Eckturm entschieden:

* Eine für 1906 sensationelle Technik: mit Eisen armierte und vorfabrizierte Betonelemente mit Hohlräumen, die seither durch keine andere Erfindung übertroffen worden ist!   ** Architekt Gottfried Müller (1878–1945), über den man kaum etwas weiss und der in Luzern wenige, dafür qualitativ hochstehende Bauten hinterlässt. Sein persönlicher Stil auch an diesem Gebäude im Stil altdeutscher Frührenaissance ablesbar: Plastische Durchformung der Fassade, bewegte Dachgestaltung, raffinierte Vermischung historisierender Architekturelemente. Andere Bauten: Zentralstrasse 44 (1905), Kasimir-Pfyffer-Strasse 2, 16, 18 und 20 (1907–09), Vonmattstrasse 20, 22, 24, 26 und 34 (1906–10).

Die provisorische hölzerne Figur schenkt man 1911 dem Gewerbemuseum, als die Statue, deren Lanze zugleich als Blitzableiter dient, in Kupfer ausgeführt wird.

Unter dem Eindruck der imposanten Neubauten gerät die gleichzeitige Anschaffung einer neuen, hochmodernen 16seitigen Zeitungsrotationsmaschine etwas in den Hintergrund.

Die Bestellung erfolgt anfangs November 1906. Im Juni 1907 reist Maschinenmeister Alois Sidler mit Franz, dem 19jährigen Sohn von Räber-Schryber, nach dem schlesischen Plauen im Königreich Sachsen.

\* Joseph Vetter (1860–1936), von Luzern, 1876–81 Ausbildung an der Kunstgewerbeschule Luzern, 1880–82 in München und 1885–87 in Florenz, seit 1887 Lehrer für Bildhauerei an der Luzerner Kunstgewerbeschule, Schöpfer der 5,5 m hohen Christusstatue beim Meggerhorn (1900, Auftrag der Besitzerin von Schloss Meggerhorn, Baronin Heine).   \*\* Johannes Gensfleisch, genannt Gutenberg (um 1394–1468) von Mainz, gilt als Erfinder der Buchdruckerkunst durch die Einführung beweglicher, aus Metall gegossener Lettern. – Thomas Murner (1457–1537) aus dem Elsass, Franziskanermönch, erster Drucker in der Stadt Luzern im Barfüsserkloster, Dichter, Gegner der Reformation, Verfasser von Satiren und Pamphleten voll Witz, Aggressivität und Spott.

# Vogtländische Maschinen-Fabrik
## (Vormals J·C·& H· Dietrich) Aktien-Gesellschaft

Telegramm-Adresse: „Perfekt" Plauenvogtland Lieber's code used
Fernsprecher N° 31 u. 693

Adresse für Bahnsendungen: Plauen i.V. Unterer Bahnhof, Zweiggleis

Fabrik-Marke. Weltausst. Lüttich 1905: Goldene Medaille

**Spezialität: Stickmaschinen Rotations-Maschinen**
Über 1100 Arbeiter.

Die Vogtländische Maschinen-Fabrik, auf Stick- und Rotationsmaschinen spezialisiert, beschäftigt über 1100 Arbeiter.*

Rechtzeitig auf die Neueröffnung des Betriebs im «Gutenberghof» kann die Nr. 232 des «Vaterlandes» auf den 1. Oktober 1907 auf der Zwillings-Rotationsmaschine gedruckt werden.

Ein 15pferdiger Elektromotor aus der Maschinenfabrik Oerlikon, installiert durch das Elektrizitätswerk Luzern, treibt die Presse. Mittels Druckknopf an den vier Ecken kann die Maschine ein- und ausgeschaltet werden – eine bisher unbekannte Neuerung.

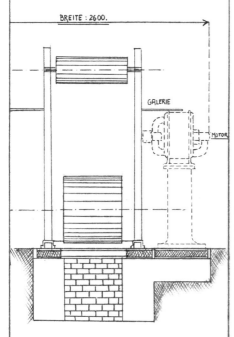

\* Heute in der DDR, Kreisstadt im Bezirk Karl-Marx-Stadt mit 80 000 Einwohnern.   \*\* Anton Müller (1876–1934), von Ebikon, tritt am 24. 4. 1893 als Setzerlehrling in die Druckerei im Haus zu Schneidern ein, wird ab 1. 8. 1901 Metteur des «Vaterlandes». Heiratet 1915 eine Tochter des Wirtes Fluder auf dem Zunfthaus zu Metzgern. Vater des Luzerner Historikers Dr. phil. Anton Müller (1919–68) aus Ebikon.   \*\*\* Anton Eiholzer (1870–1948), tritt am 17. 5. 1886 als Hilfsarbeiter in die Druckerei ein, kann später die Lehre als Maschinenmeister (Drucker) machen und wird 1927 Obermaschinenmeister (Abteilungsleiter).

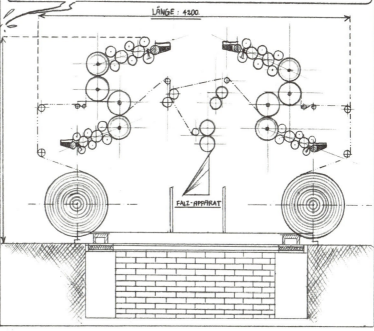

* Dr. Josef Winiger (1855–1929), von Zell, Studium der Rechte in Innsbruck, Heidelberg und Basel, 1878 Obergerichtsschreiber, 1892 Redaktor am «Vaterland», 1901 Chefredaktor. Seit 1891 Grossrat, 1897 Wahl in den Ständerat. Massgeblich beteiligt bei der Gründung der «Gesellschaft des Hotel Union», des katholischen Vereinshauses, im Jahr 1891.

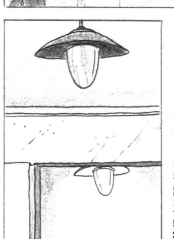

# 1908

geben die Firmeninhaber zusammen mit dem Schweizerischen Katholischen Frauenbund die «St. Elisabeths-Rosen» heraus. Ständige Mitarbeiterin ist unter anderen die Schriftstellerin Anna von Liebenau*:

... Ich bin gestern endlich dazu gekommen, eine kleine Skizze für Ihr Blatt zu vollenden: Bertha's erster Carneval. Sie ist aber, mit Benützung der beiden jüngsten Unglücksereignisse von Süditalien, auch noch in der Fastenzeit zulässig... **

So erfolgreich und vielversprechend startet also die dritte Firmengeneration, während die beiden Senior-Patrons sich zwar zurückziehen, aber dennoch jeden Tag im Geschäft anzutreffen sind.

Am Ostermontag 1899 laden Räber-Jurt und Räber-Rotschy die 54 Angestellten mit den Frauen nach Ebikon in den Saal des Gasthauses Löwen ein, wo man sich zum Goldenen Geschäftsjubiläum von Maschinenmeister Lötscher trifft.***

In ungetrübter Fröhlichkeit wollen mein Vetter und ich mit unseren Nachfolgern und Euch allen das bescheidene Festchen feiern, das bestimmt ist, Alter und Verdienst zu ehren...

... die Kollegialität zu heben und zu zeigen, dass auch heutzutage bei gutem Willen ein gegenseitiges gutes Einvernehmen zwischen Principal und Angestellten bestehen kann!

\* (1847–1915), Tochter von Dr. Hermann von Liebenau und Jakoba Pfyffer von Altishofen von Wyer; umfangreiche literarische Tätigkeit wie 1884 «Charakterbilder aus Luzerns Vergangenheit»; pflegt ihre einzige Schwester und dann den erblindeten, von Gicht gequälten Bruder Theodor (1840–1914), Staatsarchivar seit 1871; ihr kulturhistorisch interessantes Haus am Franziskanerplatz vermacht sie dem katholischen Pfarramt St. Maria «in der Au». \*\* Der Brief datiert vom 27. 1. 1909. Am 28. 12. 1908 hat ein Erdbeben die Stadt Messina fast völlig zerstört. – Die Monatszeitschrift stellt 1913 ihr Erscheinen aus Kostengründen wieder ein.
\*\*\* Johann Lötscher (1833–1906) aus Entlebuch, 1847 Eintritt als Ausläuferbursche, 1849–51 Lehre als Drucker.

Im Frühjahr 1900 laufen die Vorbereitungen für das Eidgenössische Schützenfest in Luzern an, das Ende Juni 1901 während vierzehn Tagen stattfinden wird. Joseph Räber-Schryber stellt sich als Präsident des Publikationskomitees zur Verfügung:

Am 14. April 1902 nimmt Joseph Räber-Schryber an der Romfahrt des Schweizerischen Katholikenvereins teil: 471 Pilger beglückwünschen den greisen Papst Leo XIII. zum fünfundzwanzigsten Pontifikatsjahr. Zum Abschluss der denkwürdigen Audienz werden rund zwanzig Personen zum Handkuss vorgelassen, worauf der Papst mit etwas hohler, aber ziemlich kräftiger Stimme den apostolischen Segen erteilt, von den Stufen des Thrones heruntersteigt und in der Sänfte Platz nimmt.**

Seit diesem Jahr begleitet Räber-Schryber die alljährlichen

\* Dr. Heinrich Walther (1862–1954), II. Vizepräsident des Komitees, von Sursee (sein Vater, ein süddeutscher Protestant, hat 1864 im Städtchen die Apotheke übernommen), Studium und Doktorat der Rechte in Basel, 1894 Regierungsrat (32jährig), 1908 Nationalrat, 1919 Präsident des Verwaltungsrates des «Vaterlandes», Ehrendoktor der Universität Tübingen, Freiburg (Schweiz) und der ETH Zürich, 1932 Präsident des Verwaltungsrates der SBB, führender konservativer Staatsmann und lange Jahre «Königsmacher» bei den Bundesratswahlen. \*\* Aus «Ultra montes», Erinnerungen an die Schweizer Romfahrt, Autor: Räber-Schryber, illustriert mit Momentaufnahmen des Autors, Taschenapparat Marke Delta-Kamera. 6 Tage Rom, Verpflegung, Nachtquartier, Wagenfahrt zum Besuch der 7 Hauptkirchen und Katakomben sowie Bahnbillett hin und zurück: Fr. 250.– (I. Klasse) oder 200.– (II. Klasse).

Am 12. August 1902 stirbt Räber-Jurt im Alter von 84 Jahren; am 18. Juni 1904 folgt ihm Räber-Rotschy mit 73 Jahren. Aus dieser Zeit stammen die beiden Familiengräber auf der 1885 eröffneten Friedhofanlage der Stadt im Mohrental, das in Friedental umbenannt wird.

1903 erreicht Räber-Schryber die erforderlichen Stimmen für den Grossen Stadtrat. Bei Wahlen pflegt er den städtischen Gasthäusern nachzugehen und seine Bekannten aufzufordern, der konservativen Partei die Stimme zu geben. In den Ferien bevorzugt er Hotels und Gaststätten, die Abonnent des «Vaterlandes» sind.

Im Spätsommer 1905 sucht die Vierer-Seilschaft aus Prinzipal Räber-Schryber, seinem 17jährigen Sohn Franz und zwei Druckern den im Brisengebiet abgestürzten Josef Hurschler, ohne jedoch den 28jährigen Maschinenmeister finden zu können.\*

Im Mai 1907 wird Prinzipal Räber-Zemp als Vertreter der konservativen Partei in den Engeren Ortsbürgerrat gewählt und übernimmt das Amt des Verwalters der ortsbürgerlichen Anstalten, die er während fast dreissig Jahren betreuen wird.\*\*

Sein Bruder Joseph Räber-Hauser begeistert sich für alle Entwicklungen auf dem Gebiet des Transportwesens; er kauft von den meisten deutschen Reichsbahnen Aktien und zeichnet 1909 eine grosse Zahl Anteilscheine der Genossenschaft Aéro für die Errichtung einer Luftschiffhalle in der Tribschen, die am 24. Juli 1910 eröffnet wird: Es werden die ersten gewerbemässig betriebenen Passagier-Motorluftfahrten der Welt durchgeführt.

Im Februar 1912 erwirbt die Stadt von den elf Miteigentümern der Familien Räber das Zunfthaus zur Schneidern: dies ermöglicht der Stadt, die längst projektierte öffentliche Bedürfnisanstalt statt wie geplant im Keller des Rathauses im Untergeschoss der ehemaligen Druckerei unterzubringen.\*\*\*

\* Als Ausläufer am 23. 1. 1894 in die Druckerei eingetreten, 1898 dreijährige Lehre als Drucker.   \*\* Besonders das Waisenhaus und dessen Zöglinge liegen ihm am Herzen. Für sie entsteht unter seiner Mitwirkung beim Holderkäppeli das Ferienheim Lehn, dessen Bau er allwöchentlich persönlich beaufsichtigt.   \*\*\* Kaufpreis Fr. 90000.– (Fr. 82272.– bestehende Gülten). Am 30. 12. 1910 hat der Regierungsrat einen Rekurs von Räber-Schryber in Steuersachen abgewiesen, weil er den Nachweis nicht erbringen kann, dass 1909 die Hypotheken wie behauptet von 40000 auf 80000 Franken erhöht worden sind. – Heute Frauenarbeitsschule und Stimmlokal.

Am 30. Oktober stirbt nach längerer Krankheit der 17jährige Sohn von Anna und Joseph Räber-Schryber, Anton, der um sieben Jahre jüngere Bruder von Franz, Schüler an der Kantonsschule und von den Eltern als späterer Nachfolger in der Firmenleitung bestimmt.*

Diese familiären Schicksalsschläge fallen in eine Zeit wachsender wirtschaftlicher Herausforderungen wie das Erscheinen des Gratisblattes «Anzeiger für die Stadt Luzern», was vermehrt auch zu Spannungen innerhalb der verwandtschaftlichen Geschäftsleitung führt:

Vorerst verwahre ich mich des Entschiedensten, Schreibebriefe an mich zu adressieren! Ich bin Teilhaber der Firma und nicht „Faktor", wie die Aufschrift des Couverts lautet, das gestern den ganzen Tag während meiner Abwesenheit am Katholikentage in meinem Bureau auf dem Pulte paradieren durfte!

Ich habe das Recht und die Pflicht, Mängel in der Organisation im Setzersaale zu rügen! Von der Montag-Nummer des „Vaterland" sind 200 Exemplare vom Zürich-Zug 6.02 zurückgeblieben!

Ich habe dieses grausige Faktum bereits morgens nach 8 Uhr erfahren!...

... Sämtliche Anordnungen für die Herstellung der inquirierten Montag-Nummer sind im vollen Einverständnis und nach Weisung des Herrn Chefredaktors Winiger getroffen worden...

... Wenn es den Interessen der „Vaterland-Gesellschaft" und den unsrigen entgegen ist, muss man sich widersetzen!!

Ich habe bis 12½ Uhr nachts Korrekturen und Revisionen gelesen - aber um den Spektakel mitten in der Nacht durch das Matrizenklopfen zu vermeiden, wurde Henzi angewiesen, die Matrizen am Montagmorgen so zeitig anzufertigen, dass es für die Spedition langen sollte.

Aber es hat eben nicht geklappt! Mit Dulden kommt man nicht weit – die Leute erlauben sich je länger je mehr auf der Redaktion... Herren Hirt und Konsorten haben seinerzeit schon meinem Vater selig das Leben verbittert!

Verschone mich vor solchem Lapidar-Stil! Du bist ja schon auswärts damit bekannt...

* Drei Jahre zuvor, am 7. 7. 1909, ist die 17jährige Tochter Rosalia im badischen Kurort Herthen gestorben. Am 12. 1. 1912 haben auch die Eltern Räber-Zemp ihre 12jährige Tochter Adele verloren.

Von den 200 Typographen auf dem Platz Luzern müssen 47 an die Grenze. Auch der 26jährige Oberlieutenant Franz Räber rückt ein und verbringt den Krieg fast ununterbrochen im Dienst. 20 ausländische Gesellen verlassen ihre Druckereien und folgen den Aufgeboten ihrer Länder zum Kriegsdienst.

* Die Gästezahl sinkt von 192 537 Ankünften im Jahr 1910 auf 104 188 im Jahr 1914 und erreicht 1920 nur noch 78 906, fast die gleiche Zahl wie 1892! Die einseitige Ausrichtung auf den Tourismus rächt sich.  ** Kurt Tucholsky (1890–1935) in «Rausch, Suff und Katzenjammer»: «Was so unbeschreiblich an diesen ersten Wochen war, erkannten damals nur wenige und weil heute die Zeit des Rausches fast vergessen ist, wissen's auch heute nicht allzuviele . . .» (1920).  *** Ausland-Redaktor am «Vaterland», Verehrer der deutschen Zentrumspartei, völlig deutsch orientiert – wie viele damalige Akademiker der deutschsprachigen Schweiz, die meisten an deutschen Universitäten ausgebildet, ebenso viele Mitglieder deutscher Studentenverbindungen. Chefredaktor Winiger korrigiert in seinen Wochenschau-Artikeln Fischers Stellungnahmen mehr oder weniger deutlich.

Maschinenmeister Ziegler ist in seiner Stellungnahme aber anderer Meinung ... lies nur ..!

Alle diese Verleumdungen sind vollständig grundlos und falsch, und bin ich in der angenehmen Lage das Gegenteil zu behaupten und auch jederzeit zu beweisen. Ich werde nach Kräften für die löbl. Firma einstehen und sie gegen solche blöden Angriffe verteidigen.
Ich bedaure und verachte diese Angriffe und weise sie nochmals zurück.

Rob. Ziegler
Maschinenmeister

Sieh da, der Röbi Ziegler schlägt sich wieder einmal für die Patrons in die Schanze!*

Im Januar 1916 wird in den Druckereien die Arbeitszeit für die Buchdruckergehilfen an Samstagen um eine Stunde verkürzt. In der betriebsinternen Abstimmung der Firma wird die Frage gestellt, ob man die Reduktion nachmittags zu Beginn oder am Schluss der Arbeitszeit wünscht ...

Es könnte sich auch fragen, ob die Gehilfen die bisherige Arbeitszeit nicht beibehalten wollen bei entsprechender Lohnerhöhung ... was zwar tariflich vielleicht beanstandet würde ...

Das Hilfspersonal arbeitet nach wie vor 57 Stunden.

Am 29. Januar 1916 schreibt Räber-Schryber seinem Vetter und Associé Räber-Hauser einen internen Brief:

Mein Lieber! Ich möchte freundlichst bitten, die Schaufenster-Ausstattungen in dem Sinne etwas zu beaufsichtigen, dass sie wenigstens, was Bilder betrifft, ein schweizerisches Gepräge haben ...

... Wer zum Beispiel das erste Schaufenster an der Morgartenstrasse sieht, wird sich nach Deutschland versetzt wähnen ...

... Man sieht zwei Kaiser und deutsche Generäle, würde aber unseren Bundespräsidenten, unsere Bundesräte, unsere Armeekorpskommandanten und Divisionäre umsonst suchen. Diese schweizerischen Bilder sollten aber meines Erachtens vertreten sein: Der Bundesrat zählte noch selten so tüchtige Köpfe wie jetzt und auch die höheren Kommandos machen uns Ehre. Grosse Nachfrage wird wohl kaum eintreten, aber das wird auch bei den Wilhelms und deutschen Heerführern nicht der Fall sein!
Besten Gruss
Joseph R.S.

---

\* Arbeitet in der Firma vom 12. 3. 1912 bis zum 19. 5. 1917 als Drucker. In der Firma gibt es praktisch keine Mitglieder der Typographia, sondern nur solche der 1908 gegründeten «Buchdruckergewerkschaft», der heutigen Schweizerischen Graphischen Gewerkschaft, was zur Zersplitterung und zu gegenseitigen Rivalitäten unter den Gewerkschaftern führt.

Auf den 1. Februar 1917 erklären die Deutschen den uneingeschränkten Unterseeboot-Krieg: Jedes Schiff, auch unter der Flagge eines neutralen Staates, wird versenkt, wenn es Handelswaren für die Entente an Bord führt.*

Als Folge dieser Ausweitung des Krieges wird auch in der Räberschen Offizin die Versorgung mit Kohle zunehmend schwieriger:

Der Bundesrat verfügt die Rationierung der Lebensmittel, was aber die sozialen Ungerechtigkeiten nicht beseitigt: Die einen müssen in der Stadt für das Allernötigste in Schlangen anstehen, während die anderen die Bauernhöfe aufsuchen und für Kartoffeln, Eier und Butter jeden Preis bezahlen ...

### ACHTUNG!

Die Angestellten werden ermahnt, sich derart zu kleiden, dass sie in normaler Körpertemperatur, namentlich auch an den Händen, zur Arbeitsstätte kommen.

Die Oeffnung der Heizkörper wird durch die Geschäftsleitung angeordnet. Solange die Aussentemperatur nachts nicht unter 3 Grad über Null sinkt, müssen die Heizkörper abends eine Stunde vor Arbeitsschluss zugedreht werden.

Es darf kein Fenster geöffnet werden. Die Lüftung wird durch die Geschäftsleitung angeordnet.

Die wiederholten Mahnungen zur Sparsamkeit auf allen Gebieten werden hiermit erneuert. (Es betrifft dies namentlich auch Licht und Kraft.)

Räber & Cie.

Am 3. Februar findet in der Familie Räber-Schryber ein Hochzeitsfest statt: Der Sakristan der Franziskanerkirche rollt den roten Teppich aus, und Vater Räber-Schryber führt seine erste Tochter am Arm durch das Hauptportal an den Altar, wo er sie dem Bräutigam in Offiziersuniform anvertraut.

* Kriegseintritt der USA, die den kriegsführenden Staaten der Entente (England, Frankreich und Russland) Waren liefert, von denen auch die Versorgung der Schweiz abhängt.

Zur Feier im Hotel Union sind auch die «Vaterland»-Redaktoren geladen, Michael Schnyder, Gustav Fischer, Dr. Josef Winiger.

Die prunkvolle Hochzeit liefert Stoff für den Stadtklatsch, während ein gutes Jahr später die Heirat des dreissigjährigen Franz am 15. April 1918 für Aufregung innerhalb der Prinzipalsfamilien sorgt.

Im Gutenberghof:

Schoseph, wie kannst Du als Vater diese Heirat von Franz zulassen? Das Hedwig Jucker mag ja gut und recht sein - aber sie kommt aus liberalem Haus und ihr Vater, heisst es, ist Mitglied der Luzerner Freimaurerloge FIAT LUX!!

Franz ist in diesen Dingen unbelehrbar, das weisst Du so gut wie ich, Marie!* Wir hatten schon genug Kummer, ihn vor sechs Jahren zu überreden, seine zweijährige Liaison mit der Steiger-Tochter aufzugeben...**

...wenn es damals gelungen ist, warum nicht auch jetzt??

Franz hat Rücksicht genommen, da sein Bruder schon auf den Tod krank war - und zudem habe ich ihm klipp und klar gesagt: lieber einen Sohn durch den Tod verlieren, als einen ungeratenen Sohn behalten müssen!

Ich kann Franz einfach nicht verstehen - es ist ein Verrat an unserer ganzen Familie! Was werden nur die Leute von uns halten??

Und was erst müssen unsere konservativen Auftraggeber von der Vaterland-Gesellschaft und bei der Regierung von dieser Mésalliance halten?!***

* Marie Räber (1859–1931), die ältere Schwester von Joseph Räber-Schryber, Mitarbeiterin in der Firma (zeitweise sind bis zehn Familienmitglieder aus drei Generationen angestellt). ** Tochter des Zahnarztes Dr. Alfred Steiger (1864–1925), Enkel des radikalen Politikers und Arztes Dr. Jakob Robert Steiger (1801–62). Franz verzichtet im Juli 1912 auf seine Verlobungs- und Heiratspläne. Beide Väter sind sich einig, dass eine solche Verbindung eine Tollheit wäre. ***Mésalliance = Missheirat.

Das Kriegsjahr 1918 bringt der Räberschen Offizin noch weitere Überraschungen: Der Papierkonsum wird behördlich eingeschränkt, die illustrierte Unterhaltungsbeilage «Sonntagsblatt des Vaterland» muss reduziert werden, Umsatzrückgang bei den Akzidenzen. Man zieht weitere Entlassungen in Erwägung, nimmt aber Abstand davon.***

\* 1872 gebaut nach Plänen des Architekten Gustav Mossdorf (1831–1907), Sachsen, seit 1855 in Luzern. 1888 Kauf durch B. Räber-Rotschy von der Creditanstalt, die 1878 Liegenschaft und Haus während der Krise (1875–80) aus einem Konkurs ersteigert hat.   \*\* Pfarrer Alois Räber (1864–1935), Katechet, Bruder von Räber-Zemp und Räber-Hauser, gründet 1914 für Schulbuben, deren Väter im Grenzdienst sind, die Freizeitgruppe «Schweizergarde», fährt als erster Geistlicher auf einem Velo durch die Stadt, fotografiert in Palästina und an christlichen Kultstätten für Unterricht und Vortragsreisen (Dias), fährt mit sechzig Jahren Auto.   \*\*\* Die Druckerei beschäftigt am 1. Juli 1914 60 Personen, am 1. Oktober 1919 48 (davon 5 Frauen).

### Centralschweizerischer Demokrat
#### Sozialdemokratisches Tagblatt für die Innerschweiz

Luzern. Ist es wahr, daß Herr Buchdrucker Räber vom „Vaterland" mit geladenem Revolver streikende Arbeiter, die seine zahmen Schäfchen aus der Bunde heraus holen wollten, bedroht hat? Wenn ja, dann gehört Herr Räber zu den gefährlichsten Bolschewiki unserer Zeit und die unflätige Verlästerung derselben in seinem Freitag-Blatt paßt verdammt schlecht zu seinem Benehmen. Auf alle Fälle wäre auf diesen Mann mehr zu achten als etwa auf eine Balabanoff. Behörden aufgepaßt!

Der Streik schlägt in den Druckereien der Stadt fehl: Alle Zeitungen erscheinen, wenn auch mit Verspätung und in kleinerem Umfang.

Am Montagvormittag wird der Entscheid des Oltner Aktions-Komitees für den unbefristeten Generalstreik auch in Luzern publik. Nach Feierabend strömen die Arbeiter ins Volkshaus, und um Mitternacht beginnt der Streik: Eisenbahner Jakob Küng schaltet die Bahnhofbeleuchtung innen und aussen ab.

Am Dienstagmorgen des 11. Novembers ruht in allen Industriebetrieben die Arbeit, und um die Mittagszeit stellt die Stadtregierung den Trambetrieb ein. Der Volksauflauf zwischen Bahnhof und Pilatusplatz ist nachmittags riesig, ein Grossaufgebot von Militär führt eine energische Säuberung durch und bringt auf dem Platz vor der Nationalbank einige Maschinengewehre in Stellung.

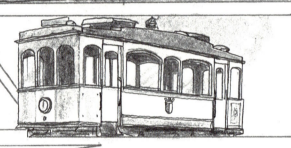

In der «Vaterland»-Druckerei an der Morgarten-/Frankenstrasse findet eine Betriebsversammlung statt, in die von der nahen Pilatusstrasse der Lärm der Streikenden hineinschlägt:

Bei uns ist keiner in den Ausstand getreten. Dafür dankt euch die Prinzipalschaft! Repressalien habt ihr keine zu befürchten: Im Parterre werden Soldaten des Landsturms einquartiert.\*

Und wie kommen die Titelseiten-Matern nach Zofingen? — Per Camion und mit militärischer Eskorte. Regierungsrat Walther hat dies zugesichert, damit die bestreikten Blätter im Aargau mindestens in geringem Umfang erscheinen können...

Allerdings ist es ratsam, dass jedermann früh morgens erscheint und den Betrieb erst spät abends verlässt. Verpflegt wird in der Buchbinderei!

Wir wollen keine Revolution und keinen Bolschewismus! Es wird sich zeigen, wer noch Meister im Schweizerlande ist - der russische Oltner Sowjet oder das friedliche Schweizervolk!

\* Nicht nur die Mitglieder der gemässigten Buchdrucker-Gewerkschaft stehen der Streikparole passiv gegenüber. Weder der Typographenbund der Schweiz noch die Sektion Luzern beteiligen sich am Landesstreik.

«Aus Sicherheitsgründen halten wir heute und morgen die beiden Buchhandlungen geschlossen, umsomehr da wir einige Grippeerkrankungen zu beklagen haben...»*

In der Nacht von Mittwoch auf Donnerstag zeigen sich erste Anzeichen des Umschwungs, und vormittags um 9 Uhr wird der Rückzug der Streikparole bekannt.

In der Aufregung um den Landesstreik bleibt das wichtigste weltpolitische Ereignis fast unbeachtet: Deutschland unterschreibt am Montag, den 11. November 1918 einen Waffenstillstand und zieht seine Westarmeen hinter den Rhein zurück.

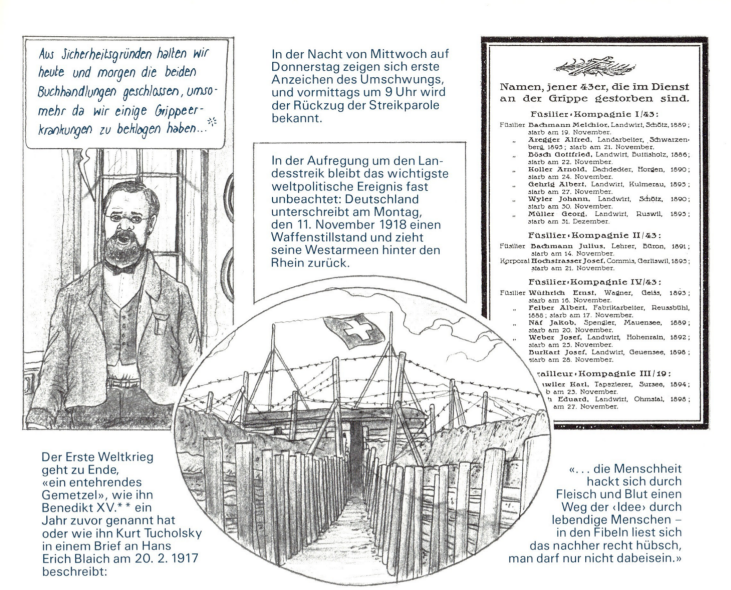

Namen, jener 43er, die im Dienst an der Grippe gestorben sind.

**Füsilier-Kompagnie I/43:**
Füsilier Bachmann Melchior, Landwirt, Schötz, 1889; starb am 19. November.
„ Aregger Alfred, Landarbeiter, Schwarzenberg, 1895; starb am 21. November.
„ Bösch Gottfried, Landwirt, Buttisholz, 1886; starb am 22. November.
„ Koller Arnold, Dachdecker, Morgen, 1890; starb am 24. November.
„ Gehrig Albert, Landwirt, Kulmerau, 1895; starb am 27. November.
„ Wyler Johann, Landwirt, Schötz, 1890; starb am 30. November.
„ Müller Georg, Landwirt, Ruswil, 1895; starb am 31. Dezember.

**Füsilier-Kompagnie II/43:**
Füsilier Bachmann Julius, Lehrer, Büron, 1891; starb am 14. November.
Korporal Hochstrasser Josef, Commis, Gerliswil, 1895; starb am 21. November.

**Füsilier-Kompagnie IV/43:**
Füsilier Wüthrich Ernst, Wagner, Geiss, 1893; starb am 16. November.
„ Felber Albert, Fabrikarbeiter, Reussbühl, 1888; starb am 17. November.
„ Näf Jakob, Spengler, Mauensee, 1889; starb am 20. November.
„ Weber Josef, Landwirt, Hohenrain, 1892; starb am 25. November.
„ Burkart Josef, Landwirt, Geuensee, 1898; starb am 28. November.

**Mitrailleur-Kompagnie III/19:**
... wiler Karl, Tapezierer, Sursee, 1894; ... b am 23. November.
... h Eduard, Landwirt, Ohmstal, 1898; ... am 27. November.

Der Erste Weltkrieg geht zu Ende, «ein entehrendes Gemetzel», wie ihn Benedikt XV.** ein Jahr zuvor genannt hat oder wie ihn Kurt Tucholsky in einem Brief an Hans Erich Blaich am 20. 2. 1917 beschreibt:

«... die Menschheit hackt sich durch Fleisch und Blut einen Weg der ‹Idee› durch lebendige Menschen – in den Fibeln liest sich das nachher recht hübsch, man darf nur nicht dabeisein.»

Die kriegswirtschaftlichen Massnahmen der Landesregierung werden in den Wochen nach Kriegsende schrittweise aufgehoben. Man atmet auf, und auch in der Belegschaft der Räberschen Offizin macht man wieder Pläne für die Zukunft.

Der fleissige und friedliebende, bei der Prinzipalschaft wie bei seinen Kollegen geachtete und beliebte Alois Sidler, Maschinenmeister an der Rotation, und die ebenso tüchtige Speditionsarbeiterin Anna Greter beschliessen, ihre aufgeschobenen Heiratspläne nun zu verwirklichen:

Sidler Alois, Buchdruckerei-Maschinenmeister, von Adligenswil, wohnhaft in Luzern, Baselstraße 60, ledig, geboren zu Küßnacht, Kt. Schwyz, den 30. November 1873, und Greter Anna, Druckereiangestellte, von Ebikon, wohnhaft in Luzern, Fluhmattstraße 21, ledig, geboren zu Luzern den 16. Februar 1884.

Im Anhang zu Nr. 34 des Luzerner Kantonsblattes vom 22. August 1919 wird ihr Eheversprechen veröffentlicht, und im September findet die Hochzeit statt – der ganze Betrieb freut sich mit den beiden, die sich an ihrem Arbeitsplatz kennengelernt haben.***

---

\* Die Grippe fordert unter den Soldaten und der Zivilbevölkerung 21 842 Opfer, mit ein Grund für das rasche Ende des Streiks, dem gesamtschweizerisch über 139 000 Arbeiterinnen und Arbeiter gefolgt sind.   \*\* Papst von 1914–22, versucht mit seinem Friedensvorschlag vom 1. August 1917 zu vermitteln, jedoch ohne Erfolg.   \*\*\* Alois Sidler (1873–1922) von Adligenswil, am 28. 10. 1889 als Ausläuferbursche in die Firma eingetreten, Lehre als Drucker, ist 46jährig. Anna Greter (1884–1966) von Ebikon, seit dem 17. 2. 1898 als 14jährige in der Firma tätig, ist 35. Schon 3 Jahre später, am 15. 4. 1922, stirbt Alois Sidler an Magenkrebs und hinterlässt Anna mit dem zweiwöchigen Töchterchen Annemarie (1938 tritt das 16jährige Mädchen ebenfalls in die Firma ein, und 1948 übernimmt Annemarie Lingg-Sidler den Posten ihrer Mutter).

Am 11. März 1919 stirbt Nationalrat Dominik Fellmann*, Präsident der Vaterland-Gesellschaft während mehr als zweier Jahrzehnte. Sein Nachfolger wird Nationalrat Dr. Heinrich Walther.

Die Grossratswahlen vom 11. Mai stehen im Zeichen der sozialen Nöte aus den Kriegsverhältnissen. Sie mobilisieren Geschäftsleitung und Belegschaft der Firma in ganz besonderem Masse: Gegen die «rote revolutionäre Internationale» und gegen den «freisinnigen Kulturkampfgeist» lautet die Parole.

Am 14. Juli treten die Maschinensetzer in den Ausstand, weil mehrere Betriebe auf dem Platze Luzern die Berufsordnung ignorieren. Resultat: Den Maschinensetzern muss eine wöchentliche Arbeitszeit von 44 Stunden, den Handsetzern und Druckern die 48stündige gewährt werden.**

Ende Oktober – nach den für die konservativ-christlichsoziale Partei erfolgreichen Nationalratswahlen, die erstmals nach dem Proporzsystem stattgefunden haben*** – findet in der Wohnung von Räber-Schryber auf seine Einladung hin eine Konferenz statt:

Kampf um den Proporz: Annahme am 13. 10. 1918

*Ich habe mir gestattet, sie zu einem Gespräch einzuladen, weil wir in Bälde zwei markante Ereignisse zu feiern haben: Am 7. Mai 1921 fünfzig Jahre konservative Regierung und Mehrheitsstellung im Kanton Luzern und am 1. Oktober des gleichen Jahres fünfzig Jahre „Vaterland".*

*Es geht mir darum, die Richtlinien zu diskutieren und zu verhindern, dass man in Zeitnot gerät – wobei uns besonders das Jubiläum der Zeitung beschäftigen wird.*

Kollega Fischer hat mich gebeten, ihn für heute zu entschuldigen. Er bespricht in Sachen Beitritt zum Völkerbund die Situation mit der Parteileitung...

Das erste Wort scheint mir, gebührt unserem Nestor und ersten Redaktor Kanonikus Kreyenbühl!

* (1849–1919), Sursee, 1887 Amtsstatthalter von Sursee, 1883 Grossrat, 1894 Nationalrat, 1903 Präsident des Verwaltungsrates der Vaterland-Aktiengesellschaft als Nachfolger von Bundesrat Dr. Josef Zemp, Initiant der Surentalbahn.  ** In einer Volksabstimmung wird 1920 die Einführung des 8-Stunden-Tages (48 Stunden pro Woche) für die dem Fabrikgesetz unterstellten Betriebe vom Schweizervolk angenommen.  *** Die freisinnige Mehrheit auf Bundesebene von 1848 verschwindet: die Liberalen haben nur noch 62 Sitze statt wie bisher 108.

Besten Dank, Joseph! Gerne verfasse ich meine Erinnerungen - wie ihr mich kennt, nicht ohne persönlichen Akkord. Es ist ja fabelhaft, wie die Blätter der seichten Aufklärung, der falschen Wissenschaft, ...

... des politischen und religiösen Liberalismus, des Judentums und der Freimaurerei, mit einem Wort des gesamten Antichristentums ihre Verbreitung finden!*

Da haben Sie nur zu Recht!...

... Der alte Sitz der Habsburger, das lebensfrohe Wien, ist ein Tummelplatz Jung-Israels... Eine Vorgeschichte des „Vaterlandes" mit einem Blick zurück in das Zeitungswesen der Stadt und Republik Luzern sowie der „Luzerner Zeitung" sollte meiner Meinung nicht fehlen. Herr Räber-Zemp kennt sich da bestens aus!

Wie Sie meinen, Herr Schnyder**- man könnte zudem einige Aktenstücke aus vergangenen Tagen publizieren. Geeignet wäre auch das „Sonntagsblatt", das Sie redigieren...

...eben habe ich daran gedacht: Wie wär's mit einer Portrait-Galerie der wichtigsten verstorbenen Persönlichkeiten als Verbindung zwischen Vergangenheit und Gegenwart? Ein Beitrag von Herrn Räber-Schryber zum Verlegerischen und Technischen unserer Zeitung schiene mir die Brükke zur Gegenwart!

Es wird mir eine Ehrenpflicht sein, umso mehr, da ich seit vier Jahren den schweizerischen Verband der Zeitungsverleger präsidiere...

... apropos Verlag: wenn man einverstanden ist, werde ich mit Herrn Nationalrat Dr. Walther über unsere Vorstellungen sprechen, wie das Zeitungsjubiläum im Blatt und in der illustrierten Beilage seinen Niederschlag finden soll.

Ich möchte Ihr Votum sehr unterstützen, Herr Ständerat! Weiss man schon, was die Parteileitung am 7. Mai zu tun gedenkt??

Einverstanden! Aber bevor Sie es tun, sollten wir uns nochmals treffen. Freund Heinrich schätzt konkrete Vorschläge und zieht sie unfertigen Ideen vor.

Soviel steht fest: Der Hauptakzent soll im Städtchen Sursee gesetzt werden mit Festgottesdienst, Ansprachen geeigneter Persönlichkeiten und mit einem Festzug durch Sursee nach Maria-Zell. Zudem habe ich den Auftrag übernommen, auf den Jubeltag unter dem Titel „Konservativ-Luzern 1871-1921" eine Art Gedenkblätter aus verschiedenen Federn zu redigieren...

---

\* In der Schweiz gibt es 421 Zeitungen mit 2 104 000 Abonnenten, wovon 78 katholische Blätter mit allerdings nur 250 000 Abonnenten (gemessen an der katholischen Bevölkerung müssten es 840 000 sein), d.h. jährliche Unterstützung gegnerischer Blätter durch Katholiken von rund 3 Mio. Franken oder das Sechsfache des Sonntagsopfers für die Inländische Mission.
\*\* Michael Schnyder (1859–1924), Schenkon, Studium der Rechte in München, 1894 Staatsschreiber, 1902 als Nachfolger von Oscar Hirt in die Redaktion gewählt, als Schriftsteller tätig.

Nach dieser Sitzung kommen die Jubiläumsvorbereitungen in Fluss, und auch die allgemeine wirtschaftliche Lage scheint sich zu bessern, bis der Konkurs des Hotels Victoria an der Pilatusstrasse, mit 150 Betten eines der bedeutenden Häuser, mögliche Illusionen zerstört. Innerhalb des Jahres 1920 müssen 13 weitere Hotels und Pensionen schliessen.*

Die schlechte Entwicklung im Fremdenverkehr und der damit verbundenen Branchen vermindert auch den Drucksachenumsatz im Akzidenzbereich der Räberschen Offizin. In der Setzerei sorgt der «Verlag von Räber & Co.», wie man sich nennt, für den notwendigen Ausgleich:

Turner, hier habt Ihr noch zwei neue Manuskripte! Das ist eines von Professor Meyenberg. Es trägt den Titel „Weihnachtshomiletik" und soll nächstes Jahr zu seinem 60. erscheinen – ungefähr 800 Seiten stark! **

Gut, dass wir genug Zeit haben – die Manuskripte vom Herrn Professor machen unseren Setzern zu schaffen. Und von wem ist der andere Text?

Von Ständerat Winiger. Ein erster Beitrag für die Festschrift „Konservativ Luzern 1871 – 1921", die auf Mitte April des kommenden Jahres lieferbar sein muss. Man wird es wohl Maschinensetzer Stocker zum Tasten geben?

Ja richtig! Seppi, unserem „Schriftenleser". Den anderen machen beide Charakterschriften zu viel Mühe – und ändern lässt sich wohl weder Professor Meyenberg noch unser Chefredaktor...

Sind wir froh, dass wir von den beiden Herren Arbeit haben – die Zeiten sind schlecht genug!

Das kann man wohl sagen... allerdings trifft es den kleinen Mann am stärksten!

Prinzipal C.J. Bucher hat nicht unrecht, wenn er verlauten lässt, die Gehilfenschaft sollte weniger luxuriös leben und die Kartoffeln – das Brot der Armen – wieder mehr auf dem Tisch erscheinen lassen...

* Während des Krieges sind 9 Hotels mit 560 Betten eingegangen. 1919/20 schliessen weitere 15 Häuser mit 549 Betten.
** Auf den 9. November 1921 erscheint das Buch. «Wieder eine reife Frucht vom grünen Baume seiner Arbeitskraft, deren Wurzeln an den Bächen Gottes in die Tiefe dringen», wie der Autor seiner Biographie schreibt.

Die Kartoffeln sind allerdings auch auf festlichen Tafeln zu finden:

Am 21. November 1921, bei der Jubiläumsfeier der «Vaterland»-Belegschaft im Union-Hotel, kommen im Hauptgang Pommes purées auf die Tische...

... beim Betriebsausflug der Firma am St.-Leodegars-Tag, dem 2. Oktober 1922, nach Perlen zum 50-Jahr-Jubiläum der Papierfabrik sind es Pommes sautées...

..und am 20. Februar 1924 bei der Betriebsfeier zum 65jährigen Bestehen der Räberschen Krankenkasse

gehören Pommes à l'anglaise zum Festmenü im historischen Zunftsaal der Metzger.*

Unter den geladenen Gästen des Krankenkassa-Jubiläums befindet sich auch der Redaktor und Regimentskommandant Dr. Bühler**, der Luzern als alten katholischen Vorort der Eidgenossenschaft wieder aufleben lassen möchte und für die Gründung einer zweiten katholischen Universität in der Schweiz – in Luzern – eintritt.***

Seine vehementen Artikel gegen die Einführung der Leichenverbrennung in der Stadt finden die wärmste Unterstützung der Prinzipale, die misstrauisch den seit März 1923 tobenden Kampf verfolgen, der bis vor Bundesgericht gezogen wird und 1924 schliesslich zugunsten des freisinnigen Stadtrates und des Feuerbestattungs-Vereins endet.****

* Restaurant Zunfthaus zur Metzgern am Weinmarkt. Ein Bettelknabe soll am Abend von Peter und Paul, 29. Juni 1343, hinter dem Kachelofen der Zunftstube seltsame Selbstgespräche von einer belauschten Versammlung unter der Eggstiege geführt haben, wodurch ein Putsch der österreichtreuen Städter verhindert worden sei (sogenannte Mordnacht von Luzern).   ** Franz-Josef Bühler (1881–1925), Studium der Rechte in München, Bonn, Freiburg i. Br. und Basel, seit 1. Oktober 1921 zeichnender Redaktor am «Vaterland», 1922 Grossrat, stirbt Ende Oktober 1925 an den Folgen eines Reitunfalls bei Menznau während der Herbstmanöver.   *** 1889 Gründung der katholischen Universität in Fribourg. Im Juli 1978 verwirft das Luzerner Volk das Projekt einer Universitätsgründung in Luzern mit 61 312 Nein zu 40 093 Ja (Stimmbeteiligung 57,4%)   **** Ende 1924 erste Einäscherung im Krematorium: Carl Spitteler (1845–1924), Nobelpreisträger 1919, aufgrund seiner testamentarischen Verfügung.

Die feierliche Erdbestattung am 4. November 1924 von Anna Räber-Schryber, die im 67. Altersjahr, versehen mit den Tröstungen der heiligen Religion, sanft entschlafen ist, erhält den Charakter eines Treuebekenntnisses gegen den Freigeist: Zahlreiche Vertreter kirchlicher Kreise und der konservativen Partei geben der Toten im Friedental das letzte Geleit.

In den ersten Dezembertagen teilt Joseph Räber-Schryber seinem Sohn Franz* mit, was er zu tun beschlossen hat:

Franz, auf den 1. Jänner übergebe ich Dir die Stellvertretung in meinem Ressort! Ich war in Deinem Alter, als mir Dein Grossvater vor 28 Jahren anno 1897 das Geschäft übergab...

...allerdings habe ich von ihm die Hälfte der Firma käuflich erworben, was ich Dir nicht zumuten will.

Ich habe mich zu diesem Schritt entschlossen, weil ich im kommenden Sommer 65 Jahre alt werde. Und da Mama nun von ihrem Leiden erlöst worden ist, lässt sich meine Abwesenheit auch in dieser Hinsicht vertreten...

Ich werde durch das Präsidium des Schweizerischen Zeitungsverleger-Vereins genug in Anspruch genommen. Zudem will ich die Herausgabe von zwei Werken über die Schweizergarde an die Hand nehmen, was meine häufige Anwesenheit in Rom fordert...

Du erhältst eine grosse Verantwortung gegenüber meinen beiden Vettern und Associés, die Anspruch auf eine gute Leistung haben - und Du weisst, dass ich vor dem Krieg weder damit noch mit Deinem Verhalten in der Firma zufrieden sein konnte!

Unterbrich mich nicht, Franz! Es ist so, wie sage - aber wir wollen Vergangenes ruhen lassen! Umso erfreulicher, dass Du als Hauptmann im Aktivdienst Deinen Namen gestellt hast.

... und seither besonnen und tüchtig geworden bist...

\* Franz Räber-Jucker (1888–1948), 1904–06 Klosterschule Melle-le-Gand (bei der belgischen Stadt Gent, damals beliebtes Internat für Söhne «gehobener» Luzerner Familien – besucht von K. F. Schobinger, August am Rhyn u. a.), 1906–10 berufliches Praktikum im väterlichen Betrieb, 1911/12 in Berlin und London, 1916 Hauptmann, November 1918 Kommandant der Kompagnie II/43 im Zürcher Ordnungsdienst, Mitglied der Konservativen Fraktion im Grossen Stadtrat, 1939–47 Grossrat, 1934–48 Vorstandsmitglied des Schweizerischen Zeitungsverlegervereins.

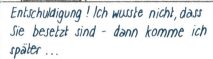

Am 25. Januar 1925 stirbt auf dem Landgut «Hummelrüti» Heinrich Räber-Schriber im Alter von 85 Jahren. Mit seinem Tod fällt das Gut, welches der Firmengründer Aloys Räber-Leu 1851 erworben hat, an die Stadtgemeinde: Während des Ersten Weltkrieges hat der Bund die Parzelle zur Erweiterung des Exerzierplatzes auf der Allmend enteignet und später, als man in Bern das Projekt aufgab, der Stadt veräussert und dem früheren Eigentümer ein Wohnrecht auf Lebzeiten eingeräumt.

Im März 1925 gründet Joseph Räber-Schryber mit Nationalrat Hans von Matt aus Stans, Oberstdivisionär Hans Pfyffer von Altishofen, Dr. Josef Amgwerd, Dr. Robert Durrer, Dr. Hans Meyer-Rahn und Franz Schmid das schweizerische Komitee zur Schaffung eines Denkmals im Quartier der päpstlichen Schweizergarde:

\* Es wird an allen sechs Werktagen gearbeitet. Freie Tage und Ferien sind unbezahlt, weshalb sich die wenigsten Arbeiterinnen und Arbeiter solche leisten können. Witwe Anna Sidler-Greter erhält den Waschtag durch Luise Räber im Einverständnis der Firmenleitung vergütet.

Am 6. Mai 1927 jährt sich zum 400. Mal der «Sacco di Roma» des Jahres 1527: Während der Einnahme und Plünderung Roms durch die Landsknechte und Spanier des kaiserlichen Feldherrn Karl von Bourbon decken 189 Schweizer unter dem Zürcher Gardehauptmann Kaspar Röist die Flucht von Papst Clemens VII. in die Engelsburg und werden bis auf 42 getötet.

Räber-Schryber schliesst einen Verlagsvertrag mit Dr. Hans Abt für die Herausgabe der Broschüre «Heldentod der Schweizergarde in Rom im Jahre 1527» und mit Dr. Robert Durrer für das Werk «Die Geschichte der Schweizergarde und die Schweizer in päpstlichen Diensten».

Am 20. Oktober 1927, mit halbjähriger Verspätung, ist es soweit:
Das Hochrelief des Nidwaldner Bildhauers Zimmermann an der Brunnenanlage im innern Quartierhof der Schweizergarde kann feierlich eingeweiht werden!*

Ist es nicht erfreulich, dass sich neben den Schweizer Bischöfen der Bundesrat und die Offiziersgesellschaft so namhaft vertreten lassen?

Bestimmt! Und auch die Regierungen von Luzern, Fribourg und vom Wallis sind hier – es war ein guter Entscheid, bei der Eidgenossenschaft und den Kantonen für das Denkmal zu sammeln...

...aber ohne die namhafte Summe des Heiligen Vaters wäre es nicht gelungen!

Da kommt Pius in Begleitung der Kardinäle Gasparri und Vannutelli - vorne Gardekommandant Alois Hirschbühl...

EVIVA EL PAPA!

EVIVA EL PAPA!

* Eduard Zimmermann (1872–1949) aus Stans, 1892–94 Besuch der Kunstgewerbeschule Luzern, Förderung durch vermögende Tante, 1894–97 Accademia delle belle Arti Florenz, 1898–1900 Staatliche Akademie München, seit 1915 in Zürich, zahlreiche Aufträge für öffentliche Gebäude, Brunnen (z.B. Rämistrasse) und Grabdenkmäler, 1908 preisgekrönter Entwurf für ein nationales Denkmal in Schwyz (wegen Ausbruch des Ersten Weltkrieges unausgeführt).

Nach der Enthüllung des Denkmals empfängt Papst Pius XI. das Organisationskomitee in Privataudienz und erhält aus der Hand des Verfassers den ersten Band der Gardegeschichte. Als Dank und Anerkennung verleiht das Oberhaupt der römisch-katholischen Kirche den Initianten des Werkes das Komturkreuz des hl. Gregor des Grossen:

Dem Verfasser Dr. Robert Durrer, Staatsarchivar in Stans...

dem Verleger und Drucker Joseph Räber-Schryber...

und dem Kunsthistoriker und Sekretär der Gottfried-Keller-Stiftung, Dr. Hans Meyer-Rahn.

Unter dem Titel «Für Schweizertreue und Waffenehre» berichtet der «Christliche Hauskalender»* über das Jubiläum im Vatikan und stellt in der gleichen Ausgabe «Weltpolitische Betrachtungen» über Italien an:

*In Italien leuchtet die Sonne Mussolinis noch in ungebrochener Kraft. Der «Duce» hat Ordnung in Italien geschaffen und manches alte Unrecht gegen die katholische Kirche gutgemacht und ausserdem neuerdings starke Reformarbeit geleistet. Unter anderem der alten Form der Gewerkschaften ein Ende gemacht und den Streik kurzerhand verboten...*

# WINKLER, FALLERT & C$^{IE}$ ▫ Maschinenfabrik ▫ BERN

Im Frühjahr 1928 beschliessen die Teilhaber, die 21jährige Zeitungs-Rotationsmaschine durch eine neue zu ersetzen. Da die deutsche Maschinenindustrie durch den Krieg Rückschläge erlitten hat, fällt die Wahl auf den einzigen schweizerischen Hersteller von Zeitungsrotationen, auf die Berner Maschinenfabrik Winkler, Fallert & Cie.

Am 24. Mai feiert der Verlag mit dem Gedichtbändchen «Deheime», das Robert Räber herausgibt, den 60. Geburtstag des volkstümlichen und beliebten Mundartdichters «Zyböri»** – Verballhornung des Rufnamens «Thedöri».

* Seit 1914 ist er mit dem Thüringschen Hauskalender zu einem einzigen Kalender zusammengelegt. Das neue Titelbild stammt vom Kunstmaler Hans Zürcher (1880–1958), der mit Otto Landolt, Karl F. Schobinger, Caspar Hermann, Otto Spreng, Ernst Hodel und Emil Hügi die Luzerner Kunstszene nach dem Ersten Weltkrieg bis in die fünfziger Jahre prägt.  ** Theodor Bucher (1868–1935), Sohn des «Kronen»-Wirts in Hergiswil am See, Mechanikerlehre, betreibt am Mühlenplatz eine Velohandlung, tritt in die Weinhandlung seines Schwiegervaters ein, Fachlehrer für Kellerwirtschaft an der Hotelfachschule der Union Helvetia in Luzern, Volksdichter, Lyrik, Prosa, Theaterstücke und zwei Sachbücher (Führer und Ratgeber für die Weinbehandlung), «Hundert wildi Schoss» in 3 Bänden im Verlag Räber. Seit 1967 ist im Geissmattquartier der Zyböriweg nach ihm benannt.

"Als Erscheinungstermin ist der September 1932 vorgesehen. Wir möchten vorerst Ihre Vorstellungen über den Ablauf der Drucklegung erfahren..."

So gut, wie es angefangen hat, hört das Jahr nicht auf: Am Donnerstag, 24. Oktober 1929, brechen an der New Yorker Börse die Kurse der meisten Wertpapiere zusammen! Der Beginn einer weltweiten Wirtschaftskrise – was aber kaum jemand ahnt. Und in der Firma Räber & Cie. geht man wie überall zur Tagesordnung über.

Noch fast ein Jahr später, am 13. August 1930, kann Räber-Zemp seinem ältesten Sohn* nach Amerika schreiben:

"Im Geschäft geht ziemlich alles den alten Gang... Die Firmen C.J. Bucher und Keller haben Monotype-Setzanlagen aufgestellt, letztere auch Tiefdruck-Maschinen..."

"Ich halte dafür, dass die Monotype des starken Geräusches wegen uns viele Reklamationen der Nachbarschaft bringen würde...**"

"Herr Räber-Schryber war wieder längere Zeit in Rom, mein Bruder Joseph hat viel mit seiner Liegenschaft auf dem Stutzberg am Rigi zu tun, Franz viel mit Vereinen.*** Es wäre kein Luxus, wenn mal ein Mann käme, der sich vor allem dem Geschäfte widmen könnte..."

Die parteipolitischen Kämpfe verdrängen in Luzern fast das ganze Jahr 1931 die Anzeichen der ausgebrochenen Weltwirtschaftskrise. Am 11. Januar endet die Volksabstimmung über die Einführung des Gemeindeproporzes mit einer hauchdünnen konservativen Mehrheit von 180 Stimmen.

Die Mai-Wahlen für den Engeren Ortsbürgerrat enden mit einer saftigen Überraschung: Der 68jährige Prinzipal Räber-Zemp erreicht im ersten Durchgang die erforderliche Stimmenzahl nicht!

* Bernard Raeber-Schneider (1897–1966), 1916 Handelsdiplom, bis 1918 als Volontär in der Firma, 1918–21 in der Imprimerie Réunis S. A. Lausanne (zuletzt Bürochef), am 4. September 1921 Überfahrt nach Amerika, Besuch der Fachschule Boston, ab Dezember 1923 in New York, 1924–36 betriebswirtschaftlicher Mitarbeiter der Arbeitgeberverbände im Druckereigewerbe der USA und Management Engineer im Konzern der Etikettendruckereien «Label Manufactures National Association» mit Hauptsitz in Chicago.  ** Am 14. Mai 1922 hat B. Raeber aus Boston geschrieben: «... falls Papa Gelegenheit hat, eine Monotype günstig zu kaufen, so könnte ich es ihm sehr empfehlen – später benötigen wir die Monotype auf alle Fälle, wenn wir konkurrenzfähig bleiben wollen» (Einzelbuchstaben-Setz- und -Giessmaschine, 1897 von Tolbert Lanston in den USA erfunden).  *** Seeclub Luzern, Regattaverein Luzern, Feldmusik Luzern (Präsident), Rennclub Luzern, Kynologischer Verein der Waldstätte, Touringclub Luzern, Rosalische Gesellschaft, Schweizerischer Katholischer Turnverein.

Der Industrielle Frey-Fürst* richtet ein ermunterndes Schreiben an den Nichtgewählten, der 24 Jahre dem Rat angehörte – und die Stadt-Liberalen helfen ihm im zweiten Urnengang zum Sitz ...

Mitte Oktober 1931 holt die Krise auch den Kanton Luzern ein: Die Sparkasse Willisau muss die Schalter schliessen, was die Stimmung besonders im Hinterland drückt, wo Sparer aus allen sozialen Schichten ihr Geld verlieren. Millionenverluste!

Die Zahl der Arbeitslosen nimmt ständig zu. Gesamtschweizerisch wächst sie von 12 881 im Jahre 1930 auf 54 366 im Jahre 1932 und macht später zehn Prozent aller Arbeitskräfte aus – im Vergleich mit dem Ausland allerdings ein relativ bescheidenes Ausmass.

Luzern feiert in wenigen Monaten seine 600jährige Zugehörigkeit zum Bund der Eidgenossen: Man denkt an eine würdige patriotische Feier des echten Schweizertums – da erklärt die Liberale Partei, dass sie sich von der Feier distanziere und an keinerlei Vorbereitungen teilnehmen werde.

In dieser Atmosphäre wirtschaftlicher und politischer Spannung besprechen die Teilhaber der Räber & Cie. ihre eigenen Jubiläumsanlässe: 100 Jahre «Schweizerische Kirchen-Zeitung» und 100 Jahre seit der Geschäftsgründung.**

Redaktor von Ernst ist auch der Meinung, man sollte auf überschwengliche Feiern verzichten – eine Jubiläumsnummer trage dem Kirchenzeitungs-Charakter Rechnung genug...

... bischöfliche Geleitworte und kirchengeschichtliche Aufsätze aus den Federn namhafter Autoren sind ihm zugesichert!

Aber für das Firmenjubiläum genügt eine Zeitungsbeilage nicht!...

... Zudem werden es im April des übernächsten Jahres für "Vaterland" und "Luzerner Zeitung" 100 Jahre seit dem erstmaligen Erscheinen sein!

Trotzdem muss ich meinem Bruder beipflichten, Schaseph! Wir sollten keine grossen Festlichkeiten veranstalten, aber dafür den Angestellten zum Jubiläum einen doppelten Wochenlohn geben...

* Friedrich Frey-Fürst (1882–1953), aus dem Aargau, gründet an seinem 25. Geburtstag (9. Juni 1907) in Luzern die Elektro-Firma Frey & Co., 1917 die Elektrowerke Reichenbach, Meiringen (Elektrizitätswerk, Kalk- und Karbidfabriken), 1925 Kauf des Bürgenstocks (Hotels, Bahn und Elektrizitätswerk), 1938 Mitinitiant der Internationalen Musikfestwochen Luzern.   ** Der Kauf der Anichschen Druckerei auf den 1. Januar 1832 wird als Geschäftsgründung angenommen.

* Bei den Nationalratswahlen 1925 hat die Konservative Partei im Kanton Luzern erstmals seit 1871 die absolute Mehrheit der Parteistimmen verloren, und 1931 hat die Opposition ein Mehr von 467 Stimmen. Die Partei steckt in einer Krise und mit ihr das «Vaterland», stagnierende Abonnenten- und Annoncenerträge, Konkurrenz der besser und reichhaltiger informierenden Tageszeitungen auf dem Platz Luzern, vor allem die fortschrittlicheren und ansprechenderen «Luzerner Neusten Nachrichten» mit einem «Einschlag zur Sensation».

**1932** Auch dieses Jahr bleibt der Zustrom der deutschen Reisenden aus: Es gilt nicht als patriotisch, die Mark über die Grenze zu tragen...

In den schönen Sommermonaten verbringen aber viele Schweizer ihrerseits echt patriotisch die Ferien in Luzern, und am 11. September ist fast die ganze Eidgenossenschaft unterwegs an den Vierländersee:

Man feiert die 600 Jahre seit dem Anschluss Luzerns an die Eidgenossenschaft!

Die Eidgenossen aus den Urkantonen kommen über den See und werden mit Böllerschüssen am Seegestade beim Schwanenplatz empfangen.

Vor der Kapellkirche wird der Bundesschwur erneuert, vor der Hofkirche findet der Festakt statt, und am Nachmittag kann man den grandiosen Festzug bestaunen.

Am 6. Dezember 1932 schreibt Räber-Zemp nach New York:

Mein Lieber! Wir hatten im Geschäft die letzte Zeit recht viel Arbeit u.a. auch mit der Festschrift, die für die Centenarfeier oder wenigstens auf Weihnachten hätte erscheinen sollen...

...Allein die Herren Autoren haben so spät mit der Arbeit angefangen und dann als der Satz gesetzt war, so viel Autorenkorrekturen (HH. Schnyder und Meyer) gemacht, dass auch die Ausgabe auf Weihnachten oder Neujahr zur Unmöglichkeit wird...

Am 28. März 1933 erscheint die 70 Seiten starke und zweifarbige Jubiläumsausgabe zum 100jährigen Bestehen des «Vaterlandes – der Luzerner Zeitung hundertster Jahrgang». Die Pionierleistung der Geschäftsgründer Aloys und Heinrich Räber im Luzerner Zeitungswesen findet einmal mehr Anerkennung.

* 1924 ist die Invalidenkasse aus dem Jahre 1890 in eine Stiftung umgewandelt worden, die den Zweck hat, Nöte aus Invalidität und Alter aller Betriebsangehörigen zu lindern.

# Vaterland

**Luzern — Nr. 74 — 1933**
**Dienstag den 28. März**

Konservatives Zentralorgan für die deutsche Schweiz
Tagesanzeiger für Luzern und die Mittelschweiz
Der „Luzerner Zeitung" hundertster Jahrgang

Die heutige Nummer umfaßt 70 Seiten, einschließlich 62 Seiten der Jubiläums-Ausgabe zum 100jährigen Bestehen des „Vaterland".

In der gleichen Nummer wird von der feierlichen Eröffnung des deutschen Reichstages mit Reichskanzler Adolf Hitler berichtet ...

... ausführlich behandelt ein Artikel die Judenfrage, die Bestreitung der Greuelnachrichten durch Göring und die lauten Proteste aus den Vereinigten Staaten.

Am 7. Juni beglückwünscht Bundesrat Motta* die Firma zur Herausgabe des ersten Bandes der Geschichte des Kantons Luzern.

> ... Ich möchte Sie als Verleger meine ... dadurch mitgewirkt, deren Sorgfalt sehr bewundert habe. Sie ... ein gediegenes Denkmal zu schaffen. Die fachtechnische Perfektion ... Genehmigen Sie die Versicherung meiner vor... chen Hochachtung.
> Motta

Am 10. August weht der politische Wind aus dem Norden auch in das Büro des Verlagsleiters Räber-Hauser:

„Otto Michael Knab hat mir nun sein Manuskript geschickt —..."

„... jener Emigrant, von dem ich Ihnen berichtet habe..."
„... war es nicht ein Schriftsteller aus Starnberg?"
„Ja, richtig! Was er schreibt, ist sehr eindrücklich!!"

„Wie sind Sie eigentlich auf den Mann gestossen??"

\* Giuseppe Motta (1871–1940), Airolo, katholisch-konservativer Nationalrat 1899–1911, seit 1911 Bundesrat, kämpft für den Beitritt der Schweiz zum Völkerbund, 1924 dessen Präsident, 1920–40 Vorsteher des Politischen Departementes, 1932 Bundespräsident und Festredner vor der Hofkirche am Sonntag, 11. September.

«Knab hat meine Artikel im „Vaterland" verfolgt, in denen ich mit meiner Meinung über die Nazis nicht hinterm Berg halte.»

«Ja, Herr Auf der Maur*, Sie sind in diesen Fragen am besten im Bild – wenn Sie gestatten, werde ich das Manuskript noch in stilistischer Hinsicht prüfen...»

Zum Ärger der Frontisten**, die ihr Hauptquartier im Haus Frankenstrasse 5 aufgeschlagen haben, erscheint das Büchlein mit dem vielsagenden Titel im Verlag Räber & Cie. Zielscheibe ihrer Angriffe ist auch das Vorwort von Redaktor Auf der Maur:

wild gegen die Doktrinen des „Dritten Reiches" aufbäumen. Mancher bringt das Kunststück nicht zustande, sein Ich, seine Überzeugung wegzuwerfen und zu täuschen. Und wie schwer machen die Gewalthaber das Leben auch denen, die unter dem Druck äusserer Verhältnisse, hauptsächlich darum, weil sie eine Familie zu erhalten haben, bis zur äussersten Grenze des Entgegenkommens gehen, um Konflikte zu vermeiden, um Amt und Brot zu behalten und keine Bekanntschaft mit dem Konzentrationslager zu machen..

Am letzten Dezember-Sonntag 1933 rückt die Firma noch einmal und unerwartet in den Blickpunkt der Öffentlichkeit: Unter tosendem Applaus der versammelten Zünftler wird Bernhard Räber-Zemp im Rütli-Saal zum Zunftmeister und Fritschivater 1934 ausgerufen! Der Gewählte ist um so überraschter, da er auf das Bot hin nach 33jähriger Amtsdauer als Zunftschreiber zurückgetreten ist.

Schon am 23. Januar 1934 fällt ein erster Wermutstropfen in die Freude: Prälat Albert Meyenberg, Freund der Prinzipale und wichtigster Autor des Verlags, erliegt einer Herzschwäche. Seine zahlreichen Bücher haben den Verlag im ganzen deutschsprachigen katholischen In- und Ausland bekannt gemacht.

Nur knapp drei Monate später steht man wieder einer Todesnachricht gegenüber: In einem römischen Krankenhaus stirbt am 12. April der Seniorchef Räber-Schryber im Alter von 74 Jahren unerwartet an einer akuten Lungenentzündung.

* Anton Auf der Maur (1879–1943), Schwyz, Rechtsstudium in Basel, 1908 Schriftleiter des «Basler Volksblattes», 1911–23 Grossrat in Basel, 1926 «Vaterland»-Redaktor (1936 Chefredaktor), 1927–41 im Grossen Stadtrat. Seine Artikel «Die Woche» stossen in Bern im Departement des Äussern wegen ihrer Offenheit oft auf heftige Kritik. ** Schweizerische Nationalsozialisten und Faschisten, die sich bis in die höchsten politischen Gremien hinein bemerkbar machen und erst nach dem Sieg der Alliierten von den Schweizer Demokraten endgültig verstossen werden.

"Schoseph hat sich zuviel zugemutet! Zuerst reist er mit einem Pilgerzug nach Rom, kommt wenige Tage später wieder zurück, um bei der Abstimmung über das Ordnungsgesetz* nicht zu fehlen, und reist die nämliche Woche wieder zurück nach Rom..."

"Ja, der Schoseph. Er wollte immer jung sein... Solange mein Bruder auf seiner Palästinareise ist, kann nichts geschehen, da er die Geschäftsbücher unter sich hat!"

"Ob Schoseph ein Testament hinterlässt? Seine Kinder hat er, wie man sagt, nicht eingeweiht... Franz ist nicht zu beneiden... Kommt Zeit, kommt Rat!"

## ROM: Samstag, 14. April

Luzerner Osterpilger und eine grosse Zahl Römerfreunde drücken in der Kirche San Roberto Bellarmino dem Sohn ihr Beileid aus, unter ihnen Minister de Wagnière, Vizekanzler Bonzanigo, Oberst Hirschbühl, der Kommandant der Schweizergarde, Oberstleutnant von Sury d'Aspremont, Mayor Henry von Pfyffer und der Gardekaplan Monsignore Paul M. Krieg.

Nach dem Trauergottesdienst trägt eine Abteilung Schweizergardisten die sterbliche Hülle ihres Gönners in den Trauerwagen.

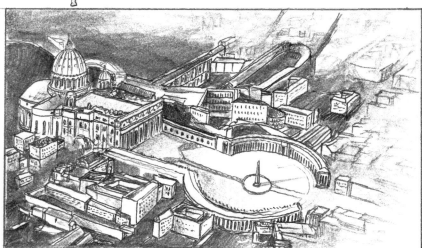

## LUZERN: Montag, 16. April

"Im Namen des Verwaltungsrates und der Redaktion des „Vaterlandes" möchte ich an diesem offenen Grabe einige Worte dankbarer Anerkennung und Freundschaft sprechen. Herr Joseph Räber-Schryber war der geborene Buchdrucker, Verleger und Freund der Pressemänner..."

"Für die Studentenverbindung Industria Lucernensis danke ich unserem Mitbegründer des Alt-Industrianer-Verbandes Joseph Räber vulgo Pfiffig für seine Treue und Freundschaft..."

Dann senken sich die Fahnen der Industria, der Stadtschützen, des Kaufmännischen Vereins und des Katholischen Arbeitervereins zum letzten Gruss.

* Abstimmung vom 11. März 1934: Ein Symptom für die Frontenbewegung. Der Versuch zur Einführung eines autoritären Staatsschutzgesetzes durch Bundesrat Häberlin wird gesamtschweizerisch verworfen. Der Kanton Luzern ist mit 20 383 Ja gegen 18 850 Nein der grösste annehmende Stand der deutschen Schweiz, während sich in der Stadt mit 4856 Ja zu 6578 Nein die kritischen Stimmen durchsetzen.

"Sehen Sie, Fräulein Luise, seit 1897 besteht der Grundsatz, dass jeder Associé über seinen Anteil am Geschäft frei verfügen kann, was die Nachfolge betrifft – weder ich noch mein Bruder Joseph werden Ihrer Aufnahme als Teilhaberin opponieren, wenn Sie sich mit Ihrem Bruder einigen... allerdings sollte das Gedeihen der Firma nicht tangiert werden bei der einen oder anderen Lösung."

"Ergebensten Dank, Herr Bernhard! Ich nehme an, dass der Erfüllung von Papas Testament keine unüberwindlichen Schwierigkeiten entgegenstehen werden..."

"Da haben wir's! Schoseph selig hat die Heirat von Franz mit der Hedy Jucker nicht verwunden – er stellt ihm mit dem Testament die Tochter Luise zur Seite. Ob das einer guten Zusammenarbeit förderlich ist?... Schon drei Teilhaber einigen sich oft nur schwer – und erst deren vier? Ein Veto einlegen? Nein! Wir müssen nach Aussen geschlossen bleiben, wie es sich für ein Familienunternehmen gehört!"

Die Lage spitzt sich zu, die allgemeine Wirtschaftskrise zeigt Folgen: Die Annoncen des «Vaterlandes» gehen stark zurück, die Seitenzahl wird reduziert, und die Redaktoren klagen über Raummangel. Der Seniorchef schreibt seine Sorgen am 24. Oktober nach Übersee:

...Schon an der letzten Generalversammlung machte Herr Regierungsrat Walther verschiedenste Andeutungen betreffend projektierten Änderungen und den provisorischen Vertrag bezüglich Druck, der dieses Jahr abläuft.

Regierungsrat Walther ist sehr energisch und weiss aus der allgemeinen Geschäftslage das Beste herauszubringen. Er hat Franz Räber-Jucker ähnliche Andeutungen im Privatgespräch gemacht und ihm gesat, er (Franz) habe ja keine Nachkommen, Joseph und ich seien auch alt – er hat schon an Joseph Räber-Schryber sel. ähnliche Zumutungen gemacht, wie ich aus der Copie eines Briefes entnehmen konnte.*

Die Bestrebungen des Komitees zur Gründung einer eigenen Druckerei lassen sich einigermassen durch den Umfang und die Zahl der Seiten erklären, die «Tagblatt» und «Luzerner N. Nachrichten» haben, bedeutend grösser als das «Vaterland».**

Das Richtige wäre Deine Heimkehr...

Das Frühjahr 1935 bringt erste Entscheidungen in der Frage der Nachfolge, die von den beiden grössten Auftraggebern – der Vaterland-Gesellschaft und dem Regierungsrat – aufmerksam verfolgt wird.

Im April kann neben dem 47jährigen Franz seine 42jährige Schwester Luise als Teilhaberin zu einem Viertel im Handelsregister eingetragen werden.

Ein weiterer Grund für den 69jährigen Räber-Hauser, seinen Viertel dem 37jährigen Neffen Robert Räber-Merz zu verkaufen, damit dieser auf der gleichen Stufe stehe wie Luise. Der Verkauf verzögert sich allerdings, weil der Onkel Mitte Juni für 2 bis 3 Wochen nach Jugoslawien in die Ferien reist.

* Nationalrat Walther hat andererseits im März 1927 J. Räber-Schryber persönlich bei Dr. O. Leimgruber, Vizekanzler der Schweizerischen Bundeskanzlei in Bern, eingeführt (Beteiligung der Firma an Bundesdrucksachen).   ** Im Dezember 1934 verzichtet der Verwaltungsrat auf den Erwerb oder die Einrichtung einer eigenen Druckerei – nicht zuletzt unter dem Eindruck der Wirtschaftskrise und der misslichen Lage der Schweizerischen Katholischen Genossenschaftsbank.

Nur noch dem 72jährigen Seniorchef Räber-Zemp fehlt der Nachfolger:

Ich begreife, dass unserem Aeltesten der Entschluss zur Heimkehr schwerfällt. Er hat sich drüben durch Energie und Arbeitskraft eine gute Existenz geschaffen.

Und die politischen und wirtschaftlichen Verhältnisse Europas und damit der Schweiz sind zur Zeit auch keine erfreulichen...

...ja, wenn nur nicht – was Gott verhindern wolle – wieder alles drüber und drunter gehen sollte wie anno 1914: Kriegsausbruch, eventuell Einmarsch der „Boches"* in die Schweiz. Die Hitler-Regierung ist ja wirklich eine Bedrohung des europäischen Friedens geworden!!

Wenn nur Franz ein tätigerer Geschäftsmann wäre – in der jetzigen Zeit, wo alle die grossen Unternehmungen, die sonst guten Verdienst gebracht haben, wackeln, sollte man sich doch um neue Einnahmequellen umsehen!

Da hast Du Recht, Adelheid! Aber mir liegt das gar nicht. Da würde sich allerdings noch Diverses machen lassen...

In Deinem Alter ist das nicht mehr zu verlangen!

Nun, wir wollen nicht so pessimistisch in die Zukunft blicken. Domine conservare nos in pace!**

Die Geschichte gibt ihm recht, und im Oktober 1936 erfüllt sich auch seine Hoffnung und sein grösster Wunsch:

\* Französisches Schimpfwort für die Deutschen aus dem Ersten Weltkrieg.   \*\* Gott behüte uns in Frieden.

... und alle unsere Freunde, unser so schönes Haus in Pelham - und Du Deinen guten Job!

Woran hast Du jetzt gedacht?

Eben ging mir durch den Kopf, ob wir in Luzern wohl glücklich werden... Du im Geschäft der Familien und ich unter lauter unbekannten Leuten...

... wenn ich zurückdenke, wie wir in Mount Vernon Tennis und Golf gespielt haben und Du trotz allem Business Zeit zum Malen gehabt hast...

... natürlich wird es geraume Zeit dauern, mich in die luzerner Verhältnisse und Arbeitsmethoden einzuarbeiten. Manches wird wohl dort nicht möglich sein, was hier gebräuchlich ist - aber es hat auch Vorteile fürs eigene Geschäft zu arbeiten...

... das eigene Geschäft? Dir wird doch nur Papas Viertel gehören! Weisst Du was, Ben? Ich glaube, trotz Deiner amerikanischen Staatsbürgerschaft bist Du im Herzen immer Luzerner geblieben...

Schatz, vielleicht hast Du Recht! Jedermann hier ist zuvorkommend und freundlich - und das lässt einen Amerika liebgewinnen. Aber geboren und aufgewachsen bin ich eben doch nicht hier..!

Mama und Papa freuen sich riesig auf Deine Rückkehr - aber die andern, Franz und Luise, die am liebsten alles so lassen möchten, wie's immer war?

Sei nicht bange! Ich bin in der Lage, Tatsachen vorzubringen, und meine Ideen nehmen immer Rücksicht auf Zweck, Konditionen und Resultate der zu organisierenden Aufgabe. Die Ideen, die ich für die künftige Geschäftsführung vertrete, sind nicht etwa ultra modern, sondern einfach und zugleich konservativ...

Du wirst sehen, wenn das Geschäft auf eine gehörige kaufmännische Basis gestellt ist und die andere Seite dies einmal einsieht, weil es funktioniert, so haben wir gewonnen...

... dann wird man auch in unserer Firma, wo man wie überall in Europa immer in die Vergangenheit zurückblickt und dabei die Zukunft fast vergisst, das Renomée einer konkurrenzfähigen Firma zurückgewinnen...

Erstmals seit der Firmengründung fällt der Generationenwechsel in eine wirtschaftlich ungünstige Zeit.

Die rege Bautätigkeit der frühen dreissiger Jahre geht zu Ende. Sie hat nicht nur mitgeholfen, die Zahl der Arbeitslosen in Grenzen zu halten, sondern hinterlässt in der Stadt viele Bauten im Stil des «Neuen Bauens», die unübersehbare Akzente setzen und eine neue Zeit signalisieren:

1931
Wohn- und Geschäftshaus Burgertor von Armin Meili

1932
Dorfsiedlung Geissenstein von Werner Ribary

1933
Dulaschulhaus von Albert F. Zeyer

1933
Kunst- und Kongresshaus von Armin Meili

1934
St.-Karl-Kirche von Fritz Metzger

1935
Lukaskirche von Alfred Möri und Karl-Friedrich Krebs

1935
Infanterie-Kaserne Allmend von Armin Meili

1936
Wohnsiedlung Geissmatt von Carl Mossdorf

Neben der abflauenden Bautätigkeit macht sich 1937 das Ausbleiben der internationalen Feriengäste immer stärker bemerkbar, was für die Druckereibranche rückläufigen Umsatz bedeutet und den Tageszeitungen Einbrüche bei den Annoncen bringt, weil das gesamte Wirtschaftsleben stagniert. Die spärlich vorhandene Industrie in der Agglomeration kann die Ausfälle nicht wettmachen.

In den 40 Jahren seit dem letzten Wechsel in der Leitung der Kollektiv-Gesellschaft Räber & Cie. im Jahre 1897 hat die Konkurrenz aber nicht geschlafen, ganz im Gegenteil! Bei den Druckereien hat die liberale Gegenspielerin Keller & Co. an Personal und Umsatz gleichgezogen, während die wachstumsorientierte Firma C. J. Bucher bereits einen deutlichen Vorsprung gegenüber beiden Konkurrenten hat, was den Farbdruck für die Herstellung von Büchern und Werbedrucksachen aller Art betrifft.

Aber auch die Buchhandlungen im «Gutenberghof» und an der Kornmarktgasse erhalten Konkurrenz: Der initiative Josef Stocker richtet sich an die gleiche konservative Kundschaft. Er verlegt 1936 seinen kleinen Buchladen vom Zurgilgen-Haus in ein grösseres Ladenlokal an der Kapellgasse und gewinnt mit seinem rührigen Kleinverlag «Vita Nova» * bei den Akademikern des Schweizerischen Studentenvereins viele Freunde.

Und kaum hat die vierte Generation die Leitung der Firma übernommen, bricht der Zweite Weltkrieg aus. Die Druckerei wird am 1. September 1939 wegen der Mobilisation der Schweizer Armee auf Kriegsétat gesetzt, ein Drittel der Belegschaft muss einrücken, und die Prinzipale leisten wechselweise oder gleichzeitig Aktivdienst, vor allem Oberstleutnant Franz Räber-Jucker als Kommandant des Urner Territorial-Bataillons 191.

## Die Schweizerische Bundeskanzlei

Am 11. März reklamiert die Eidgenössische Drucksachen- und Materialzentrale bei der Firmenleitung, ebenso wieder am 29. November:

Ganz im Unterschied zum Ersten Weltkrieg gibt die Bundesverwaltung die Lebensmittelkarten schon kurz nach Kriegsausbruch an die Bevölkerung ab und beauftragt die Druckerei Räber & Cie. mit der Herstellung der Rationierungskarten für die Monate März und Dezember 1940 der gesamten Schweiz.

*Franz, die Bundeskanzlei beanstandet Differenzen bei der Anzahl Karten und die mangelnde Verpackung sowie dürftige Etikettierung - man will uns von der Lieferantenliste streichen!*

*Es ist nicht nur eine Frage der Qualität - der Kanzleichef schreibt: "Wenn dazu diese Firma es erst nach einem Monat für nötig hält, auf eine schriftliche Reklamation einzugehen, ...*

*Das wird sich geben! Wir haben schliesslich von acht Druckern die Hälfte an der Grenze.*

*... so kann unter keinen Umständen von einem seriösen und vertrauenerweckenden Geschäftsgebahren gesprochen werden..."*

*Die staatlichen Instanzen müssen halt auf die besonderen Verhältnisse der Kriegszeit Rücksicht nehmen!*

*Und was sagst Du zur Kopie, die am 18. Dezember zur vertraulichen Einsicht an Redaktor Dr. Zust** gegangen ist??*

---

* 1936 erscheint von Walter Benjamin unter dem Pseudonym Detlef Holz die Briefsammlung «Deutsche Menschen» – 1937 verkracht der Verlag, das Buch bleibt verschollen, Liebhaber zahlen im Antiquariatshandel hohe Preise, als sich 1962 nach der Neuveröffentlichung in Deutschland herausstellt, dass der grösste Teil der Auflage im Keller der Buchhandlung Josef Stocker lagerte.
** Franz Karl Zust (1895–1980), Sursee, 1915 Matura in Einsiedeln, Studium der Rechte in Freiburg (Schweiz), 1922 Doktorat, 1928 Chef der Obergerichtskanzlei in Luzern, 1931–46 Sekretär der Katholisch-christlichsozialen Volkspartei des Kantons Luzern (zur Behebung der Parteikrise), ebenfalls 1931 Wahl zum Redaktor am «Vaterland», 1942–57 zusätzlich administrativer Direktor des Blattes (zur Verhinderung des befürchteten Unterganges und zur Verbesserung der Rechnungsabschlüsse), 1943 übernimmt er das Ressort des verstorbenen Redaktors Anton Auf der Maur, mehrere Amtsperioden im Grossen Rat, 1940 Präsident, 1943–55 Ständerat, 1965 Nachfolger von Dr. Karl Wick als Chefredaktor.

*Da muss ich Dich dringend bitten, jeglichen Kontakt mir zu überlassen! Ich bin für die Zeitung zuständig!!*

Die Firma wird von der Lieferantenliste der Lebensmittelkarten gestrichen und für den Druck einfacher Formulare und Reglemente vorgemerkt...

Ein Jahr später, anfangs Februar 1942, ergeben sich Differenzen mit der Steuerverwaltung, die wiederholt den Druckerei-Umsatz für 1941 mahnt – 1941 hat der Bund die Umsatzsteuer als Kriegssteuer eingeführt.

Es stellt sich heraus, dass sämtliche Staatskanzlei-Aufträge für 1941 weder abgerechnet noch in Rechnung gestellt sind – Prinzipal Franz, der allein mit der Berechnung vertraut ist, leistet in Bellinzona Militärdienst. Am 21. Februar kommt sein Brief aus dem Feld:

> Bellinzona, 21. Februar 1942.
>
> Lieber Bernhard!
>
> Es war vorgesehen die Staatskanzlei-Rechnung vor Dienstbeginn zu erstellen. Leider war mir dies unmöglich, da die Vorbereitungen für den Dienst und die Fertigstellung der "Vaterland"-Rechnung mich allzu stark beanspruchten. Immerhin ist festzuhalten, dass dadurch kein Versäumnis entstanden ist, da sowohl "V"-Rechnung, wie diejenige für die Staatskanzlei, nach meiner Entlassung, immer noch in der vertraglich festgelegten Frist abgeliefert werden können. Was nun die Umsatzsteuerberechnung anbetrifft, so müssen sich die staatlichen Instanzen eben den besonderen Verhältnissen der Kriegszeit, wie auch denjenigen einzelner Betriebe anpassen und auf die militärischen Verpflichtungen Rücksicht nehmen. Dieses Verständnis darf vor allem bei einer Steuerbehörde vorausgesetzt werden und ein bezügliches Gesuch auf Fristverlängerung hätte unbedingt die Zustimmung der betreffenden Organe finden müssen.
> Die Auslieferung der Laufzettel, die ich sortiert hatte, hätte mir nachträglich bedeutende Mehrarbeit verursacht und war, meiner Ansicht nach, überflüssig, da dieselben bereits durch Hrn. Wey im Laufzettelbuch, durch Condrau in der Buchhaltung und durch das Betriebsbureau Müller für die Selbstkosten ausgefüllt und eingetragen waren, somit schon eine dreifache Kontrolle passiert hatten.
> Was nun die Rechnungsstellung und übrige Verhandlungen mit der Staatskanzlei und der Gesellschaft "Vaterland" anbetrifft, so muss ich dringend ersuchen, jegliche Abmachungen mir zu überlassen und nicht hinter meinem Rücken Neuregelungen zu treffen. Ich muss... beharren, dass... immer während meiner Abwesenheit...

Da Franz Räber im September 1943 wiederum dienstlich vom Geschäft abwesend sein muss, informiert der administrative Direktor und Redaktor Dr. Zust am Nachmittag des 16. den Teilhaber Raeber-Schneider\* über die Beschlüsse des Verwaltungsrates:

*Man hat meinem Vorschlag zugestimmt, sodass ab kommendem Neujahr das „Vaterland" im Format 35 x 50 Centimeter \*\* erscheinen wird. Würden Sie das Nötige veranlassen?*

*Selbstverständlich! Bis zum Jahresende haben wir unsere typographischen Materialien dem schmäleren Spaltenformat angepasst. Der Druck wird auf der Rotation nach den ohnehin vorgesehenen Abänderungen auch keine Probleme machen.*

---

\* Während seines 15jährigen Aufenthalts in den USA hat er sich die angelsächsische Schreibweise des Familiennamens angewöhnt. Im Betrieb wird Bernard J. Raeber-Schneider «der Amerikaner» genannt, was Bewunderung und Bedenken wegen seiner eingeleiteten Neuerungen ausdrückt.   \*\* Heutiges Format: 32 x 47 cm.   \*\*\* Karl Wick (1891–1969), von St. Gallen, Matura in der Klosterschule Engelberg, Studium der Rechte in Freiburg (Schweiz) und Berlin, Journalist an der «Schaffhauser Zeitung», 1917–21 an der St. Galler «Ostschweiz», bis 1926 an der christlichsozialen «Hochwacht» in Winterthur, 1926 als Redaktor an das «Vaterland» (Kultur und Feuilleton), seit 1945 Chefredaktor, 1927–31 und 1934–51 Grossrat, Führer der Christlichsozialen, 1931–63 Nationalrat, befreundet mit Dr. Otto Karrer, Wegbereiter der ökumenischen Praxis.

"Die deutsche Botschaft bellt wieder wegen eines Artikels in der gestrigen Ausgabe und dann muss die Zensurbehörde in Bern reagieren..."

"Zurück zu unseren Problemen: Wie steht es eigentlich mit meinem Wunsch, den ich Ende Januar vorigen Jahres geäussert habe,..."

"...dass man die Abrechnung über die „Vaterland"-Lieferungen monatlich und ohne die gewohnten Verzögerungen tätige?"

"Die militärische Stellung von Franz erheischt viel Arbeit und Abwesenheiten – auch zu meinem Bedauern ist nichts gegangen."

"Dann könnten wir bei Ihrem Verwaltungsrate endlich mit Nachdruck auf die vertraglich zugesicherten Abschlagszahlen dringen und unsere Guthaben in Grenzen halten..."

"Das eine nicht ohne das andere, aber der erste Schritt muss von Ihrer Firma erfolgen! Übrigens, auf Januar 1944 werden wir die Ausgabe des Blattes vorverlegen müssen, damit wir nicht hinter den anderen Luzerner Zeitungen zurückstehen – das ist zwar noch nicht beschlossen..."

"...wenn Redaktion und Annoncen-Pächterin ihre Unterlagen entsprechend früher verfügbar halten, sehe ich keine Gründe, warum das nicht zu machen wäre..."

Am 17. Dezember 1943 bestätigt Dr. Zust den Beschluss des Verwaltungsrates über die Vorverlegung des Erscheinungstermines.

Fünf Tage später legt die Teilhaber-Konferenz die Einteilung der Schichtarbeit fest – wegen der Kriegszeit erfordert sie keine behördliche Bewilligung. Planmässig werden am 3. Januar 1944 der Satz und die Plattenherstellung vorgezogen, so dass der Rotationsdruck bis 9.30 Uhr beendet ist und die Zeitungen für den Bahntransport um 9.46 Uhr bereitliegen – hätte nur nicht das Personal der Spedition die Weisung erhalten, der Zeitungsversand werde noch einige Tage nach dem bisherigen Fahrplan abgewickelt, weil die Umstellung stufenweise erfolge!

Dem Faktor der Setzerei und Stereotypie, dem 31jährigen Ernst Kreienbühl*, reisst der Geduldfaden. Er richtet ein dreiseitiges Memorandum an die Teilhaber-Konferenz.

Sehr geehrter Herr Räber,

Wie Ihnen bekannt ist, habe ich mich vom Ausläufer in Ihrer Firma durch eigene Initiative weitergebildet. Ich besuchte Handelsschulkurse und die Meisterschule für das graphische Gewerbe zu Leipzig, woselbst ich nach zweisemestrigem Studium die Meister- und nach drei Semestern die Betriebsleiterprüfung mit sehr gutem Erfolg bestanden habe. - Dank guter Verbindungen durch meinen Leipziger Logisgeber - Vorstandsmitglied des Vereins Leipziger Buchdruckereibesitzer - war es mit möglich, Druckereibetriebe und Firmen der graphischen Lieferindustrie in Leipzig, Berlin, Hamburg, Dresden etc. in reicher Zahl zu besichtigen und teilweise längere Zeit zu studieren.

Mit sehr guten Kenntnissen bin ich nach Luzern zurückgekehrt, woselbst Sie mich - kurz vor Kriegsbeginn - am 1.August 1939, als Faktor Ihrer Handsetzerei, Maschinensetzerei und Stereotypie vorstellten. Ich war bestrebt, durch neue Ideen und eine gute Organisation die Qualität und Leistungsfähigkeit der mir unterstellten Abteilungen zu heben. Meine diesbezüglichen Erfolge sind Ihnen bekannt.

Wenn Sie meine Arbeitsweise verfolgen, sind Sie vielleicht der Auffassung, daß ich zufrieden und voll Idealismus in Ihrer Firma arbeite. Sicher bin ich bestrebt, Ihrem Betriebe alle meine Kenntnisse und meine ganze Kraft zur Verfügung zu stellen, die seelische Befriedigung habe ich leider nicht. Dies ist einerseits auf meine viel bessern Kenntnisse, als für einen Abteilungsleiter erforderlich zurückzuführen, anderseits aber auch auf die innerbetrieblichen, organisatorischen Mängel in der Buchdruckerei Räber & Cie.

Einer der größten Mängel ist nach meiner Ansicht die Aufteilung des technischen Betriebes, nach der in Ihrer Firma veralteten Tradition, die Setzerei, Maschinensetzerei und Stereotypie gehören diesem, die andern Abteilungen werden von jenem Geschäftsteilhaber befehligt. Die Differenzen, die sich nur schon von diesem Übel zwischen den Gesellschaftern ergeben, wirken sich nicht nur innerbetrieblich auf die Arbeit, die Erziehung und Dis-

* (1913–74), von Luzern, Eintritt in die «Vaterland»-Offizin am 8. 4. 1929, Prinzipal Räber-Zemp ermuntert ihn zur Schriftsetzerlehre (1930–34), in der Freizeit Leichtathletik (bis ins Olympia-Kader). 1936–38 Sprach- und Handelsschule in der Westschweiz, Meisterschule in Leipzig, Eintritt am 1. 8. 1939 in die Firma als Faktor, ab 1. 1. 1945 Betriebsleiter, Frühjahr 1947 Austritt. Kehrt im Dezember 1951 von Bern nach Luzern zurück und gründet mit seiner Frau Friedel sowie einigen Kollegen eine eigene Klischee-Anstalt, 1958 Neubau für die 80 beschäftigten Personen. 1967 Zunftmeister und Fritschivater der Zunft zu Safran – der klassische Lebenslauf eines Selfmade-Mannes.

ziplin der Angestellten aus, sondern auch außerbetrieblich, denn
Mängel in der Führung, werden nicht nur von Betriebsangehörigen,
sondern auch von Außenstehenden diskutiert, ganz abgesehen davon,
daß die Qualität der Arbeit diese Mängel aufdecken.
Die Qualität aber wird in jedem Falle darunter leiden, wenn mit
zwei Maßen gemessen wird. Wie sieht es in der Firma Räber & Cie.
in Wirklichkeit aus?
Auf der einen Seite sind Bestrebungen vorhanden bessere Arbeitskräfte anzustellen, übertariflicher Lohn - je nach Leistung - zu
bezahlen, durch eine straffe Organisation und korrekte Führung
dem Betrieb wenig Unkosten und Leerarbeit zu verursachen, durch
Neuanschaffungen von Maschinen, Schriften, Reorganisation ganzer
Abteilungen die Leistungs- und Konkurrenzfähigkeit zu steigern,
die innerbetriebliche Weiterbildung des Personals und deren Mitarbeit durch Anerkennung guter Ideen zu fördern u.a.m.
Auf der andern Seite werden unfähige Angestellte nicht ersetzt,
die Lohnbezahlung ist nicht dem beruflichen Können angepaßt, die
Führung des Personals ist nur teilweise vorhanden, Neuanschaffungen
werden nicht als nötig erachtet (alles genügt noch), Ideen des
Personals werden angehört, aber nicht weiterverarbeitet .....
es fehlt die Initiative.

Herr Räber! Entschuldigen Sie bitte meine offenen Worte. Sie sehen,
ich habe mich viel tiefer mit Ihrer Firma beschäftigt, als es Ihnen
vielleicht recht ist. Aber Tatsachen lassen sich nun einmal nicht
verleugnen, abgesehen, daß nicht nur jeder Abteilungsleiter, sondern
auch jeder gute Angestellte darunter leidet.
Das Öffnen der Arbeitsstätten um eine Zeit, da bereits jeder an
seinem Platz stehen sollte*, die Auszahlung der Familienzulage,
eine Woche und länger nach der tariflich festgesetzten Zeit; die
Lohnzahlung nach persönlichem Wohlwollen und nicht nach Leistung;
mangelhaft ausgefüllte Laufzettel mit zuvielen Rückfragen; Nicht-
innehaltung von versprochenen Lieferterminen durch irgend einen
Hilfsarbeiter, dem es nicht gerade passt, etwas länger zu arbeiten;
Erledigung von Mängeln von Gehilfe zu Gehilfe, die oft Mißverständ-
nis und Neid erwecken; oder wenn ein Angestellter erzählt, er hätte
bereits zwei Mal Ferien gemacht und jedes Mal seien sie bezahlt
worden (im gleichen Jahr), so machen es solche „Regiefehler" einem
pflichtbewußten Abteilungsleiter sehr schwer, in seiner Abteilung
die Disziplin einzuführen und .... zu halten. Denn wie soll er
seine Untergebenen von der Wichtigkeit einer guten Ordnung überzeugen, wenn alltäglich Beispiele beweisen, daß es "oben" selbst
nicht klappt?, daß die einheitliche Führung fehlt.
"Führung" soll nun nicht ein allgewaltiger Mensch sein, vor
die Wände zittern. In Ihrem Betrieb gehört ein fort-
ittlicher, aufgeschlossener und korrekter Mann, der von morgen
bis abends spät erreichbar ist, der die Probleme, die in der
a Räber & Cie. in so reichem Maße vorhanden sind, zu lösen
llt und sie mit allem .... sieht. Er muß die Möglichkeit
, sich seine Mitarbeiter selbst auszuwählen. Die bisherigen
tellten sind umzuschulen, sie müssen sich selbst reorganisi
kann mit etwas gutem Willen mithelfen, die Firma aufzubaue

Das Memorandum löst eine bewegte Teilhaber-Konferenz aus:

* Die Belegschaft hat, wie bei Fabrikbetrieben üblich, einen eigenen Eingang: durch das Hoftor, über dessen Schlüssel die Teilhaberin und Liegenschaftsverwalterin Luise Räber verfügt. Hie und da kommt es vor, dass die Angestellten und Arbeiter in der Frühe vor dem verschlossenen Tor warten müssen.

«...entweder selber gut machen oder delegieren! Das ist kaufmännisch verantwortbar und sonst nichts...»

«Aha! Einem Angestellten, der in Deiner Hörigkeit steht, sollen unter Ausschaltung des Familienanteils meines Grossvaters Räber-Jurt die Kompetenzen überbunden werden! Das wär' mir noch! Eine unerhörte Zumutung!...»

Die Wogen glätten sich wieder – nicht zuletzt deswegen, weil keiner mit seinem Viertel ohne die anderen drei die Firma führen kann. Zudem finden im Juli und August keine Teilhaber-Konferenzen statt: Franz ist häufig im Militär...

... und Bernard organisiert für die Firma das Anbauwerk* in Horw, wozu er im September internierte Polen zur Kartoffelernte anstellen muss, da ihm in der Belegschaft die Leute fehlen. Für 16 Franken pro 100 Kilogramm werden die Speisekartoffeln ab Standort Hof, Frankenstrasse, der Belegschaft angeboten.

Erneute Missstimmung bringt am 18. September 1944 ein Schreiben der Luzerner Sektion der Schweizerischen Buchdrucker-Gewerkschaft in die Teilhaber-Konferenz.

Schweizerische Buchdrucker-Gewerkschaft  Sektion Luzern

Postcheck VII 2550

Luzern, den 18.9.44

An die
Geschäftsleitung der
Buchdruckerei Räber & Cie,
Luzern

Sehr geehrte Herren!

Mit etwelchem Bedauern mussten wir leider vernehmen, dass Sie in Jhrem Betriebe einen Maschinensetzer eingestellt haben, der dem Schweiz. Typographenbunde angehört.
Wenn wir wegen diesem Umstande an Sie gelangen, geschieht es darum, das uns sehr gute Verhältnis zwischen Jhnen und der Schweizerischen Buchdruckergewerkschaft aufrecht erhalten zu können. Bis jetzt konnten wir mit Freuden konstatieren, dass sich die Gehilfenschaft Jhres Betriebes ausschliesslich aus der Schweiz. Buchdruckergewerkschaft zusammensetzte. Diese Tatsache war uns immer ein sehr wertvolles Moment der Zusammenarbeit zwischen einer katholisch gesinnten Kollegenschaft und eines gesinnungseigenen Betriebes. Ebenso möchten wir Jhnen zu bedenken geben, dass durch den Bruch der bisher geübten Praxis die Sache der Sektion Luzern der Schweiz. Buchdruckergewerkschaft empfindlichen Schaden leiden müsste.
Wir nehmen natürlich nicht das Recht für uns in Anspruch, Jhre Anstellungspraxis korrigieren zu dürfen. Wir nehmen an, dass die erwähnte Anstellung aus Gründen der momentanen Verknappung von Arbeitskräften erfolgt ist und dass bei Eintreten normaler Verhältnisse dieser "Einbruch" wieder korrigiert werden wird.
Wir gehen mit Jhnen durchaus einig, dass bei Anstellung eines Gehilfen dessen Qualifikation eine massgebende Rolle spielt, müssen aber erwähnen, dass in rein sozialistischen Betrieben, z.B. in der Buchdruckerei Union Luzern, aus Gründen idealler Einstellung trotz erster Qualifikation nie ein Gewerkschafter Anstellung finden könnte. Die Erfahrung hat gelehrt, dass nur die Anwendung äusserster Konsequenz vor empfindlichen Verlusten auf ideellem Gebiete bewahren kann.
Indem wir Sie bitten, diese Ausführungen als nur dem gemeinsamen Jnteresse entspringend betrachten zu wollen,

Prinzipal Raeber-Schneider hat die Anstellung gebilligt, weil er von der hohen fachlichen Qualität des Gehilfen überzeugt ist. Schon verschiedentlich hat er auf Druck der konservativen Parteileitung Schriftsetzer in der «Vaterland»-Druckerei unterbringen müssen, nur weil es treue Parteimitglieder sind.

Im Dezember 1944 einigen sich die Teilhaber und die Teilhaberin schliesslich, was die Anstellung von Ernst Kreienbühl betrifft. Am 29. Januar 1945 wird die Druckereibelegschaft in einer Versammlung nach Feierabend im Betrieb darüber informiert:

«Im Namen der Teilhaberschaft teile ich mit, dass Herr Kreienbühl unser neuer technischer Leiter ist. Um seine Aufgabe erfüllen zu können, hat er auch ein Mitspracherecht bei der Einstellung und Entlassung von Personal...»

* Die sogenannte «Anbauschlacht» zur Versorgung der Bevölkerung mit Brot und Kartoffeln, Plan Wahlen, benannt nach dem Organisator und späteren Bundesrat (1958–66) Friedrich Traugott Wahlen (1898–1985). Ausdehnung der Anbaufläche von 180 000 auf 350 000 ha, oft gegen Widerstand der Bauern. Der Arbeitseinsatz der städtischen Bevölkerung auf dem Land soll zudem den Arbeiter vermehrt an die heimatliche Scholle binden.

Mit dem Betriebsleiter wartet man ungeduldig auf das Kriegsende und die Rückkehr der Aktivdienst-Soldaten an die Arbeitsplätze. Am 8. Mai 1945 ist es soweit: An den Mittagsnachrichten spricht General Henri Guisan zum Schweizervolk und gibt eine «entscheidende Wendung im Kriegsverlauf» bekannt. Und abends um acht Uhr läuten in der ganzen Schweiz 300 Kirchenglocken den Frieden ein – nach fünf Jahren und acht Monaten ist der Zweite Weltkrieg in Europa zu Ende. Noch ahnt niemand etwas von den Abwürfen der Atombomben auf Hiroshima und Nagasaki.

Bim! Bam! BONG! BONGELONG! DONG! DONGADONG!

*Endlich! Das hilft uns, den zweiten Band der Kantonsgeschichte* rechtzeitig auf den Herbst herauszubringen...

DONG! DONG! GADONG!

Am 12. September treten die Teilhaber auf den Vorschlag von Betriebsleiter Kreienbühl ein und entlassen den 27-jährigen Obermaschinenmeister Kost** auf Ende November: Laut Aussagen von Untergebenen mache er geringschätzige Bemerkungen über Gehilfen, habe keine Freude an der Arbeit und sei selber ein schlechter Drucker, so dass die guten Maschinenmeister nicht mehr unter ihm arbeiten wollten.

Ein Monat später, 12. Oktober:

Lesen Sie, was Prälat Dr. Meier*** hier schreibt! „Missstimmung im Personal der ›Vaterland‹-Offizin, das sich schlecht gehalten fühlt..."!

?!

Kost wird zu ihm gelaufen sein - er ist halt ein ehemaliger Jungmannschäftler!

...wahrscheinlich hat es ihm den Rücken gestärkt von Herrn Franz zu hören, dass er sich gegen die Kündigung ausgesprochen hat und Fräulein Luise nur dem Frieden zuliebe dafür stimmte...

Monsignore Meier erwartet unsere Stellungnahme!

Man wird ihn aufklären müssen - überdies kann sich die Firma sehen lassen: volle Lohnsumme während Unfall und langdauernden Krankheiten, Bezahlung der Prämien für Nichtbetriebs-Unfälle, Auszahlung von freiwilligen Pensionen aus dem Invalidenfonds - alles Leistungen über die Bestimmungen des Gesamtarbeits-Vertrages hinaus...

* Sebastian Grüter, Geschichte des Kantons Luzern im 16. und 17. Jahrhundert, verfasst im Auftrag des Regierungsrates.
** Walter Kost, im April 1933 als Druckerlehrling eingetreten, seit 1944 Nachfolger von Anton Eiholzer, der mit 73 Jahren in Pension gegangen ist. *** Josef Meier (1904–60), seit 1929 Direktor des Luzerner Jünglingsheimes am St.-Karli-Quai und Redaktor der Wochenzeitung «Jungmannschaft» des Schweizerischen Katholischen Jungmannschafts-Verbandes, 1937 Generalsekretär und Redaktor der Zeitschrift «Führung», 1943 Ernennung zum Prälaten durch Papst Pius XII., 1949 Organisator des Schweizerischen Katholikentages in Luzern, Autor mehrerer Jugendbücher und Mitwirkung beim Ausbau des Rex-Verlages Luzern.

Dennoch hat der Brief Folgen. Der Verlagsleiter Räber-Merz steht mit dem bischöflichen Ordinariat Solothurn in Verhandlung wegen der neuen Auflage des «Grossen Katechismus». Bei seiner telefonischen Erkundigung über den vorgelegten Verlagsvertrag wird ihm mitgeteilt:

... der Herr Generalvikar lässt Ihnen ausrichten, dass der Hochwürdige Herr Bischof keinen Verlagsvertrag wünscht, sondern das Verhältnis als Druckauftrag mit oder ohne Vertrieb geregelt sehen möchte!

Am 11. Februar 1946 tritt Maschinenmeister Adolf Schatz aus der Buchdruckerei Keller & Co. die Nachfolge von Walter Kost an, nachdem Erkundigungen von Franz Räber-Jucker bei Pfarrer Dr. Joseph Bühlmann über die Familie des Kandidaten zu seiner Zufriedenheit ausgefallen sind.

Buchdruckerei · Buchhandlung · Verlag *Räber & Cie.* Luzern

Am 16. März nimmt eine grosse Trauergemeinde Abschied von Buchdrucker Räber-Zemp, der nach kurzer Krankheit im 83. Altersjahr verstorben ist.

Die interne Reorganisation bringt erste Früchte und erlaubt Prinzipal Raeber-Schneider, sein Buch «Das Rechnungswesen im Schweizerischen Buchdruckergewerbe» fertigzuschreiben und auf den Herbst 1946 herauszugeben:

Wer als Meister in seinem Berufe gelten will, übe... nimmt nicht leichte Aufgaben und Pflichten. Berufliche Tüchtigkeit muß sich mit kaufmännischer Begabung vereinen, um durch initiative, weitsichtige Disposition und qualitativ höchste Leistung einer anspruchsvollen Kundschaft zu dienen. Sobald der Geschäftsumfang seine eigenen Kräfte übersteigt, wird er zuverlässige Mitarbeiter zuziehen. Sein Personal erwartet von ihm Arbeitsbedingungen, die den gesamtarbeitsvertraglichen und sozialen Belangen des Tages entsprechen, eine gerechte Entlöhnung und möglichste Sicherung des Arbeitsplatzes. Um diesen Aufgaben gerecht zu werden, muß sein Unternehmen auf wirtschaftlich gesunder Grundlage verankert sein, und immer muß sich der Unternehmer bewußt bleiben, daß die Mißachtung der wirtschaftlichen Grundsätze nicht ungestraft bleibt. So ist zum Beispiel ein ungesunder Optimismus in finanzieller Hinsicht mehr verantwortlich für Mißerfolge als alle anderen Ursachen zusammen. Nicht selten zeigt es sich auch bei unfreiwilligen Geschäftsauflösungen, daß die Geschäftsbücher vernachlässigt, ja sogar in selbsttrügerischer Absicht gefälscht wurden, um sich unangenehmen Tatsc

Als Präsident der Fachkommission der Buchdruckerei-Besitzer hat er die Stempeluhren im Betrieb Räber & Cie. bereits eingeführt, was die systematische Zeiterfassung gestattet und die Kostenanalyse ermöglicht. Sein Buch und die betrieblichen Massnahmen gelten in den Fachkreisen als echte Pionierleistung.

Prinzipal Räber-Jucker legt den Vorsitz der Regattakommission des Regattavereins Luzern nach 20 Jahren in jüngere Hände: Seit 1926 hat er die nationalen und internationalen Ruderregatten im Luzerner Seebecken und ab 1934 auf dem Rotsee mit seinem Komitee durchgeführt. Er ist einer der Vorkämpfer und Mitbegründer des späteren Rudersport-Zentrums Rotsee-Luzern, das den Namen der Stadt über Presse, Radio und Fernsehen jeden Sommer in die ganze Welt hinausträgt.

Mit dem Jahr 1947 läuft die kurze Verschnaufpause nach Kriegsende ab. Es bahnen sich wichtige Veränderungen an.
25. Januar: Dr. Studer* und Dr. Zust auf dem Weg zur Sitzung der «Vaterland»-Administration am Sitz der Gesellschaft, Morgartenstrasse 7, Gutenberghof:

Zu Deiner Information, Hurra**! Nach der Sitzung werde ich Franz Räber die Gratislieferung von Drucksachen für das städtische Parteikomitee verdanken – es sind immerhin 9'394 Franken mit der Jubiläumsbroschüre*** – und wir sind ja schon mitten im Wahljahr!

Das finde ich gut, Balg! Schon letztes Jahr war es eine rechte Summe. Franz schätzt es, wenn er die Anerkennung nicht nur immer von mir zu hören bekommt!

Man sagt, Franz kandidiere nicht mehr für den Grossen Rat. Mir gegenüber hat er einmal erwähnt, Galle und Leber seien affektiert!

Ende Mai: Betriebsleiter Kreienbühl verlässt die Firma, obwohl er die Innerschweiz nur ungern verlässt, «wegen den innerbetrieblichen und organisatorischen Mängeln in der Buchdruckerei Räber & Cie. und um meinem Drang, vorwärts zu kommen, gerecht zu werden», wie er in seiner Kündigung schreibt.

Vielleicht, weil sich die Räber in den Haaren liegen. Mein Namensvetter Heinrich Zust**** soll als interner Schiedsrichter beigezogen werden...

7. Juni: Die Prinzipale Räber-Jucker und Raeber-Schneider verfolgen als Aktionäre den Verlauf der Generalversammlung der Aktiengesellschaft des Zeitungsblattes «Vaterland» im Hotel Union:

Damit kann das Aktienkapital von 22'000 auf 50'000 Franken erhöht werden – ich danke für Ihre Zustimmung.

Nun kann Dr. Zust sein Motto „Gebt mir mehr Raum für eine gute Zeitung und ich will Euch Abonnenten bringen" erst recht realisieren - in den letzten vier Jahren hat er die Zahl bereits um 2000 auf 18'000 steigern können...

...und den Jahresumfang unseres Blattes auf 3000 Seiten gebracht!*****

...wir sollten möglichst viele Aktien zeichnen - aber Franz meint, er sei nicht in der Lage, das Bezugsrecht für 15 neue Aktien auszuüben. Er, der keine Kinder hat...

* Joseph Studer (1902–1969), von Escholzmatt, Studium der Rechte in Bern und München, seit 1929 Anwalt in Luzern, seit 1939 Verwaltungsrat der Vaterland-AG (1968/69 Präsident), 1945–65 Grossrat, 1953–69 Präsident des Bankrates der Luzerner Kantonalbank, gesuchter Wirtschaftsjurist (1969 in 10 Firmen Verwaltungsratspräsident).  ** Name aus der Studentenverbindung.  *** Schrift «75 Jahre Konservativ Luzern» (Fr. 6419.–). Die 1946 angeschaffte Abziehpresse kostet Fr. 5595.– und die Setzmaschine Intertype Fr. 46 164.–.  **** (1878–1950), Bankier, Leiter der Bank Falck & Cie. Luzern, Mitglied der Rosalischen Gesellschaft wie die drei Teilhaber.  ***** Pro Ausgabe durchschnittlich 10 Seiten, heute 48 Seiten. An dieser Generalversammlung wird die Firma in «Vaterland AG» geändert.

Am 24. April 1948 stirbt der ehemalige Verlagsleiter Räber-Hauser im Alter von 82 Jahren.

Seniorchef Räber-Jucker klagt über grosse Müdigkeit, die den Ärzten ein Rätsel scheint, so dass er einen Naturarzt im appenzellischen Vögelinseck aufsucht.

An seiner letzten Teilhaber-Konferenz vom 11. Oktober kommt neben dem Kauf des Schnellschneiders Johne-Perfecta die Anschaffung einer ersten Offsetmaschine zu Sprache:

\* Emil Emmenegger (1890–1977), Hasle, 1809–12 Lehrerseminar Hitzkirch, 4 Jahre Sekundarlehrer in Oberkirch, 1916–42 Redaktor des «Entlebucher Anzeigers» und Geschäftsführer der Buchdruckerei Schüpfheim-AG (1935–69 Präsident des Verwaltungsrates), 1935–42 Grossrat, 1940–46 Platzkommandant des Entlebucher Reduit-Bezirks, 1942–59 Regierungsrat, 1947–68 Präsident der Vaterland AG.

Am Nachmittag besucht er seinen ehemaligen Vorgesetzten Bernard Raeber-Schneider am Hirschengraben 43, wo es zu einem langen Gespräch kommt:

Im Anschluss an diese Unterredung versucht Ernst Kreienbühl, den Druck und Verlag von Kochbüchern einer Fribourger Autorin der Firma Räber & Cie. zu vermitteln, da sein Arbeitgeber befürchtet, die Klischee-Aufträge zu verlieren – «die gerissene Geschäftsfrau Alice Bucher der Firma C. J. Bucher hat sich hinter die sehr junge und im Verlagswesen unerfahrene Autorin gemacht», wie Kreienbühl nach Luzern schreibt.

Das Projekt zerschlägt sich, und die Dinge nehmen unter dem Einfluss des beginnenden Wirtschaftsbooms andere Wege. Auch in Luzern kommt es im Sog des wirtschaftlichen Wiederaufbaus in Europa durch den amerikanischen Marshall-Plan* zu den «Goldigen fünfziger Jahren»:

Am 1. Dezember 1951 startet Ernst Kreienbühl in einem Dachgeschoss an der Neustadtstrasse mit seiner Klischee-Fabrikation.

1952 gründen der 25jährige Ferdinand Mengis, ehemaliger Setzerlehrling der Firma Räber & Cie., und sein um zwei Jahre älterer Druckerkollege Anton Sticher an der Industriestrasse eine Buchdruckerei.

Konjunktur auch im Städtebau! An der Baselstrasse entsteht auf dem ehemaligen Areal des Zuchthauses das erste Hochhaus von Luzern, und die Stimmbürger der Stadt beschliessen fortschrittsgläubig den Autobahnanschluss im Zentrum beim Kasernenplatz...

---

* Benannt nach General George C. Marshall (1880–1959), Hilfe in Form von Zuschüssen und langfristigen Krediten von 13 Milliarden US-Dollar, politisch als Schutzwall gegen den kommunistischen Ostblock, nachdem bereits 1947 zwischen den beiden neuen Supermächten USA und Sowjetunion der «Kalte Krieg» ausbricht.

Die Konjunktur haucht auch einer alten Idee neues Leben ein, die das Geschick der 130jährigen Firma Räber & Cie. grundlegend verändern sollte:

Das «Vaterland», die grösste schweizerische Tageszeitung katholisch-konservativer Observanz mit 25 000 Abonnenten, will eine eigene Druckerei!

Überall in den innerschweizerischen Kantonen bilden die konservativen Parteileitungen Aktionsausschüsse, die sich für die Werbung neuer Aktionäre unter den Parteimitgliedern einsetzen. Auch die ehemaligen Sonderbundskantone Freiburg und Wallis werden nicht vergessen:

«... Nach dem Urteil anerkannter Fachleute darf angenommen werden, dass die Aktien der Vaterland AG eine solide Sachwertanlage darstellen und es darf damit gerechnet werden, dass nach einer Anlaufzeit von wenigen Jahren eine Dividende herausgewirtschaftet werden kann, welche die Anlage auch unter dem Gesichtspunkt des Ertrages als attraktiv erscheinen lässt ...»

Im Herbst 1954 fallen die Würfel:

Bäni, ich bin ja hier, weil ich noch gewisse Bedenken habe...

Eine eigene Druckerei gibt Sicherheit und schützt vor Zufälligkeiten in der Entwicklung des Zeitungsunternehmens... das beweisen unsere beiden Konkurrenzblätter.**

...im Gegensatz zu den Herren Emmenegger, Zust und Fischer!* Die beurteilen Euer Vorhaben einer politischen Grossdruckerei nur unter dem Eindruck der heutigen Konjunktur, wo scheinbar alles floriert!

Ihr habt immer von unserer Investitionsbereitschaft profitieren können! Vor zwei Jahren haben wir die Rotationsmaschine für 22'000 Franken revidieren lassen...

...Die Fabrik hat den tadellosen Zustand und die vorbildliche Pflege durch unseren Rotationsdrucker Jost besonders erwähnt — zudem erneuern wir seit Jahren das Satzmaterial für durchschnittlich 20'000 Franken!

Ihr wollt die grässte katholische Tageszeitung der Schweiz werden, so à la NZZ — und dieser Utopie wollt Ihr unseren Betrieb mit über 100 Leuten „opfern"!!

...Bäni, Du verkennst unsere Bedürfnisse! Die Vaterland AG muss an die Zukunft denken: die Ausweitung des fünfköpfigen Redaktorenstabes, des administrativen Personals, die räumliche Reserve für die technische Entwicklung - das alles ist bei Euch an der Franken- und Morgartenstrasse nicht möglich!

Wir haben Dir eine Fusion mit unserer Gesellschaft vorgeschlagen!

PSCHHT!

* Dr. Hans (John) Fischer (1901–74), Grosswangen, 1922 Matura in der Klosterschule Engelberg, Studium der Rechte in Genf, München und Bern, Zentralpräsident des Schweizerischen Studentenvereins, 1935–55 Grossrat, seit 1939 Verwaltungsrat der Vaterland AG, seit 1947 Anwaltsbüro in Luzern, 1951–63 Nationalrat, 1966–74 Präsident des Verwaltungsrates der SBB.  ** Das dritte Blatt, die sozialistische «Freie Innerschweiz», lässt er unerwähnt – wahrscheinlich ist es ihm zu unbedeutend (seit 1934 unter diesem Titel, ab 5. 1. 1970 als «Zentralschweizer AZ», stellt am 31. 5. 1972 ihr Erscheinen ein).

Verwaltungsrat Dr. Joseph Studer erreicht keine Änderung der Standpunkte und lässt einen sehr nachdenklichen Prinzipal zurück.

Der Firmenteilhaber weiss: Viel Zeit bleibt nicht!

Zuerst bestärkt er seine Mitinhaber, dass eine Preisgabe der Eigenständigkeit nicht in Frage kommt.

Dann nimmt er den Kontakt mit den konservativen Regierungsräten Rogger und Leu auf, die er davon überzeugen kann, dass der Entzug der amtlichen Arbeiten die Liquidation der gesamten Firma Räber & Cie. – Buchdruckerei, Buchhandlung und Verlag – bedeuten müsste.

Im März 1955 überrascht ihn während einer Sitzungspause des Grossen Rates sein Parteifreund, Fraktionskollege, Freund in der Rosalischen Gesellschaft und Mitzünftler Peter Zai* mit einer positiven Nachricht:

*Bäni, man sagt, Du kandidierst nicht mehr für den Grossen Rat? Kann ich verstehen! Als Geschäftsmann weiss ich, was es heisst, einen Auftrag wie das „Vaterland" verlieren zu müssen...*

*Ja, Peter, ich muss mich voll auf den Zeitungsabgang konzentrieren – nach über 120 Jahren eine Zeitungsdruckerei umstellen, ist keine leichte Sache!*

*Und was macht's eigentlich umsatzmässig aus??*

*Fast zwei Drittel des Druckerei-Auftragsbestandes!*

*Was? Gerade so?!... Eben darum habe ich Dir sagen wollen, dass ich mich dafür einsetze, dass der Druck der Monatszeitschrift unserer Fachschule nicht an C.J. Bucher, sondern an Euch vergeben wird...*

Noch im gleichen Monat bespricht Bernard Raeber-Schneider mit einem Versicherungsmathematiker den ersten Entwurf für das Reglement einer betriebseigenen paritätischen Personalfürsorge-Einrichtung.**

Rechtsanwalt Walter Hofer erhält den Auftrag, Statuten für die Umwandlung der Kollektiv-Gesellschaft Räber & Cie. in eine Aktiengesellschaft zu entwerfen.***

Am 12. Dezember 1955 wird der Druckvertrag für das Richemont-Fachblatt unterzeichnet, und die Satzarbeiten für die erste Ausgabe im Januar 1956 können in Angriff genommen werden.

---

**VATERLAND AKTIENGESELLSCHAFT LUZERN**

Am 30. Juni 1956 beschliesst die Aktionärsversammlung der Vaterland-Gesellschaft nach einem stürmischen Verlauf, das Aktienkapital von 50 000 Franken auf eine Viertelmillion zu erhöhen. Der Druckvertrag mit der Firma Räber läuft Ende 1959 aus...

## ZEICHNUNGSSCHEIN

---

\* Peter Zai-Achermann (1905–77), Bäckermeister am Grendel, Präsident des Schweizerischen Richemont-Clubs und Mitbegründer der Bäckerfachschule in Luzern, 1935–47 im Grossen Stadtrat (1947 Präsident), 1947–63 Grossrat, 1955 Zunftmeister und Fritschivater der Zunft zu Safran (B. Raeber-Schneider ist Zunftschreiber von 1950–56). \*\* Die Personalfürsorge-Stiftung wird am 4. 10. 1957 ins Handelsregister eingetragen – das Obligatorium der 2. Säule wird 27 Jahre später auf den 1. 1. 1985 in Kraft treten. \*\*\* Der Eintrag ins Handelsregister erfolgt am 5. Juli 1959: Räber & Cie. AG, Buchdruckerei, Buchhandlung und Verlag, Luzern.

Am 15. Juli 1957 erhöhen die Aktionäre der Vaterland AG in einem zweiten Anlauf die Eigenmittel auf 1,6 Millionen Franken, womit dem Kauf der Buchdruckerei H. Studer-Meier an der Zürichstrasse und dem Bau einer eigenen Druckerei im Maihof nichts mehr im Wege steht...

Zweieinhalb Monate später demonstriert die Firma mit ihrem Jubiläum «125 Jahre Räber»* auch gegenüber der Öffentlichkeit den ungebrochenen Willen zur Weiterexistenz als selbständiges Unternehmen:

Fahrt der 120 Firmenangehörigen mit dem Roten Pfeil an die Druckerei-Fachmesse Graphic in Lausanne, dreiseitige Beilage in zwei Farben zur Ausgabe des «Vaterlandes» vom Dienstag, dem 1. Oktober, und schlichte Feier im Hotel Union für die Belegschaft und eine Anzahl Ehrengäste.

Die Unruhe unter dem Druckereipersonal nimmt aber zu. Josef Jost, der Rotationsdrucker, verfolgt aufmerksam die Werbeaktionen der Maihof-Druckerei mit Lohnangeboten und Anstellungsverträgen im Monatsgehalt:

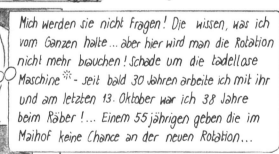

*Mich werden sie nicht fragen! Die wissen, was ich vom Ganzen halte... aber hier wird man die Rotation nicht mehr brauchen! Schade um die tadellose Maschine*\** - seit bald 30 Jahren arbeite ich mit ihr und am letzten 13. Oktober war ich 38 Jahre beim Räber!... Einem 55 jährigen geben die im Maihof keine Chance an der neuen Rotation...*

*...seit über 30 Jahren Maschinensetzer - übernächstes Jahr werde ich 51! Wenn dem Räber nachher etwas passiert, hänge ich mit meinem Alter in der Luft... besser, sich rechtzeitig betten, wie man gerne liegt...*

Auch der Maschinensetzer Alois Meyenberg, Mitglied des Stiftungsrates der Personalfürsorge-Einrichtung, gerät in den Zwiespalt:

*Ob ich das Angebot annehmen soll?... Wenn man so die Leute von der Partei reden hört! Lange soll's unsere Druckerei nicht mehr machen, wenn die Zeitung weg ist...*

Das Klima zwischen Auftraggeber und Drucker verschlechtert sich mit jedem Monat. Die Firmenleitung gelangt an den Verwaltungsrat, um die Übernahme der am «Vaterland» beschäftigten Gehilfen vertraglich zu regeln.

Aber auch nach der Besprechung vom 21. August 1958 im Hotel Union gehen die Abwerbeaktionen weiter, was schliesslich zu einer Klage beim Schweizerischen Buchdrucker-Verein führt, der das Anliegen der Firma Räber & Cie. schützt.

* Wie schon 1932: Übernahme der Anich'schen Druckerei auf den 1. 1. 1832 als Ausgangspunkt der Firma.  ** Die 24seitige Wifag-Rotation wird 1961 um 117 000 Franken nach Sion an die Imprimerie Gessler S. A. veräussert.

**EINIGUNGSAMT** des allgemeinen Verbandes für Schiedsgerichte im schweiz. Buchdruckergewerbe

Diese Situation veranlasst den 61jährigen Seniorchef Raeber-Schneider, die Belegschaft in der Setzerei zusammenzurufen und offiziell die Trennung zwischen Räber und «Vaterland» bekanntzugeben:

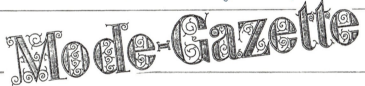

... die Firmenleitung sichert jedermann zu, dass wegen dieses Wechsels keiner brotlos werden muss!

Wir haben in den letzten Jahren unseren Maschinenpark laufend erneuert, was Gewähr bietet für die Existenz unseres Betriebes - wie auch der vollzogene Schritt ins Offsetverfahren*...

Eingerichtet sind wir zwar, aber wo bleiben die neuen Aufträge? Und unsere Drucker! Erfahrung im Farbdruck haben sie keine... ich sehe mich lieber beim Walter-Verlag in Olten um, der einen technischen Direktor sucht...

...zudem wird unsere Firma demnächst in eine Aktiengesellschaft umgewandelt und die Leitung nach dem Austritt von Fräulein Luise auf den 31. Dezember 1958 bei meinem Bruder Robert und mir liegen.

So, so - Fräulein Luise tritt zurück. Sie wird bei meinem Eintritt** Anno 1908 um die siebzehn gewesen sein - als Teilhaberin hat sie manchem von uns geholfen und Zeit für unsere Sorgen und Nöte gehabt...

Den Ausfall der Tageszeitung wollen wir mit neuen Aufträgen möglichst rasch kompensieren. Das monatliche „Zürcher-Journal" betreut unser Aussendienstmann in Zürich, Herr Lavalette, und Werbegrafiker Bachmann hat die beiden Objekte „Zürcher Mode-Gazette" und „Luzerner Mode-Gazette" realisiert - der Anfang ist vielversprechend...***

## Mode-Gazette

Am 22. April 1959: 100. Generalversammlung der Krankenkasse der Räberschen Offizin im neuen, drei Jahre alten Hotel Astoria!

Die Firma spendet 5000 Franken, ganz im Sinne der Vorfahren, die der Kasse zu Lebzeiten oder testamentarisch immer wieder namhafte Beträge vermachten: 1894 Joseph Räber-Meyer 1000 Franken, 1931 Marie Räber und 1952 Antoinette Räber**** je die Summe von 5000 Franken.

* Von 1954 bis 1959 werden im Schnitt pro Jahr 131 000 Franken oder 5,5% des Druckerei-Umsatzes in die Neuanschaffungen investiert. Das Offsetverfahren nimmt 1955 seinen Anfang mit der Offsetmaschine Roland Parva im Format 61×86 cm (80 590.-), wobei die Reproduktionskamera 60×60 cm bereits 1952 angeschafft worden ist (Marke Consolidated, 59 629.-, erste Maschine in der Schweiz, Herkunftsland: USA). ** Max Hoheisel (1881-1969), aus der oberschlesischen Stadt Ottmarchau (heute polnisch), vom 22. 4. 1908 bis 31. 7. 1914 als Inseratensetzer der Zeitung in der Firma, wird an die ostgalizische Front eingezogen und kehrt am 28. 6. 1920 in die Firma zurück. *** Alle 3 Zeitschriften gehen 1962 ein. Albert Bachmann ist mit Richard Merz, Oberst im Generalstab, Verfasser des 1958 in Bern erscheinenden «Soldatenbuches», das in der Öffentlichkeit heftige Reaktionen von Begeisterung bis Ablehnung auslöst. **** Antoinette Räber (1872-1952), 45 Jahre als Buchhändlerin tätig. Noch 1976 vermacht Martha Räber (1898-1976) der Invalidenstiftung der Firma die Summe von Fr. 10 982.-.

Das erklärt auch die Feststellung des Kassiers Bernard Raeber-Schneider, dass im Verlauf der 100 Jahre 114 000 Franken an Kranke ausbezahlt werden konnten, gegenüber den einbezahlten Beiträgen, die nur 91 000 Franken ausmachen.

Während des Nachtessens erfahren die Krankenkassa-Mitglieder Einzelheiten aus der Gründerzeit, über die der amtierende Präsident Hans Wey zu berichten weiss:

Wer weiss beispielsweise, dass der erste Präsident der Krankenkasse - Drucker Martin Hochstrasser - Mitbegründer der renommierten Kolonialwaren-Handlung und Kaffeerösterei „Zum Baslertor" ist?*

Den Herren Prinzipalen kann ich übrigens zusichern, dass ich im Gegensatz zum Gründerpräsidenten - der 1862 aus der Firma Gebrüder Räber austrat - keine Übertritts- oder Austrittsgedanken hege...**

Hehehe!

Zum Dessert singt Ada Räber, begleitet von Frau Markowic, Dialektlieder und eine Mozart-Arie.

Für einige Stunden vergisst man die in wenigen Monaten bevorstehenden Veränderungen...

Wir danken für die Freude...

Am 2. Januar 1960 liegt ungewöhnliche Ruhe über den Werkräumen, die während eines halben Jahrhunderts jeden Morgen vom hektischen Zeitungsbetrieb beherrscht waren. Erstmals nimmt die Abteilung der Korrektoren statt um halb fünf in der Frühe die Arbeit wie alle übrigen um sieben Uhr auf. Die Plätze von 18 Gehilfen und 12 Hilfsarbeiterinnen und Hilfsarbeitern bleiben leer. Die Rotationspresse steht still. Auf zwei Buchdruckmaschinen fehlt die Arbeit. Die Büros der Redaktion im 1. Stock an der Morgartenstrasse 7 bleiben dunkel, statt wie bisher die Strasse schon in aller Frühe hell auszuleuchten.

## Im eigenen Heim

*Das von den Organen der «Vaterland-AG», Luzern, während der Jahrzehnte immer wieder besprochene Problem, den Druck und die Expedition des «Vaterland» selbst zu übernehmen, ist gelöst. Die der «Vaterland» gehörende Buchdruckerei Maihof in Luzern hat ihren Betrieb aufgenommen und stellt das «Vaterland» von heute an selbst her. Wir hoffen, durch die getroffene Maßnahme finanzielle Mittel für den weiteren Ausbau unseres Blattes freimachen bzw. erwerben und dadurch den verehrten Lesern des «Vaterland» noch mehr bieten zu können.*

*In der Samstag, den 5. März 1960, erscheinenden Ausgabe unseres Blattes soll des wichtigen Ereignisses sowie des Werdens des großen Werkes unserer Gesellschaft einläßlich gedacht werden. Unsere Aktionäre und Geschäftsfreunde werden im Verlaufe dieses Frühjahres Gelegenheit erhalten, die Neubauten und Einrichtungen unserer neuen Druckerei zu besichtigen.*

*Wir benützen die Gelegenheit, um allen unseren Gesinnungsfreunden und Gönnern, die zur Verwirklichung des großen Werkes beigetragen haben, von Herzen zu danken. Gleichzeitig sprechen wir der Firma Räber & Cie. AG, Buchdruckerei und Buchhandlung, Luzern, für die guten Dienste, die sie unserer Gesellschaft durch den einwandfreien Druck und die Expedition des «Vaterland» während nahezu neunzig Jahren geleistet hat, unsern verbindlichen Dank und unsere Anerkennung aus und wünschen ihr weiterhin Glü...*

Der neue Betriebsleiter Max Sproll*** weiss: Der wirtschaftliche Druck auf die Firma verlangt einen höheren Arbeitsrhythmus. Setzer und Drucker über 65 Jahre müssen in Pension gehen und durch jüngere Gehilfen ersetzt werden, was beim allgemeinen Mangel an Arbeitskräften leichter gesagt als getan ist.

---

\* Martin Alois Hochstrasser (1821–95), 1845 bis Ende 1862 bei den Gebrüdern Räber, kauft 1852 mit seinem Bruder die Tabakwaren- und Lebensmittelhandlung der Familie Schumacher «Am Baslertor» (Pfistergasse, beim Hotel Engel). 1912/13 Neubau «Zum Baslertor» gegenüber Kaserne (1972, ein Jahr nach der Kaserne wegen der Autobahnzufahrt abgebrochen).
\*\* Hans Wey (1896–1975), 1911–15 Lehre als Drucker, seit 1931 Kalkulator und Sachbearbeiter, feiert am 1. 5. 1961 das 50-Jahr-Jubiläum seiner Firmenzugehörigkeit. \*\*\* (1922), von Luzern, sein Vater, Otto Sproll-Rey (1883–1948), war Mitbesitzer der Buchdruckerei und Papeterie M. Sprolls Erben am Hirschengraben 15, 1942 Handelsdiplom an der Kantonsschule, März 1946 Lehrabschluss als Drucker bei Keller & Co. mit Kursbesuch an der Zürcher Kunstgewerbeschule, je 1 Jahr Kalkulator bei Roth & Sauter in Lausanne und im Aussendienst der Basler Druckerei Grafica, 1949–59 Betriebsleiter in der Bieler Druckerei W. Gassmann, 1. 7. 1959 Eintritt in die Firma.

Vor allem braucht die Druckerei weitere Auftraggeber. Mit seinem VW-Käfer besucht der Betriebsleiter Firmen in der näheren und weiteren Umgebung der Stadt, und betriebsintern macht er sich an die Bereinigung bestehender Aufträge:

...mit unseren Leuten die Arbeitsräume reinigen und renovieren, wenn Aufträge fehlen, ist natürlich keine Lösung. Wir müssen periodische Aufträge hereinbringen! Dem „Zürcher Journal" traue ich auch nicht... wie ist Ihre Meinung, Herr Doktor?*

Redaktionell lässt es sich sehen und Grafiker Hans Blättler gestaltet es gut – aber die Inseraten-Akquisition ist bei Lavalette in Zürich schlecht aufgehoben... wäre mit dem Verlag nicht mehr zu machen?

Kaum – es sind Eintagsfliegen und das Risiko ist nicht zu vernachlässigen. Ich glaube auch, dass unser Verlag gegenüber Walter und Benziger ins Hintertreffen geraten ist... Herr Robert Senior wird 62 und ein Nachfolger ist nicht in Sicht!

Wie mir Herr Räber-Merz gesagt hat, erscheint im Herbst ein wichtiges Werk von Monsignore Krieg.

```
                VERLAGSVERTRAG
Monsignore Dr. Paul M. Krieg, Gardekaplan der Schweizergarde, Città
del Vaticano, nachfolgend Verfasser genannt, und
Räber & Cie., Verlag, Luzern, nachfolgend Verlag genannt, schliessen
folgenden Vertrag:
1. Der Verfasser gibt dem Verlag das Verlagsrecht für sein Werk "DIE
   SCHWEIZERGARDE IN ROM" für die erste und alle folgenden Auflagen.
2. Über die Ausstattung des Werkes haben sich Verfasser und Verlag
   grundsätzlich geeinigt. In noch entstehenden Fragen liegt die Ent-
   scheidung beim Verlag, der aber Wünsche des Verfassers nach Mög-
   lichkeit berücksichtigt.
3. Die erste Auflage wird auf 1500 Exemplare, zuzüglich 150 Exemplare
   für Frei- und Rezensionsexemplare festgesetzt.
    r Verkaufspreis wird auf Grund einer separaten und beidseitig an-
```

...aber hier liegt auch unser Problem, die Verlagsproduktion schwankt stark. Wahrscheinlich fallen dieses Jahr mehrere Neuauflagen zusammen: die 5. Auflage des Titels „Maria" von Hophan, ein Gedichtband von Walter Hauser – aber Genaues weiss man in der Druckerei erst im Sommer...**

Ja, „Die Schweizergarde in Rom", um die 600 Seiten und in einer Auflage von 1500 Exemplaren. Das Buch wird sich gut verkaufen, daran zweifle ich nicht...

Der Betrieb ist nicht schlecht eingerichtet*** – was macht Ihnen denn am meisten Schwierigkeiten, neue Kunden zu gewinnen??

Unsere biedere handwerkliche Auffassung, die dem neuen Trend zur Werbegrafik etwas hilflos gegenübersteht. Wir sind zu wenig im Markt, auch mit den Preisen – ein typisches Relikt der Tageszeitung. Wir verkaufen uns schlecht...

...mit anderen Worten: Die Firmenleitung müsste wissen, wie der Aussenstehende, den man als Kunden gewinnen will, die Firma beurteilt! Machen wir doch eine Image-Umfrage...

Prinzipal Räber Schneider gibt seine Zustimmung zur Umfrage. Während sie läuft, gehen die Anstrengungen in der Kundenwerbung auf Hochtouren weiter. Die ersten Erfolge werden erzielt:

---

\* Siro Spörli ist von 1960–65 freier Mitarbeiter der Druckerei. \*\* Otto Hermann Hophan (1898–1968), Näfels, 1912–16 Gymnasium in Stans, Eintritt in den Kapuzinerorden, Studium der Theologie, 1959 Ehrendoktor der Universität Freiburg (Schweiz). «Die Apostel» (1946), «Maria, unsere Hohe Liebe Frau» (1951) und «Die Engel» (1956) bei Räber (in 2 bis 5 Sprachen übersetzt). – Walter Hauser (1902–1963), Näfels, 1918–23 Gymnasium in Stans, 1924 Matura in Einsiedeln, Studium der Theologie, 1939–63 Pfarrer in Sisikon, 1957 Literaturpreis der Innerschweiz, sämtliche Gedichtbände bei Räber. \*\*\* 1959: Heidelberger-Zylinderautomat (39 406.–), 1960 Viermagazin-Setzmaschine Intertype (54 350.–) sowie eine Linien- und Reglettengiessmaschine (16 831.–), 1961: Kleinoffsetpresse Rotaprint (31 875.–) und 1962: eine zweite grossformatige Offset-Druckpresse (98 285.–).

Das zweifarbige Informationsblatt «Stop-Revue» des Lebensmittel-
Grossisten Hofer & Co. in Ebikon verlässt monatlich die Spedition
der Druckerei in über 100 000 Exemplaren.

Die Firma Abegglen-Pfister für Hotelbedarf
lässt ihre Angebotskataloge an der Frankenstrasse herstellen.

Die «Luzerner Gewerbe-Zeitung», das offizielle Organ der Gewerbeverbände des Kantons, wechselt von der Buchdruckerei Bächler-Siedler in den «Gutenberghof» – nicht zuletzt aus Solidarität der Gewerbler zu einem der ältesten Druckereibetriebe auf dem Stadtgebiet und in Anerkennung der langjährigen Tätigkeit der Prinzipale Räber-Zemp und Raeber-Schneider für die Belange des städtischen Gewerbeverbandes.

Bei all diesen Anstrengungen an der Verkaufsfront vergisst man nicht, für guten Kontakt unter den Betriebsangehörigen zu sorgen. Die Vorstandsmitglieder der Räberschen Krankenkasse und der am 2. Februar 1943 gegründeten Gautschgilde organisieren am 1. Mai 1961 im Hotel Rütli\* einen vergnügten Betriebsabend, bei dem die Firma das Nachtessen spendiert:

Ueber de Räbersche Offizin
lyd höt wie goldige Sonneschyn,
wo dore Näbel durestricht
und trüebi Alltagsstimmig bricht,
e fästlich frohe, heitre Tag,
so daß mer sich rächt freue mag.
S'isch äben e ganz bsondre Grund,
daß alles höt do zämechund:
d' Gschäftsleitig und s gsamt Personal,
vom jüngste Stift zum Prinzipal,
alls will höt fyre mit de Gäst:
es Doppeljubiläumsfäst.
Denn s goldig Arbeitsjubilee
fyrid höt bis Räbers zwee,
wo nes halbs Johrhundert Drucker sind;
was mer de doch sälte find't.

So hend die Beede Tag für Tag –
was mer höt bsunders rühme mag –
i Guetebärgs Geist, mit Könne und Wille
gsuecht eister ihre Pflicht z'erfülle. –
Föfzg Johr am glyche Arbetsort,
das fordered au es Dankeswort
a d' Prinzipale, d' Herre Räber.
Wo Arbetnähmer, Arbetgäber
fredlich schaffid Hand i Hand,
do hed au Treui feste Bstand. –
De Jubilare, wo üs s Byspel gänd,
drückid mer glückwöischend d' Händ.
Gott mög ne s treui Schaffe lobe
mit eme goldige Läbesobel

A. M.\*\*

\* 1865, elf Jahre bevor Räber-Jurt und Räber-Rotschy das Zunft- und Gasthaus zur Schneidern erwerben, wird das Realtavernenrecht auf das Hotel Rütli/Rheinischer Hof übertragen.  \*\* Alois Meyenberg (1908), Maschinensetzer, 1924–28 Schriftsetzerlehre in der Firma, 1947–59 Obmann der Personalkommission, 31. 12. 1959 Übertritt in die Buchdruckerei Maihof AG, verfasst zum 50jährigen Bestehen der Schweizerischen Buchdrucker-Gewerkschaft «Das Spiel vom Gautschen», das am 15. 6. 1958 vor dem Kunsthaus Luzern in historischen Kostümen durch die Mitglieder der Gautschgilde Räber & Cie. AG aufgeführt wird (seit 1928 gautscht man in der Firma wieder regelmässig).

Durchaus! Demoskopisch eine zuverlässige Grösse – das könnte Ihnen aus der Sicht der Wahrscheinlichkeitsrechnung auch Ihr Verlagsautor Ineichen bestätigen.*

Die Tendenz der Umfrage ist massgebend, Robert!** Und die ist deutlich genug – wir müssen uns in allen Bereichen der Firmentätigkeit stärker als bisher auf den Markt und die Kunden einstellen...

Die kritische Auseinandersetzung mit dem eigenen Firmenbild setzt Ideen frei:

Das Werbeatelier Mark Zeugin in Ebikon erhält den Auftrag zur Gestaltung eines Signets aus dem Schriftzug der Firma.

Im Frühjahr 1964 wird die Schaufensterfront an der Frankenstrasse 7–9 sowie der Raum im Erdgeschoss nach den Plänen des Architekten Andy Raeber erneuert, und das Treppenhaus erhält einen Personenlift.

In der Buchhandlungsfiliale an der Kornmarktgasse findet am 2. Mai 1964 der erste «Literarische Aperitif» statt: Einführung in das Werk von Joseph Roth durch die Filialleiterin Ursula Räber.
Im Oktober liest Peter Bichsel aus seinem Buch «Eigentlich möchte Frau Blum den Milchmann kennenlernen».***

\* Robert Ineichen, «Stochastik – Einführung in die elementare Statistik und Wahrscheinlichkeitsrechnung» (1. Auflage 1960), 1958–84 Lehrer für Mathematik am Zentralschweizerischen Technikum Luzern, seit 1961 am Mathematischen Institut der Universität Freiburg (Schweiz), 1967 Titularprofessor, 1984 Berufung zum Extraordinarius für Mathematik.   \*\* Robert Räber-Huber (1931), Sohn von M.-L. und R. Räber-Merz, 1951 Matura am Gymnasium Luzern, Ausbildung als Buchhändler in Basel, Aufenthalte in Paris, London und Münster (Westphalen), 1957 Eintritt in die Buchhandlung an der Frankenstrasse.   \*\*\* 1964–74 Lesungen in der Filiale mit Schriftstellern wie Beat Brechbühl, Kurt Marti, Herbert Meier, Clemens Mettler, Adolf Muschg, Hansjörg Schneider, Gerold Späth, Jörg Steiner (im ganzen 31 Veranstaltungen) und 8 Vorträge oder Lesungen im Vortragssaal der Zentralbibliothek Luzern mit Hans Habe, Herbert Haag, Wolfdietrich Schnurre, Werner Weber und anderen.

Am 26. September 1964 erfolgt der Schritt der Firma in die Öffentlichkeit: Mit Bildern des deutsch-französischen Malers Francis Bott beginnt die Galerie Raeber an der Frankenstrasse ihre Ausstellungstätigkeit zeitgenössischer Maler und Bildhauer ...

Nach der Vernissage in der Galerie am Samstag, den 12. August, trifft man sich zu einem Fest im Schloss Schauensee ob Kriens, das die Gemeinde am 16. Juli 1963 erworben hat und zum ersten Mal für einen kulturellen Anlass zur Verfügung stellt:*

... und ein Jahr später, im September 1965, findet die Galerie mit der Ausstellung des in Paris lebenden russischen Malers Serge Poliakoff erstmals Echo in den Tageszeitungen ausserhalb Luzerns:

* Die Räume sind von Frau Annemarie Michel-Firz provisorisch eingerichtet. Auch 1966 (Karl F. Dahmen, Aachen), 1967 (Wols, Paris), 1968 (Paul Jenkins, New York), 1969 (Nives Kavurić-Kurtović, Zagreb) und 1970 (Anton Egloff, Luzern) kann die Galerie das Schloss benützen. Am 24. 6. bis 10. 7. 1966 Krienser Schlösslifest der Vereinigung Pro Schauensee, 1980 Innen- und Aussenrenovation.  ** Bernard L. Raeber-Anrig (1939), 1960 Matura am Realgymnasium Luzern, je fünfmonatiges Praktikum in Madrid (1961) und Paris (1962), April 1964 Lizentiat der Betriebswirtschaft an der Hochschule St. Gallen, am 1. 6. 1964 Eintritt in die Firma, begründet die Galerie in Weiterführung einer Idee von Max Sproll.

Mit der ihm eigenen Hartnäckigkeit hat Bernard J. Raeber-Schneider die Herausforderung des Zeitungsverlustes angenommen, sich der Fusion mit der neuen Parteidruckerei widersetzt, die unternehmerische Selbständigkeit im Sinne seiner Vorfahren verteidigt und noch sechs Jahre am Neubeginn und Wiederaufbau der Firma Räber & Cie. AG massgebend mitgewirkt.

Am 20. Juli würdigt Dr. iur. Franz Pfyffer von Altishofen im Namen der Korporationsgemeinde den Verstorbenen in der Hofkirche:

...der Kontakt mit der Mentalität der Neuen Welt hat aus dem jungen Buchdrucker einen echten Unternehmer gemacht!

Eine so kraftvolle Persönlichkeit musste sich auch ausserhalb des Geschäftes betätigen:...

...Im Schweizerischen Buchdrucker-Verein, im Vorstand der Korporation der Stadt, als Grossrat, im Verwaltungsrat der Möbelfabrik Zemp in Reussbühl, in der Zunft zu Safran, in der Rosalischen Gesellschaft oder im Rotary Club Luzern.*

Hinter seiner gewissen Zurückhaltung lag der Wesenskern eines Mannes, dem geschäftlicher Sinn und väterliche Güte noch keine Gegensätze waren. Hierin steckt für heutige Massstäbe wohl eine Note des Altmodischen – eine Note, deren Fehlen unsere Zeit oft so kalt und unmenschlich zu machen droht...

Der vierte Wechsel in der Firmenleitung fällt in eine Zeit wachsender Nachfrage nach Konsumgütern. Es herrscht wie in allen westlichen Industriestaaten Hochkonjunktur.

Die Stadt Luzern erlebt eine hektische Bautätigkeit: Am Stadtrand wachsen Wohn- und Schlafsiedlungen aus Wiesen und Matten, anstelle der letzten Bauernbetriebe auf Stadtgebiet Reihenhäuser, selten in einer Architektur wie das Hochhaus des Finnen Alvar Aalto** im Schönbühl.

In der Innenstadt verschwinden viele kleinteilige Parzellen, die in ihrer Struktur den Altstadtcharakter ausmachen. Auf ihren Flächen entstehen Geschäfts- und Warenhäuser, fensterlose Betonkuben oder ausgekernte Bauten mit den bisherigen Fassaden, Verkaufsebenen von den Kellern bis unter die Dächer.

Die Stadt kämpft mit Engpässen bei der Finanzierung der steigenden Aufgaben und Ausgaben für neue Schulhäuser und Turnhallen, den unaufhörlich wachsenden innerstädtischen Verkehr oder für die neue Spaltgasanlage und das Seewasserwerk. Die gesamtschweizerischen Restriktionen und die Kapitalknappheit machen der Einwohnergemeinde ebenso zu schaffen wie manchem Betrieb.

Aber im Grunde ist man optimistisch und stellt sich auf eine krisenlose Zeit des wirtschaftlichen Wachstums ein; man bemüht sich, den alten Ruf der Stadt als Fremdenplatz in aller Welt zu erneuern und sie konkurrenzfähig zu halten im angebrochenen Massentourismus.

* 1939–53 Bürgerrat und Mitglied der Forstkommission der Korporationsgemeinde der Stadt Luzern, 1953–66 Kapitalverwalter, 1951–55 Grossrat, 1951–66 Präsident des Verwaltungsrates der Robert Zemp & Co. AG. ** (1898–1976), Vertreter moderner Baukunst und Stadtplanung, führt Ideen des belgischen Architekten Henry van de Velde (1863–1957) weiter: organische Anpassung der Architektur an Bauaufgabe und Geländeform. – 1968 im Schönbühl-Zentrum: Sechs Innerschweizer Bildhauer werden von der Galerie Raeber ausgestellt (Anton Egloff, Charles Gerig, Rolf Luethi, Josef M. Odermatt, Josef Sigrist, Max Weiss).

Und ebenso optimistisch blickt man auf die technische Entwicklung, für die der Besuch des amerikanischen Astronauten John Glenn* im Juni 1959 eröffneten Verkehrshaus der Schweiz auf dem Lidoareal strahlender Ausdruck ist...

Neue Technologie auch in der Grafischen Anstalt Raeber AG, wie sich die Druckerei nun nennt. März 1967:

Hier sehen Sie die erste Fotosatzanlage der Zentralschweiz, Herr Doktor Krieger!**

Der ATF-Typesetter, ein amerikanisches Fabrikat aus New Jersey. Auf dem Perforator stellt unser Taster Arnold Burger einen Lochstreifen her, der das Lichtsetzgerät steuert. In der Stunde werden 7000 Buchstaben belichtet.***

Was bedeutet die Neuerung für das „Luzerner Kantonsblatt"?

Wir sammeln Erfahrungen mit dem Fotosatz, um im richtigen Zeitpunkt die Umstellung von Blei auf Film durchzuführen...

Eine nicht weniger bedeutungsvolle Erfindung kommt mit sechsmonatiger Lieferverzögerung im Mai 1967 in die Firma: die erste umstellbare Zweifarben-Bogenoffsetmaschine der Schweiz!

Die in Johannisberg am Rhein mit amerikanischer Lizenz gebaute Druckpresse Miller TP 38 wird in der Schweiz durch Johann Gietz & Co. geliefert und garantiert neben dem passgenauen Mehrfarbendruck vor allem den Schön- und Widerdruck im gleichen Druckdurchgang.****

Neuerungen aber auch bei den zwei wichtigsten Periodika der Druckerei:

Das «Luzerner Kantonsblatt» kann den veränderten Verhältnissen angepasst werden. Der Regierungsrat unterzeichnet den neuen Druckvertrag, der die Fassung aus dem Jahr 1936 ersetzt.

* (1921), umkreist als erster Amerikaner am 20. 2. 1962 dreimal die Erde in einer Mercury-Raumkapsel.  ** Konrad Krieger (1910), Studium der Rechte, 1939–63 Departementssekretär des Erziehungsdepartementes, 1964–73 Staatsschreiber des Kantons Luzern, 1961–81 Präsident der Innerschweizer Radio- und Fernsehgesellschaft IRG (1946 als Innerschweizerische Rundspruch-Gesellschaft gegründet).  *** ATF = American Type Founders, Schriftgiesserei. Die Anlage kostet Fr. 155 965.– mit Folgekosten für einen Entwicklungsautomaten (Fr. 45 354.–) für die Entwicklung der belichteten Filme und Papiere.  **** Fachausdruck für Vorder- und Rückseite. Kaufpreis der Presse Fr. 278 000.– (die Investitionen für 1967 machen 24% des Druckerei-Umsatzes aus, die höchste Rate seit 1929).

Auf dem Generalvikariat in Zürich finden die Verhandlungen den Abschluss, die aus der «Schweizerischen Kirchenzeitung» ein Fachorgan mit amtlichem Charakter für alle Bistümer der deutschen Schweiz machen:

*Ich danke als Bischof von Basel und Lugano\* den Initianten, Generalvikar Monsignore Dr. Alfred Theobaldi, Regens Dr. Alois Sustar und den Leitern der Firma Räber, für ihre Arbeit im Dienste unserer Kirchenzeitung, die meine Segenswünsche in die Zukunft begleiten...*

In die gleiche Zeit fällt der erstmalige Druck eines Buches auf der neuen Offsetmaschine: Die Geschichte der Studentenverbindung Industria Lucernensis zum 100-Jahr-Jubiläum – Joseph Räber-Schryber v/o Pfiffig war Mitbegründer des Altherren-Verbandes, und Max Sproll v/o Hermes betreut seit einigen Jahren das Sekretariat.

Und hinter den Kulissen der Galerie laufen die Vorbereitungen für eine ausserordentliche Sommerausstellung, die Bernard Raeber-Anrig mit seiner Schwester Stefanie organisiert – den Anstoss hat ihnen ihr Cousin Othmar Schnyder mit seinem Kontakt nach Paris gegeben:

*Hier sind weitere Unterlagen für den Wols-Katalog, die drei Originale für die Farbabbildungen – Gréty hat sie einfach zwischen zwei Kartons gesteckt!*

*Und das Werkverzeichnis?*

*Hier – handschriftlich, aber lesbar! 13 Oelbilder, 52 Aquarelle und Gouachen, 15 Zeichnungen...\*\**

*Wie steht es mit der anschliessenden Herbstausstellung?*

*Gestern abend hat Schurtenberger um halb elf von Mailand telefoniert...*

*...Peter Althaus schreibt den Katalogtext und spricht an der Vernissage über die Arbeit...\*\*\**

Im gleichen Sommer 1967 liefern zwei Objekte des Zeitschriftenverlags den beiden Sachbearbeitern Anton Eicher und Fritz Schläpfer in der Druckerei ungewohnten Gesprächsstoff:

*Hast Du's schon gehört, Toni? "Der Christliche Hauskalender" erscheint nächstes Jahr nicht mehr! Eigentlich schade – im 134. Jahrgang. Man sagt, Robert Senior ziehe sich auf Jahresende aus dem Geschäft zurück. Deshalb habe er auch die Redaktion aufgegeben...*

*Ja, es ist nicht leicht, einen solchen Kalender der heutigen Zeit anzupassen. Aber dem anderen Verlagsobjekt traure ich nicht nach. Schon bei meinem Eintritt Anno 44 habe ich den Fahrplansatz nicht gemocht!*

\* Dr. Franziskus von Streng (1884–1970), 1908 in der Hofkirche Luzern zum Priester geweiht, 1936 Wahl zum Bischof, am 3.11.1967 entspricht Papst Paul VI. seinem Gesuch um Entlassung aus dem Amt (Dr. Anton Hänggi ist sein Nachfolger).
\*\* Die Ausstellung von Wols (1913–51), Wolfgang Schulze, geboren und aufgewachsen in Berlin, wird auch in der ausländischen Presse stark beachtet, besonders in der Bundesrepublik (Frankfurter Allgemeine Zeitung, Frankfurter Rundschau, Saarbrücker Rundschau, Stuttgarter Zeitung). \*\*\* Ernst Schurtenberger (1931): der erste Luzerner Künstler, der in der Galerie Raeber ausstellt. Peter F. Althaus ist Konservator des Luzerner Kunstmuseums und bringt der Galerie grosses Interesse entgegen (im Mai 1966 hat er die Ausstellung von Pierre Dmitrienko [1925–74] eröffnet).

— Der „Moment"-Fahrplan war wohl im Frühling und Herbst eine gute Ergänzung, als man die Tageszeitung druckte – aber heute fehlen die Setzer. Wie lange gibt es den „Moment" eigentlich??

— Wenn ich mich nicht irre, ist es die 118. Ausgabe – auch schon 59 Jahre...

Um so bedeutungsvoller ist ein neuer Druckauftrag, den der Verwaltungsrat Max E. Neuenschwander aus Zürich vermittelt, die monatlich erscheinende Fachzeitschrift «Industrie-Rundschau».

Veränderungen auch bei der Buchhandlung an der Frankenstrasse: Im Juni 1969 wird das Ladenlokal modernisiert und auf die Führung von Heiligenfiguren, Rosenkränzen und Krippenfiguren verzichtet.

Die rückläufige Umsatzentwicklung kann gebremst werden. Obwohl man den Versand unverlangter Einsichtsendungen aufgibt, erzielt man bis zum Jahresende eine Umsatzsteigerung von 4 Prozent.

1969 erweist sich in jeder Beziehung als erfolgreiches Jahr:

Das Geschäftsergebnis gestattet es der Aktionärsversammlung, eine Zuweisung von 50 000 Franken an die Invalidenstiftung zu beschliessen.

Aus der Ausstellung Jörg Schuldhess erwirbt der Sammler Peter Ludwig* das 2,3 mal 5,3 Meter messende Ölbild Triptychon für die Sammlung im Alten Kurhaus der Stadt Aachen, für die er einige Wochen zuvor schon die Bronzeplastik Dyn von Anton Egloff gekauft hat.

Die Dokumentation «Fünf Jahre Galerie Raeber Luzern» wird mit dem Prädikat «Eigenwillig gestalteter origineller Katalog moderner Kunst» in die Liste der schönsten Schweizer Bücher 1969 aufgenommen – und an der 5. Internationalen Buchmesse in Jerusalem unter 166 Büchern ausgezeichnet, zusammen mit dem Fotoband «Afrika» von Emil Schulthess aus dem Zürcher Artemis Verlag.

Auszeichnung anderer Art und Grund zum Feiern bieten betriebsintern zwei Jubiläen für 50 Jahre treue Mitarbeit in der Buchhaltung und Setzerei:

Am 11. November 1969 startet Agatha Beck** bei klarem Föhnwetter auf dem Flugplatz Beromünster im Zweisitzer zum ersten Flug ihres Lebens und landet nach einem stündigen Alpenflug ...

---

\* Dr. Peter und Irene Ludwig haben 1967 für ihre Sammlung «Kunst der sechziger Jahre» im Wallraf-Richartz-Museum in Köln aus der Wols-Ausstellung zwei Bilder erworben (La tapisserie, 1949, 54 × 73 cm, Öl/Leinwand, und Les voyelles, 1950, 81 × 60 cm, Öl/Leinwand).   \*\* Eintritt 1919, 15jährig, Ausbildung zum Bürofräulein in der Buchhandlung, 10stündiger Arbeitstag (an allen Werktagen, im Dezember zusätzlich Sonntagnachmittag).

... vergnügt und glücklich.

Am 7. Juni 1970 nimmt der Formenschliesser im 1. Stock der Frankenstrasse, Alois Bründler* – der ruhende Pol im hektischen Betrieb –, die Gratulationen von Firmenleitung und Kollegenschaft entgegen:

Mit der Fliegerei ist dann bei mir nichts!

Die beiden Arbeitsjubiläen fallen in eine Zeit extremer Personalknappheit in der gesamten Wirtschaft. Die Abteilungsleiter Fritz Arnet und Gerhard Wicki spüren die Auswirkungen fast täglich:

Jetzt geht doch der Drucker Schlönvogt weil seine Frau in Zürich wohnen will!

Es soll Dir nicht besser gehen als mir, Gerhard! Drei Monate hat es der Handsetzer Kerer ausgehalten – er wechselt den Beruf, sagt er.

Die Behörden plafonieren die Ausländerzahlen und müssen sie sogar reduzieren, wenn die Schwarzenbach-Initiative angenommen wird...**

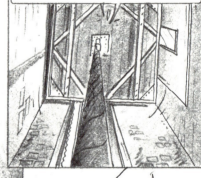

...und nun noch der Druck auf unseren Leuten wegen den Umbauten und Renovationsarbeiten!

Die Sanierung ist ja auch längst fällig!

Ja, gestern mussten wir einen Kübel unter das Glasdach stellen, als es zu regnen anfing! Blinde und undichte Oblichter, der Linoleumboden ölgetränkt, Decke und Wände grau: eher eine Mechanikerbude als eine Druckerei...

Die Druckmaschinensäle im Unter- und Obergeschoss des Hofgebäudes werden sektorenweise saniert: Weil die Produktion weiterlaufen muss, arbeiten Handwerkerequipen nach dem Feierabend der Drucker oft bis spät in die Nacht hinein. Im Zuge der Erneuerung erhalten beide Stockwerke eine Vollklimatisierung.

Setzerei und Ausrüsterei im Haus an der Frankenstrasse benötigen eine schallschluckende Decke, und die sanitären Einrichtungen müssen auf den Stand der Vorschriften für Fabrikbetriebe gebracht werden.

Neben den bauseitigen Sanierungen und Verbesserungen, die 403 528 Franken verschlingen, drängen sich auch technische Investitionen auf:

* 1920 Eintritt als Ausläuferbursche, dann Aushilfe im Maschinensaal, Lehre als Buchdrucker (1922 Tod des Vaters. Die Mutter des 17jährigen Alois erhält von der Firma durch Franz Räber-Jucker ein zinsgünstiges langfristiges Darlehen, damit sie die kinderreiche Familie durchbringen kann.   ** Überfremdungsinitiative II, in der Volksabstimmung vom 7. 6. 1970 bei einer Stimmbeteiligung von 74% mit 54% zu 46% verworfen (der Kanton Luzern mit 33 098 Ja gegen 27 481 Nein bei den 8 annehmenden Ständen, Stimmbeteiligung 77,9%).

Die Setzerei benötigt eine Zeilensetzmaschine, mobile Trennwände und metallene Regale. In der Druckabteilung werden vier neue Pressen installiert, und die Ausrüsterei erhält ausser zwei Falzmaschinen und einem Schnellschneider einen vollautomatischen Sammelhefter mit Dreischneider.*

Während im Betrieb die Anpassungen an die gesteigerten Anforderungen der Kundschaft voll im Gange sind, beschäftigt sich die Geschäftsleitung mit dem Markt und gibt den Auftrag, die Einstellung gegenüber den Buchhandlungen zu untersuchen und das Corporate-Image der Firma als Ganzes zu bestimmen.

Im Herbst 1971 liegt das Ergebnis vor: Die Interviews bei 81 Buchhandlungskunden und 259 Zufallsadressen in Stadt und Agglomeration ergeben einen sehr hohen Bekanntheitsgrad der Firma von 86% der Befragten. Die Firma wird als nicht besonders modern, nicht besonders expansiv, ziemlich alt und relativ gut geleitet angesehen.

Betreffend Alter der Firma erlebt Bernard Raeber-Anrig eine Überraschung, als er in der Zentralbibliothek Dr. Fritz Blaser** begegnet, der im Auftrag der Stadt eine Arbeit über die Luzerner Buchdrucker des 19. Jahrhunderts schreibt und dabei eine Entdeckung macht:

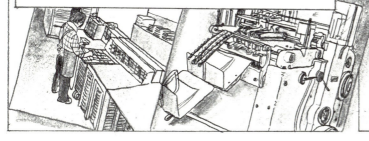

„Herr Raeber! Ihre Firma ist 7 Jahre älter als bisher angenommen! Sehen Sie hier das Inserat aus dem Luzernischen Intelligenzblatt vom 9. Juni 1825!"

„... Gebrüder Aloys und Heinr. Räber. Ledergass Nr. 313" – das ist offensichtlich ein Buchladen?

Nicht nur! Sie haben auch bereits auf einer Holzpresse gedruckt. In einer Anzeige vom 23. Juni heisst es „gedruckt bey Gebrüder Räber"!

Ihre Firma geht übrigens in direkter Folge nicht nur auf Johann Martin Anich zurück, sondern auch auf dessen Vorgänger, den Stadtdrucker Joseph Aloys Salzmann, der von 1780 bis 1811 gedruckt hat – also können Sie auf eine 190jährige Druckerei- und Buchhandlungstradition zurückblicken...

Als die beiden die Bibliothek verlassen, um im gegenüberliegenden Restaurant bei einem Kaffee weiterzusprechen, erfüllt ein Donnern die Luft: Am Kasernenplatz wird die Alte Kaserne aus dem Jahr 1859 gesprengt, es ist der 15. April 1971.

Die Kaserne, 1859 gebaut, vor der Sprengung: Im Vordergrund der «Mississippi-Dampfer», das öffentliche Bad, in dem später Künstler und Handwerker ihre Ateliers haben und wo Bernard Raeber im Sommer 1965 zum erstenmal den Bildhauer Anton Egloff trifft.

* 1970–71: Setzerei Fr. 239 015.–, Drucksektor Fr. 207 028.–, Ausrüsterei Fr. 273 188.–, Buchungsautomat Fr. 128 910.– (total beide Jahre Fr. 889 796.–). ** (1898–1980), von Luzern, Dissertation über die Buchdruckerfamilie Hautt, 1950 Rektor der Zentralschweizerischen Verkehrsschule, 1956 und 1958 erscheint sein Hauptwerk «Bibliographie der Schweizer Presse», 1959 Innerschweizer Kulturpreis, hohe Anerkennung im In- und Ausland als Papier- und Druckhistoriker.

Der Abbruch der Kaserne oder der Bahnhofbrand vom 5. Februar könnten dem Künstler André Thomkins das Thema zu seiner Ausstellung geliefert haben, die am 2. Oktober 1971 unter dem Titel «LUCERNE EN RECUL» * in der Galerie Raeber eröffnet wird.

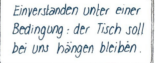

Ungewöhnlich ist nicht nur die Ausstellung, ungewohnt ist auch das Schicksal des Vernissage-Tisches im Galerie-Untergeschoss, den Daniel Spoerri** anderntags entdeckt:

*André, das ist ja **die** Gelegenheit, auf die ich schon lange warte: ein Fallenbild von einem Vernissage-Tisch!*

*Meinen Segen hast Du – DOGMA: I AM GOD! Vor- und rückwärts. Aber den Beni musst Du fragen, ob er Dir die Tischplatte samt Aschenbecher, Gläser und Flaschen abtreten will!*

*Einverstanden unter einer Bedingung: der Tisch soll bei uns hängen bleiben.*

*Beni-ssimo! Alles schön stehen lassen. Ich gehe den Leim kaufen und was es sonst noch braucht – und dann an die Arbeit. Salute!*

So heiter geht es an der Frankenstrasse nicht immer zu: drei Wochen zuvor lag Betroffenheit und Trauer über der Firma, als die Nachricht durch den Betrieb lief, der 29jährige Buchhalter Theo Ulrich-Beeler sei auf der Rückfahrt aus den Ferien bei Como beim Zusammenprall mit einem Lastwagen tödlich verunfallt.

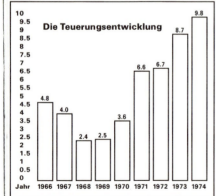

Die Folgen des Todesfalles zeigen sich in der Buchhaltungsabteilung wenig später: Der vor wenigen Monaten in Betrieb genommene Buchungsautomat Burroughs mit Lochkartenleser und -sorter steht still, und das Rechnungswesen gerät schwer ins Hintertreffen – Stellvertreter kann sich eine mittelgrosse Firma besonders in Zeiten scharfer Konkurrenz, Verkürzung der Arbeitszeit und inflationärer Teuerung*** mit Lohnschüben nicht leisten.

Die schleppende Bereitstellung der Jahresabschlusszahlen bringt zusätzliche Unruhe in den Verwaltungsrat, in dem es schon seit geraumer Zeit gärt:

*Machen wir uns keine Illusionen über das Geschäftsjahr 1971!...*

* Palindrom (vorwärts wie rückwärts gelesen gibt es einen Sinn) von André Thomkins (1930–85), in Luzern geboren und aufgewachsen, 1950/51 Grand Chaumière in Paris, 1954–79 in Essen, 1971–73 Professor an der Akademie Düsseldorf (Malerei), 1972 Werkgruppe an der Documenta 5 in Kassel, 1978 Retrospektive im Kunstmuseum Luzern, seit 1979 in Zürich.   ** (1931), Mitbegründer des Nouveau Réalisme (1960). Fallenbild: Erfindung von Spoerri, die Tischplatte mit den fixierten Gegenständen wird aus der Horizontalen in die Vertikale eines Tafelbildes überführt.   *** 1971: 6,6% Teuerung, die höchste Rate seit 1958. 1972 hält sie sich im gleichen Rahmen, steigt aber 1973 auf 8,7%, 1974 sogar auf 9,8%, die höchste Rate seit dem Zweiten Weltkrieg!

«... Die Liquidität verschlechtert sich. Die Treuhandfirma hat eine Kapitalerhöhung angeregt, damit die Finanzen wieder ins Gleichgewicht kommen!»

«Ich bin nicht dagegen, aber nur im bisherigen Verhältnis des hälftigen Aktienbesitzes Deiner und meiner Familie...»

«... der Präsident der Firma Lindt & Sprüngli hat kürzlich in einem Referat „Die 10 Todsünden der Familiengesellschaften" als erste genannt, wenn man die Interessen der Familie mit jenen der Unternehmung verwechselt...»

Am 2. August 1972 scheitert die Erhöhung des Aktienkapitals an einer ausserordentlichen Generalversammlung im Hotel Monopol & Metropol. Das ist für die Firma ein harter Knochen zum Verdauen!

Knochen auch in der Ausstellung von Rolf Iseli, Eisenobjekte, zu denen der Berner Künstler in seinem Katalogvorwort ausführt:

*die hier abgebildeten und in der galerie am boden liegenden eisenobjekte sind nicht in ihrer isoliertheit als «plastik oder kunst» zu betrachten ... neue soziale verhältnisse, neue strukturen werden neue kriterien und fragen an die künstler stellen und sie zu neuem formulieren zwingen; denn wer sich der politisch-gesellschaftlichen tragweite seines schaffens nicht bewusst wird, der schläft ...*

Auf Ende November verlässt Robert Räber-Huber die Firma und eröffnet im März 1973 am Schweizerhof in der früheren Buchhandlung Ebneter das eigene Geschäft.

Jack Günthard

Mitte Jahr verabschiedet sich der Drucker Roland Hürzeler und macht sich selbständig; fünf Jahre hat er halbtags gearbeitet und bis Ende 1972 im Kunstturner-Nationalkader unter Jack Günthard in der Weltspitze mitgeturnt.

Sport und Spitzensport, zwei Begriffe, mit denen man in der Firma Raeber vertraut ist:

Seit Jahrzehnten erscheint das Vereinsorgan «Der Bürgerturner» in der Druckerei.

Für die 12. Casting-Weltmeisterschaften* im August 1968 auf der Lenzerheide hat sie durch Vermittlung des aktiven Casters Max Sproll die Drucksachen geliefert.

Der Internationale Turnerbund gehört zu den regelmässigen Auftraggebern, ein Kontakt des Vertreters und Oberturners beim Bürgerturn-Verein, Fred Tellenbach, mit dem Generalsekretär Max Bangerter in Lyss.

FONDÉE EN 1881

\* Wettkampfmässiges Werfen mit der Angelrute.

Der Internationale Rudersport, seit Franz Räber-Jucker eine Domäne der Firma, ist weiterhin aktuell: Bernard Raeber-Anrig betreut ehrenamtlich das Sekretariat der Ruder-Weltmeisterschaften 1974 auf dem Rotsee und redigiert die WM-Bulletins.

 Ruder-Weltmeisterschaften
Championnats du Monde à l'Aviron
World Rowing Championships

Aber auch der aktive Breitensport kommt nicht zu kurz: 1974 kann der SCR, der Sport-Club Raeber, sein zehnjähriges Bestehen feiern! Mit mehr oder weniger Erfolg nimmt die Fussball-Mannschaft an den Firmen-Turnieren teil – eine nicht immer ungefährliche Sache, wie der Schien- und Wadenbeinbruch des Abteilungsleiters Hermann Schmid und der Unterkieferbruch des Fotografen Heinz Steimann beweisen.

Gemütlicher geht es an den Sportclub-Abenden zu, an denen sich das Personal von Druckerei und Buchhandlung trifft und die viel zu lachen geben, besonders wenn die Geschäftsleitung antreten muss oder aufs Korn genommen wird, wie am Abend des 11. Mai 1973 im Saal der «Frohburg».*

1974 ist aber für die Firma mehr als ein Jahr des Sports.

Am 9. März können die beiden Geschäftsleiter im Propst-Peyer-Haus bei der Hofkirche dem Hauptredaktor der «Schweizerischen Kirchenzeitung» Chorherr Dr. Villiger** zum 70. Geburtstag gratulieren:

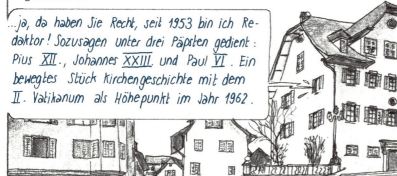

...ja, da haben Sie Recht, seit 1953 bin ich Redaktor! Sozusagen unter drei Päpsten gedient: Pius XII., Johannes XXIII. und Paul VI. Ein bewegtes Stück Kirchengeschichte mit dem II. Vatikanum als Höhepunkt im Jahr 1962.

Und dies neben Ihrer Haupttätigkeit als Professor für Kirchengeschichte an der Theologischen Fakultät! Über 1000 Ausgaben haben Sie redigiert...

Da werden Sie nicht unglücklich sein, Ihr Amt als Redaktor in die Hände von Dr. Rolf Weibel legen zu können?

Freilich, freilich! Der erste Laientheologe in der Redaktion – ganz im Sinn und Geist des Konzils...

Einen weiteren Geburtstag gibt es am Samstag, den 26. Oktober zu feiern:

\* Im April 1981 schliesst das traditionelle Restaurant und muss dem Neubau des PTT-Betriebsgebäudes weichen. Mit der «Frohburg» und dem Wohnquartier hinter dem Bahnhof verliert die Stadt ein weiteres Stück Architektur aus der Jahrhundertwende. \*\* Johann Baptist Villiger, 1929 Vikar in Schaffhausen und Redaktor der «Schaffhauser Zeitung», 1933–36 Studium der Kirchengeschichte in Rom und Doktorat, 1936 Wahl an die Theologische Fakultät Luzern durch den Diözesanbischof von Streng und die Regierung des Kantons Luzern (Lehrtätigkeit bis 1970), seit 1950 Chorherr am Stift St. Leodegar.

Um 18 Uhr treffen die über 300 Gäste ein, Künstler aus dem In- und Ausland, Sammler, Firmenangehörige, Kunstfreunde, Presseleute, Nachbarn.

Die Buchhandlung an der Frankenstrasse ist dicht besetzt, als Silvia und Walter Frei auf alten Instrumenten mittelalterliche Musik interpretieren.

Alt Regierungsrat Werner Kurzmeyer kann als Präsident der «Centralschweizerischen Stiftung für das cerebral gelähmte Kind Luzern» von der Firma das Bild «Rittersporn» als Geschenk für das neue Ausbildungszentrum auf Rotegg entgegennehmen.

Auf der Bühne in der Buchbinderei gibt es improvisiertes Publikums-Theater mit Kaspar Fischer, die Uraufführung von «Adam, Rotkäppchen, Eva und Tell»: Der Zeichner und Theatermann drückt Leuten aus dem Publikum ein Requisit in die Hand und schickt sie auf die Bühne und steuert den Fortgang mit regulativen Rollentips – auf 45 Minuten geplant, zieht sich das Spektakel zur Freude der Zuschauer und der spontanen Spieler über anderthalb Stunden hin.*

Im Hof riecht es nach grillierten Bratwürsten, und bis in die frühen Morgenstunden hört man die Luzerner Ländler-Kapelle in Originalbesetzung aufspielen.

Wer nicht dabeisein kann, erfährt über die Radiowellen vom Jubiläumsfest:**

*Die zwei wichtigsten Luzerner Galerien feiern im Moment zwei ganz gegensätzliche Feste.*

*Die Galerie Raeber feiert ihren zehnjährigen Geburtstag mit einer Ausstellung der Galerie-Plakate seit 1964 und von Kleinformaten aller Künstler, die in einer Einzelausstellung zu sehen waren.*

*Die Galerie Stähli feiert heute abend ihre letzte Vernissage in Luzern mit der Ausstellung des Luzerner Künstlers Roland Bugnon...*

*Die Galerie Raeber wird von nun an keine ebenbürtige Konkurrenz mehr haben...*

* Kaspar Fischer (1938), Ausstellung in der Galerie Raeber im August 1972 mit gleichzeitiger Edition «Entlassungen aus der Hölle» (Zeichnungen von 1968). Er plant nach einem zweiten derartigen Versuch ein vom Publikum gespieltes Theaterstück in öffentlichem Rahmen.  ** Dr. Tino Arnold, Leiter der Programmstelle Innerschweiz, am 15. 10. 1974 an Roy Oppenheim, Ressortchef Kultur am Schweizer Fernsehen: «Als guten Kenner der Galerie Raeber nenne ich den Kunstkritiker Theo Kneubühler, ausgewiesen als Mitarbeiter der Radiorubrik ‹Kunst und Künstler›, der ‹Weltwoche› und der ‹NZZ›, dessen erste grosse Publikation ‹Kunst: 28 Schweizer› von der Galerie 1972 ediert wurde...»

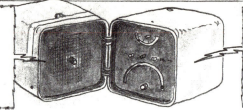

Gegen Ende der sechziger Jahre begann Raeber immer mehr Schweizer Künstler auszustellen: Schurtenberger, Egloff, Schuldhess, Werro, Thomkins, Aldo Walker, Iseli, Ilse Weber, Annemarie von Matt, Herzog, Rudolf Blättler und andere.

Es bleibt zu hoffen, dass er mit dem gleichen Sachverstand weiterfährt wie in den vergangenen zehn Jahren...

Beim dritten Geburtstag, rund ein Jahr später, geht es still und ruhig zu: Der erfolgreichste Autor des Raeber Verlags mit dem Pseudonym «Pilgrim», der Innerschweizer Radio- und Kulturpreisträger Josef Konrad Scheuber*, feiert in Attinghausen am 29. September 1975 den 70. Geburtstag.

Seine Erzählungen und Erlebnisse «Ein Urschweizer erzählt» finden den Weg in ebenso viele Stuben der ganzen deutschen Schweiz wie seine zehn Bändchen mit den Radioansprachen «Zum neuen Tag»:

Das, liebe Mitmänsch, isch mii Morgedgruess firne guete, zfridnige Tag. Und wenn d'mid gsundum Appetiit gnueg g'ässe hesch, chenntisch dr das Wort vom Seppätoni vilicht doch es bitzli überlegge: „Brod ische Gottesgaab... und hit, wo abertuisig Litt miend Hunger ha, erscht rächt!"

Auf der Fahrt nach Attinghausen, noch nicht durch den Seelisberg-Strassentunnel**, sondern auf der kurvenreichen Axenstrasse dem Urnersee entlang, bleibt Zeit zum Nachdenken:

Die Folgen der „Erdölkrise" machen uns mehr und mehr zu schaffen: Steigende Einkaufspreise bei den Erdölderivaten Filme und Fotopapier - gleichzeitig Preiszerfall bei unserer Arbeit nach der Devise „lieber den Spatz in der Hand als die Taube auf dem Dach"!...

...sinkender Drucksachenverbrauch, Mangel an Beschäftigung,*** sinkende Preise und nun die Abwanderung von über 500 Berufsleuten, wie der Verband meldet - gutes Personal wird knapp werden...

Und im Satz stehen wir vor einem neuen Technologieschub! Unsere Zeilensetzmaschinen zeigen Abnutzungserscheinungen und müssen demnächst ersetzt werden. Mit der Monotype-Anlage und dem ATF-Fotosatzgerät bewältigen wir unser Satzvolumen niemals...

...wirklich kein Grund, die 150 Jahre seit der Firmengründung 1825 bis 1975 zu feiern - am besten, nicht davon reden...

In seiner nachdenklichen Stimmung übergeht der Fahrer, was sich in den zurückliegenden Monaten an Erfreulichem ereignet hat:

* (1905), aufgewachsen in Ennetbürgen als ältestes von acht Kindern, 1929 Priester, 1940–64 Feldprediger-Hauptmann am Gotthard – bei den Aktivdienstsoldaten mit «Tagebuch» (1939) und «Gewehr von der Wand – Tagebuch eines Feldpredigers» (1940) weiterum populär als Vorbild geistiger Landesverteidigung. ** Am 12. 12. 1980 eröffnet, der längste doppelröhrige Strassentunnel der Alpen (9 km), wichtiges Teilstück der internationalen Nord-Süd-Verbindung durch den Gotthard-Tunnel (16,3 km). *** Der Produktionsindex sinkt im 4. Quartal 1974 von 171 Punkten auf 131 im 1. Quartal 1975 (auf 122 Punkte im 1. Quartal 1977). Umsatzeinbusse der Druckerei: 6%. Die erarbeiteten Mittel (Cash-flow) sinken in der Branche von 14% im Jahre 1966 auf 4% im Jahr 1975!

Innerhalb von zweieinhalb Monaten ist die Filiale an der Kornmarktgasse in einen modernen Taschenbuchladen umgewandelt worden.

... trotz der äusserst knappen finanziellen Mittel ist ein übersichtlicher Buchladen entstanden ... ganz speziell habe ich mich mit dem Problem Licht beschäftigt und eine neuartige, blendungsfreie Beleuchtung mit Neonröhren entwickelt. Andy Raeber, Architekt.

Die Ausstellung «Schizophrenie und Droge in der Malerei – Beispiele aus der Psychiatrischen Klinik St. Urban» hat ein grosses Echo ausgelöst und der Filmabend mit Dr. Bader ein überfülltes Kleintheater gebracht:*

Nun ich glaube, diese Ausstellung darf man schon heute als einen vollen Erfolg bezeichnen: eindrucksvolle Werke von Patienten, ein schöner Katalog, die grosse Besucherzahl ...

Kann man in wenigen Worten sagen, welche Beziehung zwischen Psychose und Kunst besteht?

Häufig werde ich gefragt, ob das Zeichnen und Malen Therapie ist, ob es dem Kranken hilft. Eine kurze Antwort lautet: Kunst hilft allen Menschen, also hilft sie auch den psychisch Kranken.

Auf dem Gebiet der Kreativität überschneiden sich Gesundheit und Krankheit, Normalität und Psychose.

Dass die psychisch Kranken uns brauchen, wird heute allgemein anerkannt. Dass auch sie uns etwas geben können, soll diese Ausstellung zeigen.

Dr. Alfred Bader, Lausanne — Dr. Leo Navratil, Wien** — Andy Raeber-Jenny, Architekt — Dr. Anton Harder, Chefarzt St. Urban — Bernard Raeber

Und im Verlag laufen die Vorbereitungen für zwei Kunstbände, die 1976 erscheinen, Gelegenheit für die Fachleute im Satz und Farbdruck zu zeigen, was sie können:

... hier würde ich mit dem Rot sparsamer bleiben! Sonst finde ich den Bogen gut!

Sie haben Recht, Herr Sproll - aber ein Original lässt sich eben nur abbilden, nicht wahr? Übrigens Herr Leberer, Sie machen Ihre Sache ausgezeichnet!

So, Frau Einbeck, das war der letzte Farbbogen!

Schön - und kann haben wir das erste gebundene Buch?

* Filme aus dem «Centre d'études de l'expression plastique» der psychiatrischen Universitätsklinik Lausanne, das Dr. Alfred Bader leitet.  ** Niederösterreichisches Landeskrankenhaus für Psychiatrie und Neurologie in Gugging bei Wien. September 1976: Ausstellung «Kunst in der Psychose», 120 Arbeiten von fünf seiner Patienten in der Galerie, Johann Hauser, Oswald Tschirtner, August Walla, Otto Prinz, Franz Gableck (die drei ersten im Film «Zur Besserung der Person» [1981] von Heinz Bütler und im gleichnamigen Buch [1982], Zytglogge Verlag, Bern).

Am 24. Juni um 11 Uhr kann die Monographie über den Maler Georges Einbeck*, dessen Todestag sich 1976 zum 25. Male jährt, der Presse vorgestellt werden.

Abends um acht Uhr wird im Rahmen einer Einbeck-Ausstellung der Text- und Bildband im Beisein von Frau Daisy Einbeck, Textautor Theo Kneubühler und Gestalter Peter Ryser** der Öffentlichkeit vorgestellt.

Fünf Monate später, am 26. November, verlässt die zweite Künstlermonographie den technischen Betrieb. Sie ist dem Luzerner Maler Karl Friedrich Schobinger*** gewidmet und ebenfalls mit einer Ausstellung in der Galerie verbunden:

*Diese erste umfassende Monographie über Schobinger ist, kurz gesagt, ein Meisterwerk! Sie passt ganz zur Meisterschaft seiner sensiblen Hand, mit der Kari 1921 meinen Vater**** gezeichnet hat!*

*...das ist eine Entdeckung! Sie ergänzen das Wissen um sein Werk entscheidend...*

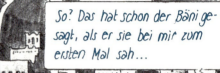

*So? Das hat schon der Böni gesagt, als er sie bei mir zum ersten Mal sah...*

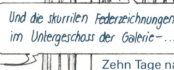

*Und die skurrilen Federzeichnungen im Untergeschoss der Galerie—...*

Zehn Tage nach diesem Innerschweizer Buchereignis fällt im Sitzungszimmer der Druckerei ein Entscheid, der die einschneidenste technische Umwälzung für die Firma seit ihrer Gründung bedeutet.

Über mehrere Monate haben Geschäftsleitung und Personalgruppe getrennt voneinander die Angebote im Bereich Fotosatzanlagen geprüft und verglichen. Am 6. Dezember 1976 sitzen die Geschäftsleiter Bernard Raeber und Max Sproll mit dem Setzereileiter Hermann Schmid, seinem Vorgänger Fritz Arnet, dem Monotaster Wolfgang Czekalla und ATF-Taster Arnold Burger zur Beratung des Entscheides zusammen:

*Wir stimmen mit der Geschäftsleitung darin überein, dass von den sechs geprüften Anlagen nur noch drei in Frage kommen – mit Vor- und Nachteilen!*

*Einfache Bedienung, vor dem Tastbeginn kein langwieriges Programmieren, das sind für mich die massgebenden Punkte!*

*Aber die Satzqualität ist doch mitentscheidend!*

*Schon – aber die Unterschiede sind kaum zu sehen, wie die verlangten Musterseiten zeigen.*

*Einfaches Bedienen erleichtert auch die Umschulung von Fachleuten, die ohnehin das Zehnfinger-System lernen müssen.*

* (1871–1951), in Westpreussen geboren, 1880–1906 in Dresden, dann in Frankreich und Nordafrika, seit 1914 in Luzern (wo er mit seiner Frau vom Ausbruch des Ersten Weltkrieges überrascht wird), 1920–39 und 1945–51 im Winter in Menton, im Sommer in Luzern. Stirbt am 21. 1. 1951 während den Vorbereitungen zu einer Retrospektive im Kunstmuseum Luzern. ** (1939), Maler (1970, 73 und 77 Ausstellungen in der Galerie), mit Buschi Luginbühl und Peter Widmer Gestaltungsteam von «Kunst: 28 Schweizer» (1972) und Katalog Annemarie von Matt (1973). *** (1879–1951), Kunstgewerbeschule Luzern 1896–99, Akademie der Bildenden Künste in Karlsruhe 1899–1904, Berufung an die Kunstgewerbeschule Breslau 1911, vor Ausbruch des Ersten Weltkrieges Rückkehr nach Luzern. 1940 gibt es bereits 300 Federzeichnungen, die er nie an die Öffentlichkeit bringt. **** Peter Halter (1856–1922), Amtsschreiber von Hochdorf und Volksdichter, Vater von alt Staatsanwalt Dr. Peter Halter (1894–1985), Herausgeber der Monographie, die von der Gemeinnützigen Gesellschaft Luzern, der Peter-Halter-Stiftung sowie von Stadt und Kanton finanziell unterstützt wird. Text von Redaktor Anton E. Müller. Gestaltung: Urs Baschung und Urs Bütler.

"Die Geschäftsleitung legt neben diesen Einzelheiten Gewicht auf die Firma, die eine Anlage in der Schweiz vertritt – Serviceleistungen können bei Satzcomputern über Erfolg oder Misserfolg entscheiden, wie in der Fachpresse immer wieder betont wird, besonders am Anfang."

"Wir müssen uns gut überlegen, welches die Zukunftsaussichten eines Systems sind, vom Produkt her, aber auch, ob der jetzige Hersteller übermorgen noch auf dem Markt ist..."

Am 3. Februar 1977 macht die Druckerei den Schritt in die Zukunft mit zwei lochbandgesteuerten Endlosperforatoren Varicomp 1100 und der Belichtungseinheit Compugraphic Unisetter:

76 Jahre nach der Anschaffung des ersten Modells haben die Zeilensetz- und -giessmaschinen ausgedient.

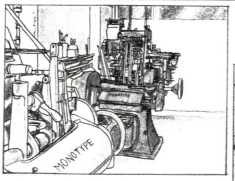

Das Monotype-Tastgerät, die Monotype-Giessmaschine und die Elrod-Zeilengiessmaschine erhalten einen mehrmonatigen Aufschub, bis sie auch verschrottet werden...

...ebenso die Mono-Bleistangen, der Umschmelzofen und die 53 Tonnen Stehsatz in den Kellerräumen.

Was Hersteller, Lieferant und Käufer wussten, dass man sich mitten in einer rasanten Entwicklung befinde, wird wenige Wochen später nicht nur bestätigt, sondern übertrifft alle Vorstellungen:

Am 5. April ist das Textverarbeitungssystem Vary Comp I mit Bildschirm lieferbar, und am 28. Juni ersetzt das leistungsfähigere Produkt Varicomp 2100 bereits die anfangs Februar gekauften Endlosperforatoren 1100!

Am 25. Mai 1978 arbeiten die ersten Tasterinnen an den drei Bildschirmgeräten MDT 350, und im Oktober vervollständigt das Akzidenzgerät CG 7500 mit zwei Magnetplattenspeichern und eigenem Rechner die Fotosatzanlage.*

Wo 70 Jahre voluminöse Setzkasten aus Holz und später in Metall sowie hohe Regale und handfeste Bleilettern das Bild beherrschten...

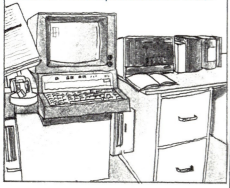

Und nur elf Monate später ist der Übergang zur elektronischen Arbeitsweise und der Schritt in die immaterielle Speicherung von Daten auf Disketten Tatsache! Die Lochbänder sind überholt!

Statt lärmiger Setzmaschinen lautlose Bildschirmterminals und Satzcomputer.

* Produkte der amerikanischen Firma Compugraphic, vertreten durch Lüscher, Leber & Cie. AG in Bern (395 513.–). Sechs Jahre später, Frühjahr 1984, Ersatz durch die 2. Generation: Fünf Einzelarbeitsplätze MCS 5, ein MCS 10 mit zwei Terminals und einem Gestaltungsbildschirm, Belichtungseinheit MCS 8400 mit 450 000 Zeichen/Stunde statt wie bisher 90 000 (318 200.–).

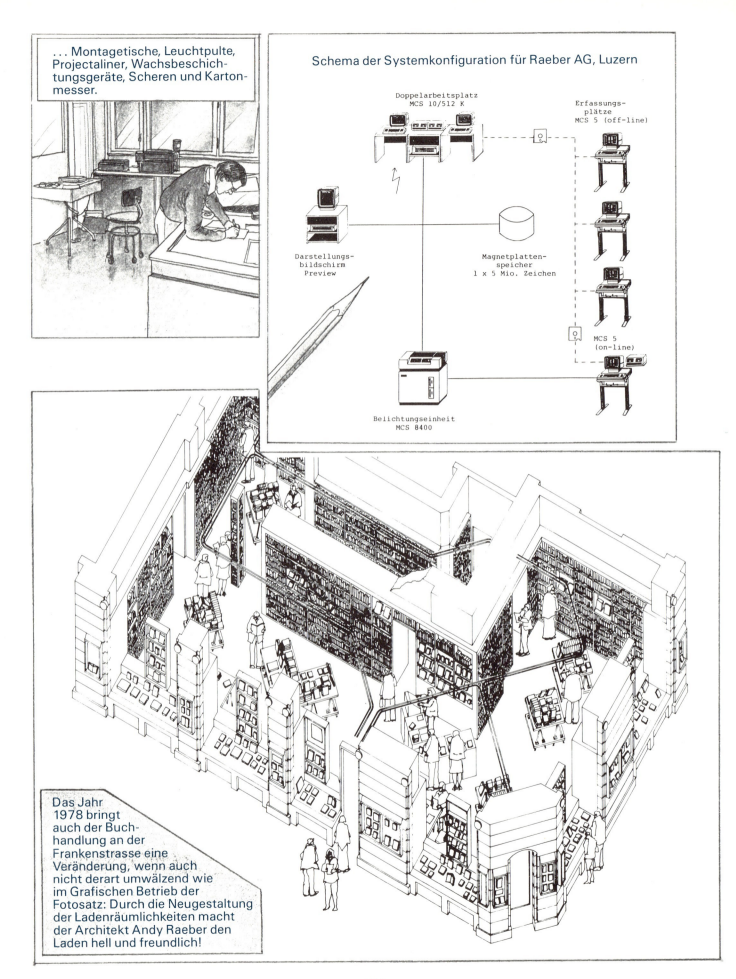

«Walter, so ist die Buchhandlung auch optisch Spitze! Mehr Platz, mehr Tischflächen, Stühle zum Sitzen...

Und die schwarze Farbe der Gestelle und Tische? Was meinst Du dazu, Guy?

Prima! Auf dem dunkeln Hintergrund wirken die Buchumschläge frisch und richtig verführerisch. Eine ganz tolle Idee ist die Beleuchtung – wie eine Lichtschlange...»

Unübersehbar die Veränderungen in der Firma Raeber AG, unübersehbar aber auch Ernst Buchwalders ICH-Denkmal aus Eis auf dem Sempacherplatz vor der Zentralbibliothek!

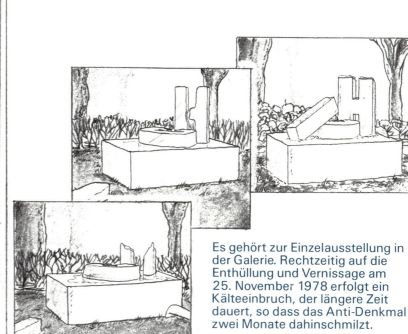

Es gehört zur Einzelausstellung in der Galerie. Rechtzeitig auf die Enthüllung und Vernissage am 25. November 1978 erfolgt ein Kälteeinbruch, der längere Zeit dauert, so dass das Anti-Denkmal zwei Monate dahinschmilzt.

Universität Zentralschweiz für eine Region mit Zukunft!

5. Juli 1978: Die Universität wird vom Volk abgelehnt.

Zur Ausstellung erscheint Ernst Buchwalders «Poetree» als signierte Offsetgrafik.

Auch der 4. Band der Reihe «Beiträge zur Kunstgeschichte der Schweiz» – die Monographie «Das Landhaus Waldbühl von M. H. Baillie Scott»** – bestätigt die Vorteile der modernen Technologie. Hingegen verursachen der rasche Wechsel der Geräte in der Startphase, die Unvertrautheit der Setzer mit dem neuen System und die Umschulung des Personals enorme Folgekosten.

Poesie und Prosa sind auch Gegenstand einer Neuerscheinung im Raeber Verlag: «Innerschweizer Schriftsteller – Texte und Lexikon».

Ein 400seitiges Nachschlagewerk, Literatur des 20. Jahrhunderts in den Kantonen Uri, Schwyz, Ob- und Nidwalden, Luzern und Zug sowie der auswärts tätigen Innerschweizer Autoren.*

\* Herausgegeben von Dr. phil. Bruno Stephan Scherer (1929) unter Mitarbeit der ISV-Anthologie-Kommission mit Jakob Fuchs, Walter Käslin, Maria Simmen, Eduard von Tunk und Dr. h. c. Josef Zihlmann. ISV: Innerschweizer Schriftstellerverein, 1943 gegründet. \*\* Autorin Katharina Medici-Mall, herausgegeben von der Gesellschaft für Schweizerische Kunstgeschichte. Der zweite Band der Reihe, «Andreas und Peter Moosbrugger – Zur Stuckdekoration des Rokoko in der Schweiz» von Andreas F. A. Morel, ist 1973 in der Firma gestaltet und hergestellt worden.

Jean Paul Agosti
Ben Ami
Werner Andermatt
Agnes Barmettler
Afro Basaldella
Vlastimil Beneš
Rudolf Blättler
Erwin Bossard
Francis Bott
Hans Bucher
Ernst Buchwalder
Karl Fred Dahmen
Pierre Dmitrienko
Ernst Dreyfuss
Natalia Dumitresco
Axel Eggler
Anton Egloff
Hans Eigenheer
Georges Einbeck
Albert Féraud
Kaspar Fischer
Silvia Frei
Walter Frei
Carl Gali
Winfred Gaul
Paul Giger
Erich Heckel
Josef Herzog
Hermann Hesse
Alfonso Hüppi
Rolf Iseli
Alexandre Istrati
Hans Jaenisch
Paul Jenkins
Nives Kavurić-Kurtović
Markus Kohler
Annemarie von Matt
Rolf Nyffeler
Serge Poliakoff
René Ramp
Peter Ryser
Giancarlo Sangregorio
Giuseppe Santomaso
Hans Schärer
Martin Schmid
Karl F. Schobinger
Jörg Schuldhess
Ernst Schurtenberger
Paul Stöckli
Chu Teh-Chun
André Thomkins
Niklaus Troxler
Aldo Walker
Ilse Weber
Jakob Weder
Roland Werro
Peter Widmer
Wols

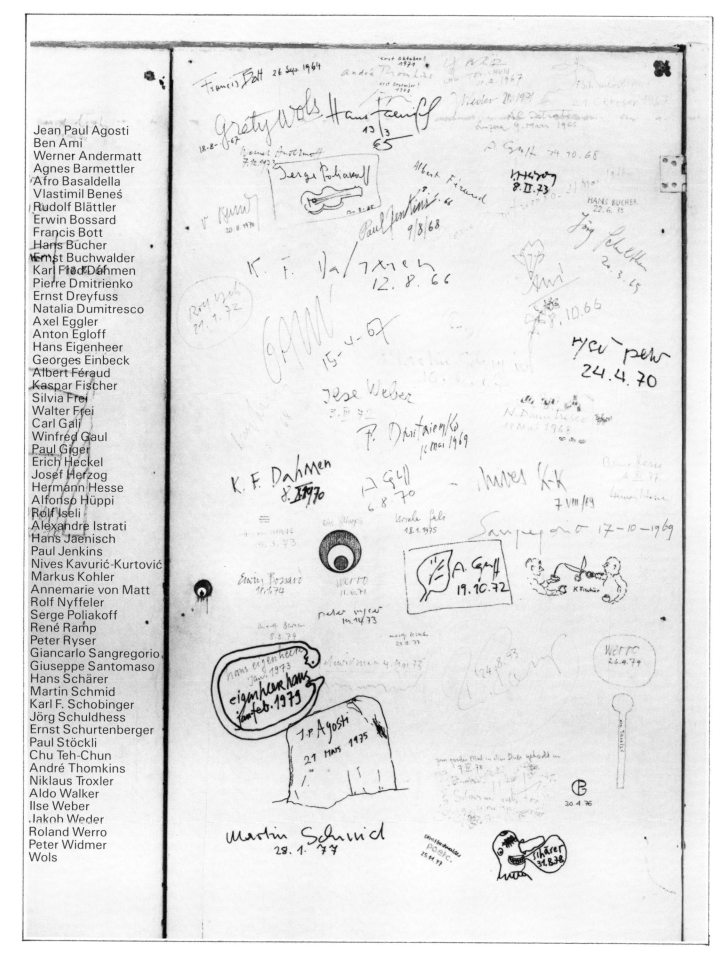

...natürlich bedeutet dieser Schritt keineswegs, dass ich den kulturellen Anliegen den Rücken kehre – seit einem Jahr präsidiere ich die Kulturförderungs-Kommission des Kantons Luzern, was eine grosse zeitliche Belastung bringt.* Ein erster Erfolg zeichnet sich ab: Der Kanton und die Stadt werden gemeinsam die Luzerner Literatur fördern...

Bereits im Januar 1980 werden im «Herrenkeller» an der Pfistergasse erstmals die Auszeichnungen der Fachjury im Beisein der Regierungs- und Stadträte vergeben.

Das erste Werkjahr geht an den in München lebenden Schriftsteller Kuno Raeber**, der vier Monate zuvor in der Buchhandlung an der Frankenstrasse Passagen aus seinem Manuskript «Das Ei» gelesen hat, das ihm die Auszeichnung einträgt.

Überhaupt zeigen sich die beiden Raeber-Buchhandlungen unternehmungslustiger denn je. Walther Lenggenhager bringt Rudolf von Salis, Emil Zopfi und Lorenz Stucki für öffentliche Autorenlesungen und -gespräche in die Räume an der Frankenstrasse.

Hanna Mirjam und Hans Beat Stadler, die seit April 1978 den Taschenbuchladen Kornmärt führen, lancieren am Mittwoch, 5. Dezember 1979 eine neue Form von Autorenlesungen, das «1. Kornmärt Büecherfäscht»:

# Einladung zum 1. kornmärt BüecherFäscht

Im zum Platzen vollen «Frohburg»-Saal verbindet sich Literatur mit Plausch. Unter dem Motto «Autoren laden Autoren ein» machen der Luzerner Otto Marchi als Gastgeber und Niklaus Meienberg als Gast den Anfang. Für Stimmung sorgt die Hafechäs-Musig.***

Am 2. April 1980 doppelt der Taschenbuchladen nach: Begegnung mit dem DDR-Schriftsteller und Dramatiker Ulrich Plenzdorf, wieder in der vollbesetzten «Frohburg». Sein Stück «Die neuen Leiden des jungen W...» erweist sich als Dauerbrenner auf dem Spielplan des Luzerner Stadttheaters:

## Taschenbuchladen Kornmärt
**lädt ein zu Literatur & Plausch**

---

* 13 Mitglieder, Wahl durch den Regierungsrat, der die Kommission auf Vorschlag von Moritz Arnet, Departementssekretär im Erziehungswesen, auf den 1. 1. 1978 einsetzt. B. Raeber ist Präsident bis Mai 1984; sein Nachfolger Armin Beeler: «Seine Leistung war es, aus dem Nichts heraus eine Kommission aufzubauen, die von den Behörden ernst genommen und auch von den kulturell Tätigen als Gesprächspartner anerkannt wird... Damit hat er kulturelle Pionierarbeit geleistet!»   ** (1922), in Luzern aufgewachsen (Neffe von Franz Räber-Jucker und Luise Räber), seit 1956 in München, Gedichtbände und Romane, «Das Ei» erscheint 1981 im Düsseldorfer Erb Verlag. – Im April 1985 zum zweiten Mal in der Buchhandlung mit Gedichten in Hochdeutsch und im Luzerner Alemannisch mit dem Titel «Abgewandt – Zugewandt».   *** Ein Jahr später Fortsetzung im Hotel Union mit Niklaus Meienberg und Jürg Federspiel, Musik «Narrenspiel» (26. 11. 1980). Hanna Mirjam und Hans Beat Stadler sind auch massgeblich am 1. Luzerner Literaturfest im Hotel Eden am 23. 3. 1985 beteiligt.

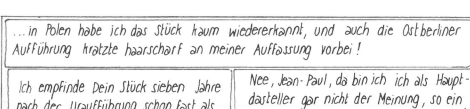

"...in Polen habe ich das Stück kaum wiedererkannt, und auch die Ostberliner Aufführung kratzte haarscharf an meiner Auffassung vorbei!"

"Ich empfinde Dein Stück sieben Jahre nach der Uraufführung schon fast als „Klassiker"..."

"Nee, Jean-Paul, da bin ich ich als Hauptdarsteller gar nicht der Meinung, so ein Stück wird wohl immer wieder geschrieben werden..."

Ums Theater geht es 1980 auch im Raeber Verlag: «Das Theater – unsere Welt» wird am 8. Oktober im Kunsthaus Luzern zum Anlass «60 Jahre Schweizerischer Bühnenverband» der Presse vorgestellt: *

Dr. Robert Schiltknecht, Schuldirektor und Theaterdezernent des Luzerner Stadttheaters:

"Luzern ist, schweizerisch gesehen, zwar keine Finanz- und Wirtschaftsmetropole, Luzern ist aber gewillt, seine Chance im kulturellen Bereich wahrzunehmen..."

Frédéric Dubois, Direktor des Bundesamtes für Kulturpflege:

"Il m'est particulièrement agréable de représenter le Département fédéral de l'intérieur à cette présentation du nouveau livre sur le théâtre..."

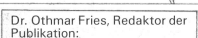

Hannes Strasser, Präsident des Schweizerischen Bühnenverbandes:

"Der Bild- und Textband – unseres Wissens die umfangreichste Theaterpublikation unseres Landes – soll nicht nur dem Kenner eine schon oft beklagte Informationslücke schliessen, sondern auch dazu beitragen, dem Schweizer Theater neue Freunde zu gewinnen..."

Dr. Othmar Fries, Redaktor der Publikation:

"Gegen 30 Mitarbeiter liessen sich gewinnen, sich zu einem ihnen nahestehenden Thema zu äussern. Das Pluralistische Theater soll sich dabei in den pluralistischen Texten der Mitarbeiter spiegeln und sich in seinen mannigfaltigen Anliegen selbst bestätigen..."

"Es ist ein Gefühl besonderer Art, wenn man nach fast dreijähriger Zusammenarbeit mit Herausgeber und Redaktor und am Ende einer achtmonatigen, teilweise hektischen Produktionsphase in der Druckerei das erste Exemplar in die Hände gelegt bekommt..."

* Das Schweizer Theater 1970–1980, Herausgeber: Schweizerischer Bühnenverband, Redaktionskommission (Hannes Strasser, alt Stadtpräsident Paul Kopp, Ehrenpräsident des SBV, Ernst Gosteli), 303 Seiten im Format 22,3 × 27,2 cm.

Die Freude und Genugtuung des Grafischen Betriebes über die gelungene Drucklegung – 39 Personen haben daran gearbeitet – verdoppelt sich sozusagen: Erstmals seit 1976 kann die Firma für das Geschäftsjahr 1980 wieder einen Gewinn ausweisen! Auch dieses anspruchsvolle Buch hat daran seinen Anteil. Die Verwaltungsräte atmen auf ...

Die allgemein verbesserte Wirtschaftslage mit einer Beruhigung an der Preisfront und die Leistungssteigerung des Personals in der Satzherstellung und Seitenmontage trägt auch 1981 zum guten Abschluss bei.

Erfolg stimuliert, und so findet eine zwei Jahre alte Idee von Max Sproll ihre Verwirklichung: An der Morgartenstrasse 7, wo ehemals die Abonnemente des «Vaterlandes» verwaltet wurden, gibt es ab November den kleinen Buchladen «Büecher Chischte» für gebrauchte und antiquarische Bücher:

*Fräulein, was mache ich mit meinen Büchern? Ich ziehe übernächste Woche in eine Alterswohnung, wo es keinen Platz hat...*

*Da können wir Ihnen helfen! Sagen Sie mir, wann Ihre Bücher abholbereit sind. Unser Chauffeur kommt bei Ihnen vorbei – und was ich nicht für den Verkauf brauchen kann, geht mit anderem Papiermaterial in die Papierfabrik...*

*...da bin ich aber froh! Wissen Sie, Bücher einfach so in den Güsel werfen, das kann ich nicht...*

Vom Aufwind im geschäftlichen Ergebnis profitiert auch der Verlag: Zusammen mit der Malerin Ilse Weber* und ihrer Tochter Marie-Louise Lienhard macht sich Bernard Raeber an die Herausgabe einer Monographie über die Künstlerin und ihre Arbeit:

*...ich stelle mir so etwas vor wie ein Werkstattbuch – keine feierliche Bespiegelung wie man das immer wieder sieht...*

*Ich verstehe: wiedergabemässig hochstehend, mattes Kunstdruckpapier, kein Leinenband, eher Broschur...*

*Genau, unkompliziert, aber gut! So wie amerikanische Bücher im Kunstsektor viel häufiger als bei uns anzutreffen sind...*

Das Engagement des Verlegers geht auf seine Galerietätigkeit zurück: Im März 1972 hat er Museen und Sammler mit der ersten Ausstellung über Ilse Webers neues Schaffen informiert und sie auf diese ausserordentliche Künstlerin aufmerksam gemacht, die seither in keiner bedeutenden Ausstellung zur Gegenwartskunst der Schweiz fehlt.

* (1908–84), von Wettingen, malt seit 1930, 1936/37 bei Othon Friesz in Paris, 1938 in Rom, 1940 Heirat mit Hubert Weber (1908–44), seit 1945 freiberufliche Malerin, August 1982 mit der Familie der Tochter für sechs Jahre nach Washington, wo sie am 6. März 1984 überraschend stirbt. Ausstellungen in der Galerie Raeber: März 1972 und September 1975.

Im März 1982, zehn Jahre nach jener Entdeckung, erscheint das Buch, vom Kuratorium für die Förderung des kulturellen Lebens im Kanton Aargau und dem Aargauischen Kunstverein grosszügig unterstützt.

Ilse Weber

Neuzeit und Vergangenheit berühren sich im Sommer 1982 in der Firma besonders eindrücklich: 150-Jahr-Jubiläum der Schweizerischen Kirchenzeitung und Anschaffung eines Computers für den administrativen Bereich!

Am 24. Juni lauschen die beiden Geschäftsleiter im Seminar St. Beat in Luzern dem Festvortrag von Urs Altermatt, Professor für Schweizer Geschichte an der Universität Freiburg, zum Thema «150 Jahre SKZ – Schwieriger Schweizer Katholizismus», ...

... und drei Wochen später, am 12. Juli, haben sie über den Kauf der elektronischen Datenverarbeitung zu entscheiden. Die Zeit drängt. Für den zwölfjährigen Buchungsautomaten Burroughs 2001 gibt es praktisch keine Ersatzteile mehr, Störungen beim Lochkartenleser und -sorter häufen sich:

Seit einem Jahr befassen wir uns mit der Fachliteratur, führen Gespräche mit Anbietern und Anwendern. Aus allem kristallisiert sich das Philips-System P 4530.

Es verfügt im anspruchsvollsten Teil, bei der Vor- und Nachkalkulation für die Druckerei, über grosse praktische Erfahrung und über das zur Zeit beste Angebot für unsern Mittelbetrieb – das finde ich entscheidend neben den üblichen Anforderungen...

... und der modulare Aufbau dürfte garantieren, dass zu einem späteren Zeitpunkt der Ausbau problemlos möglich ist.

Nach anfänglichen Vorbehalten kommt auch unser beigezogener EDV-Unternehmungsberater zu diesen Schlüssen – mit einer Einschränkung: Die Kapazität der Software-Firma betrachtet er als kritisch. Er schreibt:

„Im gesamten macht das Konzept einen guten Eindruck, weist eine moderne Architektur auf und der angebotene Rechner ist für den Einsatz in Ihrem Betrieb geeignet. Die Kosten liegen im normalen Rahmen..."
Eine bessere Alternative bietet sich uns im jetzigen Zeitpunkt nicht an!

Die Sitzung geht mit dem zustimmenden Beschluss zu Ende, und Bernard Raeber und Max Sproll begeben sich in den Offset-Maschinensaal, wo man auf sie wartet: Alle 27 Mitarbeiterinnen und Mitarbeiter, die in den verschiedenen Abteilungen das Fachorgan «Dach & Wand» des Schweizerischen Dachdeckermeister-Verbandes herstellen helfen, werden fotografiert – für ein Inserat in der Jubiläums-Sondernummer vom August zum 75jährigen Bestehen des Verbandes.

Das Philips-Dialogsystem P 4530 wird Ende Oktober an der Frankenstrasse installiert* – und noch einmal treffen in diesem Jahr zwei Welten aufeinander. Während beim Buchhalter und Prokuristen Peter Bachmann erstmals das Menu auf dem Bildschirm-Terminal aufleuchtet, ...

... druckt man im unteren Offset-Maschinensaal die Farbbogen eines Verlagswerkes, dessen Inhalt an den Anfang unserer Zeitrechnung zurückführt: Die «Luzerner Bühnenkrippe – Das Leben Jesu in vierzehn Bildern» – eine umfassende Dokumentation zum Lebenswerk des Krippenbauers Lucien Sauner an der Pfistergasse in Luzern.**

* Hauptspeicher, 6 Bildschirmterminals, 1 Schnelldrucker, 2 Zeilendrucker, 100-MB-Disk und 11 Programme: Fr. 397 075.– (Finanzierung über Leasing, was der Firma einen grösseren Liquiditätsspielraum gewährleistet). ** (1912), Berufsmusiker (Piccolo und Flöte) am Stadttheater Luzern (47 Jahre), sein Bruder Theophil ist von 1940–73 Buchbindermeister in der Firma Raeber. 1939 Beginn des Krippenbaues, Vorführungen zu Hause. Später auch Spielzeugmacher (Puppenhäuser mit stil- und massstabgerechten Möbeln und Einrichtungsgegenständen).

Die Herausgabe des Buches verhilft einer weiteren Idee zum Durchbruch: die Bühnenkrippe soll erstmals in der Öffentlichkeit vorgeführt werden. Das Gletschergarten-Museum Luzern bietet ideale Möglichkeiten:

Gratuliere, Herr Sauner! Die erste Vorführung hat tadellos geklappt: Bilder, Text, Musik - alles wie am Schnürchen!

Vielen Dank, Herr Wick! Ich war schon etwas nervös! Die letzten Wochen mit Änderungen an der Mechanik und der Aufbau waren gar anstrengend.

Und sind Sie mit den Änderungen zufrieden?

Doch, doch! Aber es wird noch einiges zu tun geben bis in vier Jahren...

Auf Weihnachten 1986 will Lucien Sauner seine Bühnenkrippe (228 cm hoch, 170 cm breit und 45 cm tief) dem Historischen Museum Luzern vermachen. Der Herausgeber und Verleger Bernard Raeber gibt mit dem Buch den Anstoss zu dieser Vergabung, wodurch die Bühnenkrippe der Öffentlichkeit zugänglich wird und ihr als Kulturgut erhalten bleibt.

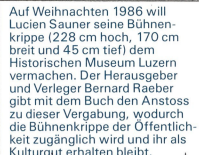

1983 finden Verlag und Druckerei wieder mit einem Buch ein besonderes Echo in der Öffentlichkeit:

Am 27. Oktober kann «Das grosse Buch der Weinjahrgänge» von Michael Broadbent* im Spiegelsaal des Grand Hotel Dolder in Zürich im Rahmen eines «Dîner classique» der Presse vorgestellt werden.

Die renommierten Weinhäuser Reichmuth und Segnitz in Zürich und Bremen stellen die erlesenen Weine zur Verfügung, die unter der Führung des englischen Autors verkostet werden.

* Direktor der Wein-Auktionen im Londoner Auktionshaus Christie's, Autor des 1976 im Raeber Verlag erschienenen Handbuches «Weine – prüfen, kennen, geniessen» (1979 zweite, 1986 dritte und erweiterte Auflage), in der deutschen Bearbeitung von Hanspeter Reichmuth, der mit Rolf Reichmuth, Walter E. Rohner und Hermann Segnitz die Übersetzung von «The Great Vintage Wine Book» besorgt.

Am 14. Oktober ging es auch im Taschenbuchladen Kornmärt um eine besondere Art von Büchern. 150 Jahre befindet sich die Buchhandlung am gleichen Standort und in der gleichen Firma! Man feiert mit der Erweiterung des Ladens um ein zusätzliches Stockwerk und einem neuen Angebot ...

... der einzigen umfangreichen Comic-Abteilung Luzerns und der Innerschweiz!

Der Comic-Spezialist Cuno Affolter informiert in der ersten Sonderveranstaltung über sein Gebiet:

Bevor wir Tim, Struppi und Kapitän Haddock unter die Lupe nehmen, ein Hinweis allgemeiner Art: Die Comics haben seit Ende der sechziger Jahre besonders in Frankreich und in den USA eine stürmische Entwicklung miterlebt – und sie beginnen nun auch den deutschsprachigen Raum zu erobern...*

Schon wenige Wochen später zeigt sich, wie recht der Comic-Spezialist hatte: Der 1. Stock wird zum Geheimtip der sechs- bis sechzigjährigen Comic-Fans der Stadt und Agglomeration – und rund zwei Monate später macht die Eroberung weitere Fortschritte:

Also, Mister Bodyflottt**, was meinst Du zu dieser Idee?

Super!! Die Geschichte der Firma im Comic! Und was erhalte ich als Unterlagen?

Den Überblick in Stichworten aus dem Jahr 1971 werde ich zu einem zusammenhängenden Text umarbeiten...

\* In der deutschsprachigen Schweiz gibt es fünf auf Comics und Cartoons spezialisierte Buchläden in den Städten Basel, Bern, Luzern, St. Gallen und Zürich.   \*\* Bezeichnung für den Comic-Macher Jonas (1968), Sohn von Rosemarie und Andy Raeber-Jenny, Schüler am Städtischen Lehrerseminar Luzern («Schule ist für mich die wichtigste Nebensache der Welt»), seit 1980 Bodyflottt-Hefte (10 Ausgaben im Jahr, im Format 14,8 × 21 cm, selber gezeichnet, kopiert, im Falz geheftet und spediert, 16–20 Seiten mit rund 200 Abonnenten in der Schweiz sowie drei in den USA und einem in Hongkong).

Und so kommt die erste Firmengeschichte der Welt im Comic ins Rollen – die fünfte Generation verfasst den Text, und die sechste zeichnet sie.

Neue Wege auch in der Unternehmungspolitik! An der ausserordentlichen Generalversammlung vom 19. Juni 1984 stellen die Aktionäre die Weichen für die Zukunft:

Einstimmig beschliessen die anwesenden Aktionärinnen und Aktionäre, den Produktionsbetrieb vom Handelsbetrieb zu lösen und als selbständige Firmen unter der Bezeichnung Raeber Druck AG und Raeber Bücher AG weiterzuführen.*

\* Die 11 Aktionäre der Raeber AG beteiligen sich im bisherigen Verhältnis an den beiden Firmen und übertragen der Treuhandfirma Balmer-Etienne Treuhand AG die Mandate. Die Raeber Bücher AG zählt 18, die Raeber Druck AG 70 Angestellte, das durchschnittliche Alter: 38 Jahre (einschliesslich der 14 Lehrtöchter und Lehrlinge: 35 Jahre).

Anton Eicher, der am 10. Juli 1944 als erster Akzidenzsetzer in der Firma Räber & Cie. einen Arbeitsplatz gefunden hat, als sich um offene Stellen bis zu zwanzig gelernte Fachleute bewarben, begibt sich nach 40 Dienstjahren in den verdienten Ruhestand, während der Arbeitsrhythmus im Betrieb unvermindert weiterläuft und bereits wichtige Vorentscheidungen für das kommende Jahr fallen:

*In vier Monaten erhalten Sie die neue Kleinoffsetmaschine Rotaprint – und den Tiegel dort ersetzen wir durch die kleinformatige Presse mit Kuvertanleger! Die gestrige Demonstration in Zürich hat Herrn Sproll und mich überzeugt...*

*Die neue Systematik macht das Kantonsblatt übersichtlicher. Und der blaue Umschlag wirkt freundlicher – diese Probenummer wird den Staatsschreiber Schwegler überzeugen. Regierungsrat Zemp freut sich bestimmt, dass seine Motion als Grossrat in so kurzer Zeit auf den nächsten Jänner realisiert wird...*

Ebenfalls im Januar 1985 erscheint die Berufszeitung der Bäcker und Konditoren «Richemont Fachblatt» in neuer Gestaltung, in grösserem Format und durchgehend vierfarbig – ganz im Zug der Zeit zur Farbe. Ein Jubiläumsgeschenk von Fachschul-Direktor Damian Schmid und «Richemont»- Redaktor Hans Neth zum 40jährigen Bestehen des Verbandes.

Eine erfreuliche Nachricht auch aus Zürich. Redaktor Dr. René Hornung vom Schweizerischen Verein des Gas- und Wasserfaches vermerkt in der Fachzeitschrift «Gas Wasser Abwasser»:

*Druck, Verlag, Administration*

Nicht nur die Redaktion, sondern auch unsere bewährte *Druckerei Raeber AG*, Luzern, hatte mit der sehr umfangreichen Sondernummer «Grundwasserhandbuch» eine harte Probe zu bestehen. Wie die übrigen Nummern wurde auch diese zur vollen Zufriedenheit der Auftraggeber gedruckt und versandt. Dank unveränderter Druckkosten konnten die Abonnementspreise auf dem Vorjahresstand belassen werden.

Der Drucksektor ist es denn auch, der maschinell erneuert werden muss und über den im Dezember 1984 zusammen mit dem Kader und den Druckfachleuten beraten und entschieden wird:

* Seit 1960 im Raeber Verlag, 1984 in der sechsten und neu überarbeiteten Auflage, dank der modernen Fotosatzanlage erstmals in der Setzerei der Firma hergestellt (wissenschaftlicher Satz).

Und die Dinge laufen wie vorgesehen:

Druckmaschinen werden mit Autokran aus dem Hofgebäude entfernt und neue hineingehoben.

... ausgediente Maschinen verlassen die Ausrüsterei und machen Platz für den nötigen Stauraum der wachsenden Periodika.

... die Bogenmontage wird um zwei Arbeitsplätze erweitert.

... die Offsetplattenkopie erhält das modernste Belichtungsgerät und einen Platten-Entwicklungs-Automaten.

... Elektriker, Schreiner, Sanitärinstallateure, Maurer und Bodenleger lösen sich gegenseitig während Monaten ab.*

Sämtliche Fäden der Organisation laufen in der Hand von Max Sproll zusammen, der das grösste Investitionsvorhaben der letzten 25 Jahre bis in die kleinsten Einzelheiten koordiniert.

Mitte Oktober ist es soweit: Die beiden Zweifarben-Offsetpressen laufen zum ersten Mal auf Hochtouren.

**DRÖHN!**

* Sechs neue Druckwerke und Folgeinvestitionen sowie räumliche Anpassungen und arbeitsfreundliche Massnahmen (Installation der sechs Kompressoren der beiden Zweifarbenmaschinen im Keller zur Lärmminderung): Fr. 1 080 202.– Investitionen.

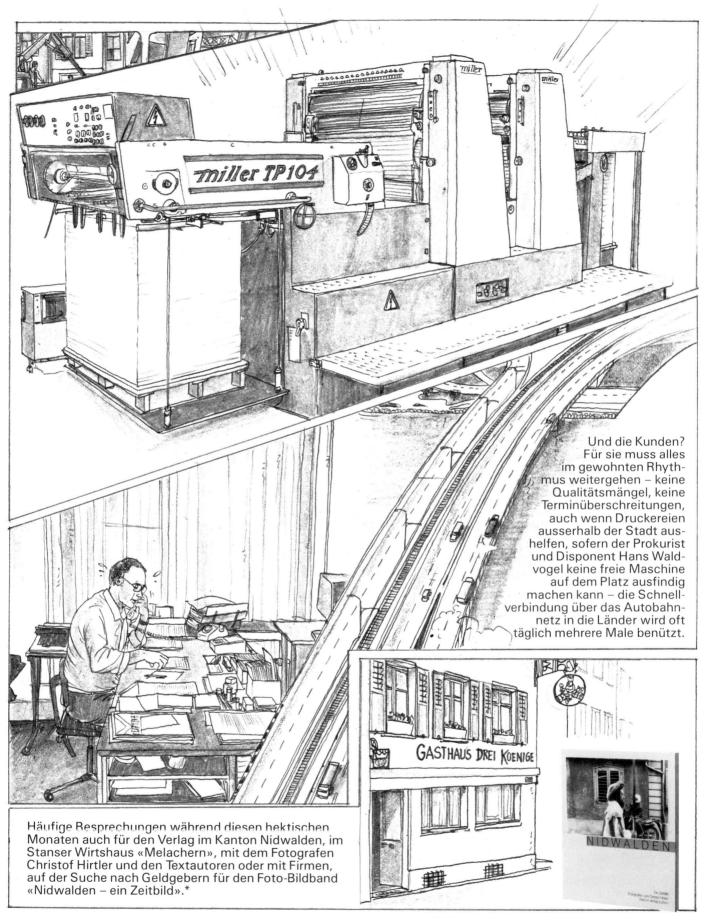

Und die Kunden? Für sie muss alles im gewohnten Rhythmus weitergehen – keine Qualitätsmängel, keine Terminüberschreitungen, auch wenn Druckereien ausserhalb der Stadt aushelfen, sofern der Prokurist und Disponent Hans Waldvogel keine freie Maschine auf dem Platz ausfindig machen kann – die Schnellverbindung über das Autobahnnetz in die Länder wird oft täglich mehrere Male benützt.

Häufige Besprechungen während diesen hektischen Monaten auch für den Verlag im Kanton Nidwalden, im Stanser Wirtshaus «Melachern», mit dem Fotografen Christof Hirtler und den Textautoren oder mit Firmen, auf der Suche nach Geldgebern für den Foto-Bildband «Nidwalden – ein Zeitbild».*

\* Das Buch erscheint zum Stanser Markt am 13. 11. 1985. Fotoausstellungen im Chäslager Stans und an fünf weiteren Orten im Kanton Nidwalden, das Kultur-Journal vom 21. 11. im «Vaterland» (sechsseitiger Bericht), der Nidwaldner-Kalender, Radio DRS Lokalsendung und Radio Pilatus machen das Buch bekannt.

Nicht weniger Sitzungen während der Satzherstellung für das Jahrhundertwerk der Luzerner Botaniker mit regem Hin und Her zwischen Natur-Museum und Frankenstrasse. Die Zusammenarbeit zwischen Dr. Josef Aregger*, Abteilungsleiter Markus Hirt und Gestalter Bruno Bucher harmoniert: der Botaniker schaut den Fachleuten im Betrieb über die Schulter, und diese sehen die Welt der Flora mit neuen Augen.

Nach rund sieben Monaten kann der Sachbearbeiter Alois Grüter das Muster der Buchbinderei Burkhardt dem Verlagsleiter zur letzten Kontrolle vorlegen: 608 Seiten mit 139 farbigen Abbildungen, 114 Zeichnungen und 122 Verbreitungskarten, in Leinen gebunden:

Buchvernissage am Montag, 11. November 1985, um 15 Uhr im Natur-Museum mit Journalisten, Radioleuten und geladenen Gästen – unter ihnen die Regierungsräte Dr. Walter Gut und Dr. Heinrich Zemp sowie der Vizepräsident der Naturforschenden Gesellschaft der Schweiz, Fritz Egger:

* (1910), von Entlebuch, 1950 Doktorarbeit über Entlebucher Flora, 1956 Biologielehrer an der Kantonsschule Luzern, 1961 Konservator des seit 1937 in der alten Kaserne magazinierten Naturhistorischen Museums (1978 Eröffnung des Natur-Museums im ehemaligen Waisenhaus), Präsident der Floristischen Kommission der Naturforschenden Gesellschaft Luzern seit 1945.
** (1831–97) 1858 Kantonsbibliothekar und 1860 Bibliothekar der Bürgerbibliothek, gleichzeitig Besitzer eines Buch- und Antiquariatsladens, erwirbt 1862 von Eduard Hägi die Buchdruckerei, Verleger bedeutender Werke, bekannt als Forscher und Historiker (Luzerner und schweizerische Druckgeschichte).  *** Mitglieder: Dr. Josef Brun, Schwester Dr. Marzella Keller, Franz Portmann, Ruth Schneebeli-Graf, August Schwander und Fredy Zemp.

Acht Tage später findet das Buch neue und ebenso sachverständige Bewunderer, die Pensionierten von Druckerei und Buchhandlung. Beim anschliessenden Gang durch den Betrieb müssen sie immer wieder über die Veränderungen an ihren ehemaligen Arbeitsplätzen staunen.

In der Offsetplattenkopie übernimmt der Entwicklungsautomat die mühsame Handarbeit: Knapp zwei Minuten nach ihrer Belichtung ist die eineinhalb Millimeter Aluminiumplatte entwickelt, fixiert, gewässert, getrocknet, gummiert und zum Einspannen in die Druckpresse bereit.

In der Abonnementverwaltung werden eben die 24 300 Rechnungen der verschiedenen Periodika zum Versand fertig gemacht, nachdem sie der Printer der EDV-Anlage während der Nacht auf Endlosformularen ausgedruckt hat.

Eine noch grössere Neuerung erwartet die Besucher in der Satzverarbeitung:

...und hier sehen Sie unsere jüngste Anschaffung, den Multi-Disk-Reader:...

...Er gestattet uns, Daten von Computeranlagen der Kunden zu übernehmen und in unser Satzsystem zur Weiterverarbeitung einzulesen.

Herr Boll vom B+L Verlag in Schlieren, unser grösster Zeitschriften-Kunde*, wird uns im Frühjahr 1986 die in seiner EDV-Anlage IBM gespeicherten Adressen für seinen Baukatalog auf diese Weise übermitteln...

* Im Geschäftsjahr 1985 machen die wöchentlich und monatlich erscheinenden Periodika, Fachzeitschriften, Verbands- und Vereinsorgane 52% des Druckereiumsatzes aus, d.h., der ehemalige Zeitungsbetrieb ist eine Zeitschriftendruckerei geworden.

Nach dem Rundgang durch den Betrieb treffen sich die Pensionierten mit der Geschäftsleitung zum traditionellen Zobig.* Der jüngste unter den fünf Frauen und neun Männern ist der Abteilungsleiter Druck und langjährige Lehrer an der Berufsschule Gerhard Wicki, der auf den 30. Mai seine Aufgabe in die Hände seines 32jährigen Nachfolgers Jakob Villiger gelegt hat.

Immer wenn der Anlass mit den Pensionierten stattgefunden hat, beginnt für die Buchhandlungen die Zeit der stärksten Kundenfrequenz. Der Dezember macht zwanzig Prozent des Jahresumsatzes im Ladenverkauf aus! Ein hektischer Monat!

```
Christoph Meier                           Luzern, 21. Dezember 1985
Bodenhofstrasse 4
6005 Luzern



Sehr geehrter Herr Raeber

Eine willkommene Ueberraschung. Diese Weihnachtsgabe werde ich
jedenfalls nicht gleichgültig und unbesehen ad acta legen. Herz-
lichen Dank dafür.

Ein ganz grosses Dankeschön gebührt bei dieser Gelegenheit auch
all Ihren Mitarbeiterinnen und Mitarbeitern. Trotz der Springflut
der Neuerscheinungen und dem Ansturm oft launischer und gehetzter
Kunden finde ich in Ihren Geschäften stets freundlichste und
kundige Beratung oder darf ich nach Lust und Laune herumstöbern.
So sind Ihre Buchhandlungen mir auf meinen Stadtgängen lieb-
gewordene Fixpunkte geworden, die ich immer wieder gerne anpeile und
in denen ich mich schon ganz "zu Hause" fühle.

Ganz besonders wertvoll und für Luzern einzigartig finde ich auch
das Angebot im Taschenbuchladen: ein interessantes und individuelles
Programm, das auch Randerscheinungen und "Alternatives" berücksichtigt,
eine Auswahl, die ich sonst in Zürich suchen müsste.

Ihnen allen wünsche ich alles Gute für das kommende Jahr und
grüsse Sie
                                                  freundlich
                                                  Ch. Meier
```

Hektik auch in der Druckerei, besonders in der Nachkalkulation- und Fakturierabteilung. Noch arbeiten die beiden Kalkulatoren Alois Grüter und Alois Widmer nach den herkömmlichen Methoden, aber die Bildschirme des Dialog-Computers P 4530 stehen bereit und werden in wenigen Monaten Tischrechner und Karteien ersetzen.

Das 160. Geschäftsjahr geht zu Ende, das neue steht bevor und hat bereits begonnen. Im technischen Betrieb arbeitet man an den Druckaufträgen, die nach dem Jahreswechsel ausgeliefert werden müssen:

* Am 21. Oktober 1968 von Max Sproll zum ersten Mal organisiert, um einmal im Jahr den Kontakt unter den Pensionierten herzustellen und sie am Geschehen ihrer ehemaligen Firma teilnehmen zu lassen.

Ein kleineres Jubiläum wird in der Firma am Dienstag, den 4. Februar mit der Redaktion einer Sondernummer vorbereitet: Am 27. März 1986 erscheint das Rätsel-Magazin PROBLEM im 50. Jahrgang! Es ist die erste schweizerische Kreuzworträtsel-Zeitung. Gründer, Rätselkonstrukteur, Redaktor, Verleger, Verlagsorganisator und Gestalter in einer Person war 1936 der damals 27jährige Josef Elmiger aus Ermensee. Gedruckt wurde sie bis 1945 bei M. Sproll's Erben am Hirschengraben 15, anschliessend bei C.J. Bucher, bis 1977 die Firma Raeber AG den Verlag und die Abonnementverwaltung übernahm.

Und ins gleiche Jubiläumsjahr fällt eine andere Pionierleistung, die noch weitere 111 Jahre zurückliegt und über die der Gründer Aloys Räber-Leu bemerkte:

*Aktionäre*
Betty Gaechter-Raeber
Joya Peter-Raeber
Andy Raeber-Jenny
Bernard Raeber-Anrig, Geschäftsleitung
Betty Raeber-Schneider
Charlotte Raeber
Heidy Raeber
Stephanie Raeber
Ursula Räber
Patricia Renggli-Raeber
Max Sproll, Geschäftsleitung

*Pensionierte*
Hans Amrein (Hauswart)
Fritz Arnet (Abteilungsleiter Satz)
Maria Baumeler (Ausrüsterei)
Agatha Beck (Buchhaltung)
Hedwig Beutter (Buchhandlung)
Alois Bründler (Druck)
Josef Camenzind (Abteilungsleiter Ausrüsterei)
Anton Eicher (Kalkulation)
Rosa Gassmann (Ausrüsterei)
Lisa Helbling (Ausrüsterei)
Emma Marti (Ausrüsterei)
Karl Nussbaumer (Satz)
Theo Sauner (Papierlager)
Xaver Schwander (Satz)
Josef Seiler (Ausrüsterei)
Frieda Stutz (Ausrüsterei)
Jakob Wälle (Stereotypie)
Gerhard Wicki (Abteilungsleiter Druck)

*Raeber Bücher AG*
Annemarie Erdmann-Kunz, Frankenstrasse
Susan Huber-Brun, Frankenstrasse
Monika Hug, Frankenstrasse
Gabriella Kronenberg, Morgartenstrasse (Büecher Chischte)
Walther Lenggenhager, Frankenstrasse
Madeleine Marti-Meier, Frankenstrasse
Hildegard Meier, Frankenstrasse
Ruth Reinecke-Dahinden, Frankenstrasse
Antoinette Schmid-Iten, Frankenstrasse
Eliane Schum, Kornmarktgasse
Esther Stadelmann, Frankenstrasse
Isidor Stadelmann, Frankenstrasse
Hanna-Mirjam Stadler, Kornmarktgasse
Hans-Beat Stadler, Kornmarktgasse
Bruno Wicki, Kornmarktgasse
Andreas Wolfisberg, Frankenstrasse
Sybille Wyrsch, Frankenstrasse

*Raeber Druck AG*
Christina Achermann, Satz
Silvia Ambühl, Satz
Romana Arminio-Brunori, Ausrüsterei
Peter Bachmann, Buchhaltung
Albert Baldauf, Korrektur
Bernhard Barmet, Druck
René Baumann, Korrektur
Peter Beffa, Satz
Helmuth Beyer, Bogenmontage/Kopie
Daniela Bieri, Satz
Eva Bieri, Satz
Monika Boselli, Ausrüsterei
Sandra Boselli, Ausrüsterei
Frieda Brunori, Ausrüsterei
Bruno Bucher, Satz
Kurt Bürgi, Spedition
Franz Burri, Ausrüsterei
Ursula Dubach, Telefonzentrale
Elmar Elbs, Druck
Agata Flury, Korrektur
Brigitte Gerber, Satz
Alex Gisler, Satz
Alois Grüter, Kalkulation
Franz Hänsli, Satz
Roland Hasenfratz, Satz
Markus Hirt, Abteilungsleiter Satz
Otto Hugenschmidt, Revision
Hans Jagau, Druck
Josefina Knupp-Kreienbühl, Ausrüsterei
Anton Koch, Druck
Herbert Krauer, Druck
Beatrix Kuchen, Satz
Karl Kunz, Druck
Roland Küttel, Druck
Mokhtar Lagrebi, Ausrüsterei
Alois Leirer, Archiv
Annemarie Lingg-Sidler, Spedition
Josef Lustenberger, Satz
Brigitte Mastria, Satz
Alois Muff, Arbeitsvorbereitung
Sybille Mumenthaler, Satz
Heidi Näpflin, Satz
Melchior Odermatt, Papierlager
Ruth Pfister, Administration
Viviana Pizzato, Administration
Claudia Räber, Administration
Tom Roos, Bogenmontage/Kopie
Doris Schaub, Satz
Harry Schilter, Druck
Fritz Schläpfer, Verkauf
Josef Schmidig, Bogenmontage/Kopie
Paul Schneider, Druck
Ruth Schoch, Korrektur
Markus Seifried, Druck
Daniela Siegrist, Satz
Christoph Staehlin, Druck
Gisela Stadelmann, Korrektur
Kurt Staub, Abteilungsleiter Ausrüsterei
Heinz Steimann, Foto
Alfred Suter, Satz
Jakob Villiger, Abteilungsleiter Druck
Hans Waldvogel, Disposition/Einkauf
Veronic Wascher, Satz
Rolf Weibel, Redaktor SKZ
Karl Weimann, Hauswart
Alois Widmer, Kalkulation
Esther Willi, Administration
Marcel Wuillemin, Druck
Marie Wyser, Ausrüsterei
Bruno Zemp, Ausrüsterei

Text von Bernard Raeber-Anrig
Zeichnungen von Jonas Raeber

In rund 800 Stunden zwischen dem 28. Juni 1984 und dem 29. Mai 1986 gezeichnet. 20 Bleistifte und 66 Bleistiftminen ergeben einen Strich von rund 15 Kilometern Länge, könnte man sämtliche gezeichnete Linien und Schraffuren aneinanderreihen. Zwischenverpflegungen mit 114 Stück Äpfeln, Bananen und anderen Früchten, 36 Yoghurts, 17 Stück Schokoladen oder 1,7 Kilogramm sowie 92 Litern Erfrischungsgetränken. Freitag, 28. März 1986, mit 12½ Stunden am Zeichenbrett «Der längste Tag» und gleichzeitig Tagesrekord, sonst 30 Minuten bis 3 Stunden pro Tag durchschnittliche Zeichenarbeit.

# Anhang

Zeittafel der im Buch erwähnten und in der
Firma tätigen Mitglieder der Familien Raeber

Bibliographie: Ungedruckte Quellen, Literatur,
Zeitungen und Zeitschriften, Bildernachweis

Publikationenregister der aufgeführten
Bücher, Broschüren, Flugblätter, Kataloge,
Zeitschriften und Zeitungen

Firmenregister ohne Raeber AG (Druckerei,
Buchhandlungen, Verlag und Galerie)

Personenregister

Im Buch erwähnte und in der Firma tätige Mitglieder der Familien Raeber

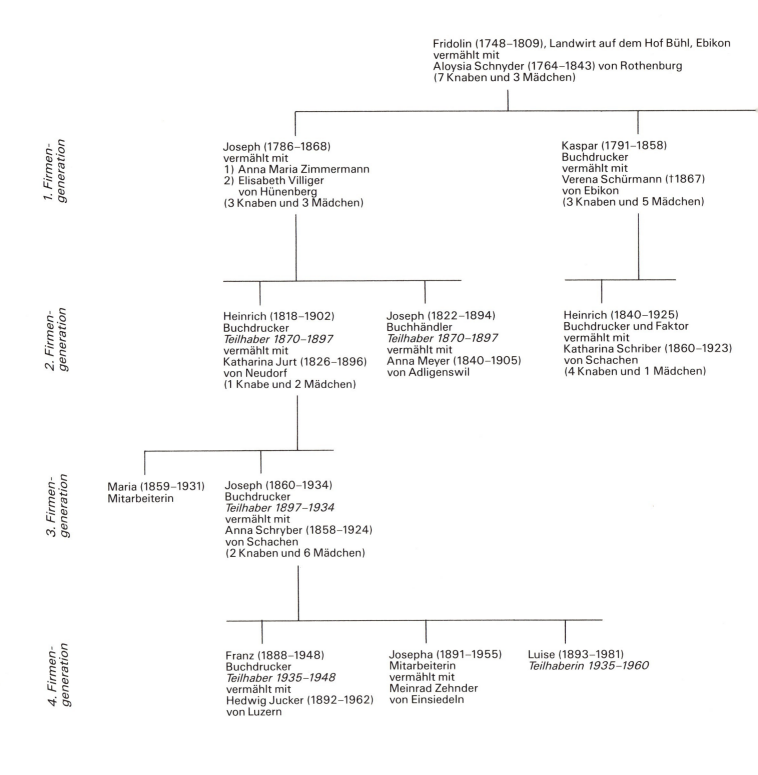

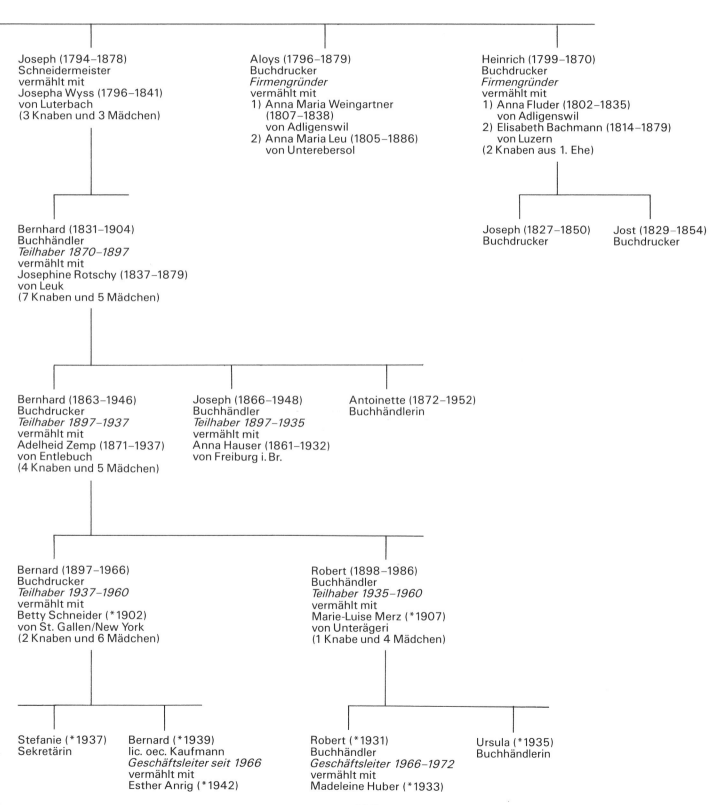

# Bibliographie

## Ungedruckte Quellen

Aus dem Nachlass von Heinrich Räber-Schriber (1840–1925)
Aus dem Nachlass von Joseph Räber-Schryber (1860–1934)
Aus dem Nachlass von Luise Räber (1893–1981)
Aus dem Nachlass von Bernard J. Raeber-Schneider (1897–1966)
Erinnerungen von Heinrich Räber-Jurt (1818–1902)
Firmenarchiv Raeber AG, Luzern
Gautsch-Chronik der Offizin Räber & Cie.
Notizen und Erinnerungen von Aloys Räber-Leu (1796–1879), geschrieben 1868 bis 1874 (Niederschrift Anton Müller [1919–1968], Ebikon 1957)

## Literatur

Altermatt Urs
... dass die Aarebrücke nicht wäre. In Katalog: Ich male für fromme Gemüter. Kunstmuseum Luzern. 1985.

Barraud Christine/Steiner Alois
Kriens. Von den Anfängen bis zur Gegenwart. Kriens 1984.

Bass J.
Das Buchdruckerbuch. Handbuch für Buchdrucker und verwandte Gewerbe. Stuttgart 1930.

Blaser Fritz
Bibliographie der Schweizer Presse. Band I. Basel 1956. Band II. Basel 1958.

Blaser Fritz
Die Luzerner Buchdrucker des 19. Jahrhunderts. Beiträge zur Luzerner Stadtgeschichte. Band I. Luzern 1974.

Blaser Fritz
Luzern im Stichwort. Ein Stadtführer für Einheimische. Luzern im Wandel der Zeiten. Heft 35. Luzern 1965.

Blaser Fritz
Papiermühlen in den Waldstätten. Basel 1977.

Boesch Walter
Zur Geschichte der politischen Presse im Kanton Luzern von 1848–1914. Diss. Zürich 1931.

Bonjour Edgar
Geschichte der Schweizerischen Neutralität. Basel 1970–1976.

Heidi Borner
Zwischen Sonderbund und Kulturkampf. Luzerner Historische Veröffentlichungen. Band II. Luzern/Stuttgart 1981.

Bühlmann Thomas
Ratsherr Josef Leu von Ebersol. Luzern 1926.

Conzemius Victor
Philipp Anton von Segesser 1817–1888. Demokrat zwischen den Fronten. Zürich/Einsiedeln/Köln 1977.

Das Werden der modernen Schweiz.
Band I. Vom Ancien Régime zum Ersten Weltkrieg (1798–1914). Basel 1986.

Die Korporationsgemeinde der Stadt Luzern. Luzern 1986.

Diethelm Paul/Scagnet Ernst
Brauerei Eichhof Luzern. Luzern 1973.

Dubler Anne-Marie
Handwerk, Gewerbe und Zunft in Stadt und Landschaft Luzern. Luzern/Stuttgart 1982.

Dubler Anne-Marie
Geschichte der Luzerner Wirtschaft. Volk, Staat, Wirtschaft im Wandel der Jahrhunderte. Luzern/Stuttgart 1983.

Dubler Anne-Marie
Luzerner Wirtschaftsgeschichte im Bild. Festschrift 125 Jahre Luzerner Kantonalbank. Luzern 1975.

Dürrenmatt Peter
Schweizer Geschichte. Zürich 1963.

Egli Elisabeth
Der alte Balbeler. Pfarrer Xaver Herzog von Ballwil (1810–1883) und sein Anteil an der Luzerner Publizistik des 19. Jahrhunderts. Geschichtsfreund 98.

Ein Quartier im Umbruch.
Beiträge zur Geschichte des Quartiers Hirschmatt-Neustadt-Biregg. Luzern 1978.

Erinnerungen von Dr. Philipp Anton von Segesser. Separatdruck Katholische Schweizer Blätter. Jahrgang 1890.

Fries Othmar
Geschichte der Luzerner Hotellerie. Luzern 1966.

75 Jahre Konservativ-Luzern.
Gedenkschrift zur Feier der 75 Jahre konservative Regierung im Kanton Luzern. Luzern 1946.

75 Jahre Schill-Druck 1876–1951. Luzern 1951.

Geschichte der Schweiz und der Schweizer. Band III. Basel 1983.

Göpfert Josef
Die Typographia Luzern und ihre 50jährige Wirksamkeit. Basel 1909.

Grossmann Elsa
Joseph Aloys Salzmann. Ein Luzerner Buchdrucker, Verleger und Buchhändler im Spiegel der Zeit (1751–1811). Diss. Luzern 1943.

Häfliger René
Geschichte der Studentenverbindungen Industria Lucernensis 1917–1967, Industria Technikum Luzern 1958–1967. Luzern 1967.

Heller Hermann
Die Geschichte der Korporationsgemeinde von Luzern. Luzern im Wandel der Zeiten. Heft 38. Luzern 1966.

Herzog F. A.
Albert Meyenberg. Luzern 1935.

Historisch-biographisches Lexikon der Schweiz. Band I–VII. Neuenburg 1921–1934.

Ineichen Fritz
Kleine Luzerner Kunde. Luzern 1979.

Ineichen Hannes/Zanoni Tomaso
Luzerner Architekten – Architektur und Städtebau im Kanton Luzern 1920–1960. Luzern 1985.

Innerschweizer Schriftsteller
Texte und Lexikon. Luzern 1977.

Kopp Eugen
Die konservative Partei des Kantons Luzern von 1831 bis 1948. Luzern 1950.

Künstler-Lexikon der Schweiz
XX. Jahrhundert. Band I und II. Frauenfeld 1958–1967.

Laube Bruno/Steiner Alois
Luzern. Land der Mitte. Luzern 1979.

Luzern 1178–1978
Beiträge zur Geschichte der Stadt. Luzern 1978.

Marchal Guy P.
Geschichtsbild im Wandel 1782–1982. Luzern 1982.

Meyer André
Siedlungs- und Baudenkmäler im Kanton Luzern.
Luzern 1977.

Meyer Isidor
Die Geschichte der Freimaurerloge FIAT LUX Luzern
1904–1979. Luzern 1979.

Müller Anton
Vom Werden eines Luzerner Geschäftes. In: Christlicher
Hauskalender. Luzern 1958.

Musy Jean
Der Landesstreik vom 11. bis 13. November 1918.
Luzern 1919.

Philipona Pie
Le Chanoine Schorderet 1840–1893. Fribourg 1928.

Peter Bernhard/Huber Josef/Mattmann Albert
Ebikon. 1984.

Räber-Zemp Bernhard
100 Jahre Buchdruckerei und Buchhandlung. Beilage
zum «Vaterland». Luzern 1932.

Räber-Schryber Joseph
Ultra Montes. Erinnerungen an die Schweizer Romfahrt
April 1902. Luzern 1902.

Roggen Ronald
Luzerner Altstadt. Eine bebilderte Quartiergeschichte.
Luzern 1978.

Rosenkranz Paul
Luzern heute. Land, Leute, Staat. Luzern 1982.

Schelbert Joe
Der Landesstreik vom November 1918 in der Region
Luzern. Seine Vorgeschichte, sein Verlauf und seine
Wirkung. Luzern 1985.

Schüppach Werner
Die Bevölkerung der Stadt Luzern 1850–1914.
Luzerner Historische Veröffentlichungen. Band 17.
Luzern/Stuttgart 1983.

Schwegler Josef
Jubiläumsschrift Typographia Luzern 1859–1934.
Luzern 1934.

Schweizerisches Künstler-Lexikon.
Band I–IV. Frauenfeld 1905–1917.

Schwendimann Johann
Rathsherr Joseph Leu von Ebersol und seine Zeit. Die
Parteikämpfe im Kanton Luzern in der ersten Hälfte des
19. Jahrhunderts. Luzern 1895.

700 Jahre Stadt Sursee 1256–1956.
Sursee 1956.

Stadler Peter
Der Kulturkampf in der Schweiz. Eidgenossenschaft
und Katholische Kirche im europäischen Umkreis
1848–1888. Frauenfeld/Stuttgart 1984.

Stammbaum der Familien Räber von Ebikon und Luzern.
Luzern 1968.

Stadt Luzern – Vierwaldstättersee – Zentralschweiz.
Ein kleiner Reiseführer. Luzern 1984.

Steiner Alois
Katholische Kirchgemeinde Luzern 1874–1974.
Luzern 1973.

Steiner Bruno
Die eidgenössische Militärjustiz unter General Dufour im
Sonderbundskrieg. Zürich 1983.

Teucher Eugen
Unsere Bundesräte seit 1848 in Bild und Wort.
Basel 1944.

Thomas Karin/de Vries Gerd
Du Mont's Künstler Lexikon von 1945 bis zur Gegenwart.
Köln 1977.

Von Männern und Zeiten 1848/1923.
Luzern 1923.

Welti Theodor
Festschrift zum fünfzigjährigen Jubiläum der Kranken-
und Invalidenkasse der Buchdrucker der Stadt Luzern.
Luzern 1886.

Winiger Josef 1855–1929.
Luzern 1929.

Winiger Josef
Bundesrat Dr. Zemp. Lebens- und zeitgeschichtliche
Erinnerungen. Luzern 1910.

Zelger Franz
Historisches Luzern. Gesammelte Studien. Luzern 1963.

Zimmermann-Weibel Willy
175 Jahre Rosalische Gesellschaft Luzern. Mitglieder-
verzeichnis von 1799–1974. Luzern 1974.

Zwischen Reuss und Biregg.
Beiträge zur Geschichte des Hirschmatt-Neustadt-
Biregg-Quartiers und seiner Umgebung. Luzern 1964.

## Zeitungen und Zeitschriften

Centralschweizerischer Demokrat
Druck Industrie
Freie Innerschweiz (AZ)
Helvetische Typographia
Luzerner Kantonsblatt (Luzernisches Intelligenzblatt)
Luzerner Neueste Nachrichten
Luzerner Tagblatt
Luzerner Zeitung (unter den verschiedenen Namen)
Schweizerische Buchdruckerzeitung (Print)
Schweizerische Kirchenzeitung
Staatskalender des Kantons Luzern
Vaterland

## Bildernachweis

Die Unterlagen für die Zeichnungen stammen aus dem
Firmenarchiv Raeber AG (Fotos: Urs Gerber, Raoul Heeb,
Hans Huber [1895–1982], Lisa Meyerlist, Bernard L.
Raeber, Heinz Steimann u. a.), aus der Grafischen
Abteilung der Zentralbibliothek Luzern und aus den
Nachlässen der Familien Raeber.

Der Verlag dankt der Zentralbibliothek Luzern für die
Unterstützung, insbesondere Paul Hess sowie Dr. Michael
Riedler im Bildarchiv.

# Publikationenregister

**A**bgewandt – Zugewandt 198
Acht Studien zur christlichen Altertumswissenschaft und zur Kirchengeschichte 144
ACS Aktuell 211
Afrika 183
Aktuelle Technik 211
Almanach Catholique de la Suisse Française 67
Amts-Blatt des Kantons Unterwalden nid dem Wald 66
Amts-Blatt des Kantons Unterwalden ob dem Wald 66
Annemarie von Matt in der Galerie Raeber Luzern 192
Anzeiger für die Stadt Luzern 127
Architektur und Technik 211
Augsburger Postzeitung 68

**B**asler Nachrichten 107
Basler Volksblatt 150
Basler Zeitung 65, 77
Berner Stadtanzeiger 106
Bibliographie der Schweizer Presse 185
Biblische Geschichte 5
Bodyflottt-Heft 204
Briefmarken-Auktionskatalog Schweiz-Liechtenstein 213
Bruder-Klausen-Kalender 67
Buchstabir-, Syllabir- und erstes Lesebüchlein für die Schuljugend des Kantons Unterwalden nid dem Wald 66

**C**alender Romantsch 67
Camping Caravanning Revue 211, 213
Centralschweizerischer Demokrat 111, 134
Charakterbilder aus Luzerns Vergangenheit 124
Christlicher Hausfreund, St. Gallen 67
Christlicher Hauskalender s. Der Grosse Christliche Hauskalender

**D**ach & Wand 202, 211
Das Alphorn 62
Das Ei 198
Das Eidgenössische Kreuz 87–89
Das ewige Siegel 175
Das grosse Buch der Weinjahrgänge 203
Das Landhaus Waldbühl von M. H. Baillie Scott 195
Das Rechnungswesen im Schweizerischen Buchdruckergewerbe 164
Das Theater – unsere Welt 199f.
Deheime 143
Der Bürgerturner 187, 211
Der Eidgenosse 23, 31, 63, 72, 89
Der Eidgenosse von Luzern 41, 43
Der Grosse Christliche Hauskalender 34, 67, 92, 143f., 152, 182
Der Katholische Luzernerbieter 66, 68
Deutsche Menschen 158
Die Apostel 175
Die Engel 175
Die Freiheit, Willisau 85
Die Geschichte der Schweizergarde und die Schweizer in päpstlichen Diensten 142f.
Die Korporationsgemeinde der Stadt Luzern 214
Die Luzerner Buchdrucker des 19. Jahrhunderts 185
Die neuen Leiden des jungen W. 198
Die Schweizergarde in Rom 175
Dissensions and Disturbances in Switzerland 53

**E**idgenössische Zeitung, Bern 77
Eigentlich möchte Frau Blum den Milchmann kennenlernen 177
Ein Urschweizer erzählt 190
Eine Stimme für St. Urban und Rathausen 63
Einsiedler Kalender 67
Entlassungen aus der Hölle 189
Entlebucher Anzeiger 166

**F**estreden an der fünften Säkularfeier der Schlacht von Sempach 101
Flora des Kantons Luzern 207, 210
Flora des Kantons Luzern, der Rigi und des Pilatus (1860) 210
Frankfurter Allgemeine Zeitung 182
Frankfurter Rundschau 182
Freie Innerschweiz 169
Führung 163
Fünf Jahre Galerie Raeber Luzern 183
75 Jahre Konservativ Luzern 165

**G**as Wasser Abwasser 206, 211
Georges Einbeck 192
Geschichte der Studentenverbindungen Industria Lucernensis 1917–1967, Industria Technikum Luzern 1958–1967 182
Geschichte des Kantons Luzern im 16. und 17. Jahrhundert 163
Geschichte des Kantons Luzern von der Urzeit bis zum Jahre 1500 144, 148f.
Gewehr von der Wand – Tagebuch eines Feldpredigers 190
Goldau und seine Gegend, wie sie war und was sie geworden, in Zeichnungen und Beschreibungen 9
Grosser Katechismus 164
Grosse Rechtssammlung des Kantons Luzern 214
Grundwasserhandbuch 206

**H**eldentod der Schweizergarde in Rom im Jahre 1527 142
Helvetische Typographia 129
Hochwacht, Winterthur 159
Hundert wildi Schoss 143

**I**l Cattolico Svizzera Italiana 67
Ilse Weber 200f.
Industrie-Rundschau 183
Innerschweizer Schriftsteller – Texte und Lexikon 195

**J**ournal des Débats, Paris 51
Jungmannschaft 163

**K**. F. Schobinger 192
Kleinstadt unterm Hakenkreuz 150
Konservativ Luzern 1871–1921 137f.
Kunst: 28 Schweizer 189, 192
KV-Nachrichten 211

**L**a Liberté, Freiburg 85–87
Literarischer Anzeiger der Gebrüder Räber 58
Lueginsland 104f.
Luzerner Bote, Sursee 62, 64f.
Luzerner Bühnenkrippe – Das Leben Jesu in vierzehn Bildern 202f.

Luzerner Gewerbe-Zeitung 176, 211
Luzerner Haus-Kalender (Meyer-Brattig) 34, 68
Luzerner Kantonsblatt (Luzernisches Kantonsblatt) 16, 91f., 135, 181, 206, 211
Luzerner Landbote 71, 73
Luzerner Mode-Gazette 173
Luzerner Neuste Nachrichten 111, 147, 153, 169
Luzerner Tagblatt 72, 85, 89, 103, 105, 107, 114, 153, 169
Luzerner Tagblatt-Fremdenverzeichnis (Tagblatt der Stadt Luzern) 52
Luzerner Tages-Anzeiger 111
Luzerner Tagszeitung 62
Luzerner Volksblatt 44, 62, 94
Luzerner Volkskalender 34
Luzerner Wochen-Zeitung 62, 69
Luzerner Zeitung 24f., 28, 40–42, 58, 62–65, 69–72, 77, 84–90, 96, 102, 106, 137, 146, 148
Luzernisches Intelligenz-Blatt 16, 185

**M**aria, unsere Hohe Liebe Frau 175
Moment-Fahrplan 183
Monat-Rosen 94
Moosbrugger, Andreas und Peter – zur Stuckdekoration des Rokoko in der Schweiz 195

**N**ationalzeitung, Basel 106
Neue Luzerner Zeitung 61f.
Neue Schweizer Zeitung, Baden 77
Neue Zürcher Zeitung 85, 107, 169, 178, 189
Neuer Hauskalender, Zug 34
Neuer St. Galler Kalender 67
Neuer Thüringscher Haus-Kalender 67
Nidwalden – ein Zeitbild 209
Nidwaldner Kalender 209

**O**ffizieller Fest-Führer für das Eidgenössische Schützenfest in Luzern 1901 125
Ostschweiz, St. Gallen 97, 159

**P**roblem, Rätsel Magazin 211, 215

**R**ausch, Suff und Katzenjammer 128
Rechtsgeschichte der Stadt und Republik Luzern 68
Revidierte Verfassung des Kantons Unterwalden ob dem Wald vom 28. April 1850 66
Richemont Fachblatt 171, 206, 211

**S**aarbrücker Rundschau 182
St. Elisabeth-Rosen 124
St. Ursenkalender, Solothurn 67
Schaffhauser Zeitung 159, 188
Schizophrenie und Droge in der Malerei – Beispiele aus der Psychiatrischen Klinik St. Urban 191
Schuttbuch s. Goldau und seine Gegend
Schweizer Camping-Verzeichnis 213
Schweizer Kartell Industria 211
Schweizer-Zeitung 77
Schweizerische Bundeszeitung 41
Schweizerische Kirchenzeitung 22, 28, 58, 84, 114, 146, 182, 188, 201, 211
Schwyzer Volksblatt 65
Schwyzer Zeitung 65, 70, 77
Soldatenbuch 173
Sonntagsblatt des Vaterland 133, 137
Staatskalender des Kantons Luzern 59
Staatszeitung der Katholischen Schweiz 42f., 47

Stochastik – Einführung in die elementare Statistik und Wahrscheinlichkeitsrechnung 177, 207
Stop-Revue 176
Stuttgarter Zeitung 182

Tagebuch 190
Tages-Anzeiger, Zürich 178
The Great Vintage Wine Book 203
Thüringscher Haus-Kalender 68, 92, 143
Tribune, New York 99

Ultra montes – Erinnerung an die Schweizer Romfahrt 125
Union Helvetica 159
Urschweiz 62

Vaterland (Das Vaterland) 86–88, 90–92, 94, 97 f., 103–107, 113 f., 120 f., 125–128, 132–134, 136 f., 139, 144, 146–153, 158–160, 162 f., 165, 169, 176, 179, 183, 200, 209
Vaterland, Wien 89
Volkskalender, Solothurn 67
Volkszeitung 25

Waldstätterbote 21–23
Weihnachtshomiletik 138
Weine – prüfen, kennen, geniessen 203
Weltwoche, Zürich 189

Zeichen der gegenwärtigen Zeit im Guten und Bösen – zunächst in bezug auf die Schweiz 16
Zentralschweizer AZ 169
Zum neuen Tag 190
Zur Besserung der Person 191
Zürcher-Journal 173, 175
Zürcher Mode-Gazette 173
Zürcher Tagblatt 106

# Firmenregister

Abegglen-Pfister, Hotelbedarf 176
Aberegg-Steiner & Cie. AG, Klischeeanstalt, Bern 167 f.
Adler, Gasthaus 43, 50
Aéro Genossenschaft 126
American Type Founders, Schriftgiesserei, New Jersey 181
Anich & Compagnie, Druckerei, Verlag und Buchhandlung 11–13, 15, 18, 20 f., 30, 146, 172
Artemis Verlag, Zürich 183
Astoria, Hotel 173
Axenstein, Hotel, Morschach 70

Bächler-Sidler AG, Druckerei 176
Balmer-Etienne Treuhand AG 187, 205
Benziger, Druckerei und Verlag, Einsiedeln 55, 67, 175
Berichthaus-Druckerei 23
Blunschi, Druckerei, Zug 34
Bucher C. J., Druckerei und Verlag 99, 103, 110 f., 145, 157, 167 f., 171, 215
Bucher & Müller, Druckerei 99
Bürgenstock (Hotels, Bahn und Elektrizitätswerk) 146
Burkhardt AG, Buchbinderei, Zürich 210
Burkhardt, Druckerei 103, 110
B+L Verlag, Schlieren 211

Centralbahn-Gesellschaft 81
CG Compugraphic Corp., Wilmington 193
Christie's, Auktionshaus, London 203
Cook's Reisebüro, Leicester 81
Cotta Verlag, Stuttgart 62

Des Alpes, Hotel 30
Dolder, Grand Hotel, Zürich 203
Drei Könige, Gasthaus, Stans 209
Du Nord, Hotel 117

Ebneter, Buchhandlung 187
Eden, Hotel 198
Eichhof, Brauerei 115
Elektrizitätswerk Luzern 120
Engel, Wirtshaus zum 44, 174
Englischer Hof, Hotel 41
Erb Verlag, Düsseldorf 198

Falck & Co., Bank 113, 165
Fédéral, Café 75
Frankenthal, Albert & Co. AG, Maschinenfabrik, Frankenthal 107
Frey & Co. AG, Elektrofirma 146
Frohburg, Restaurant 188, 198

Gasfabrik (Riedlinger L. A.) 82
Gassmann, Druckerei, Biel 174
Genossenschafts-Buchdruckerei 111
Gessler S. A., Druckerei, Sion 172
Gietz & Co. Johann, Maschinenfabrik, Dietlikon 181, 207
Gilli, Kaffeehaus 89, 96
Graberg, Schriftgiesserei, Zürich 28 f.
Grafica, Druckerei, Basel 174
Gutenberg, Buchdruckerei und Papierhandlung 113, 121, 125

Haasenstein & Vogler, Annoncen 122
Hartmann, Papierfabrik, Horw 29

Hautt, Buchantiquariat 18, 21
Herder, Verlag und Buchhandlung, Freiburg im Breisgau 106
Hochstrasser, Kaffeerösterei und Kolonialwarenhandlung 174
Hofer & Co., Lebensmittelgrossist, Ebikon 176
Hübscher, Druckerei 23

Imbach & Weber, Druckerei 110

Keller, Baufirma 117
Keller & Co. AG, Druckerei und Verlag 105, 110, 145, 157, 164, 174
Klein, Druckerei 110
Klein, Forst & Bohr, Maschinenfabrik, Johannisberg 42, 76
Klimsenhorn, Hotel 29
Klosterdruckerei, Einsiedeln 55
Knörr, Bankhaus 94
König & Bauer, Maschinenfabrik, Oberzell b. Würzburg 41, 107
Konkordia, Krankenkasse 104
Kupferwalzwerk, Kriens 60

Label Manufactures National Association, Chicago 145
Lindenhof, Wirtshaus 33
Lindt & Sprüngli, Schokoladenfabrik, Zürich 187
Linotype-Konzern, Berlin 114
Littéraire, Café, Zürich 48
Löwen, Gasthaus, Ebikon 124
Lüscher, Leber & Cie. AG, Bern 193
Luzerner Kantonalbank 92, 94, 116, 165

Maihof AG, Druckerei und Verlag 172, 176
Meienrisli, Wirtshaus 36
Melachern s. Drei Könige
Metzgern, Gasthaus zur 105, 120, 139
Meyer, Buchhandlung 18 f., 29
Meyer & Cie., Druckerei und Verlag 18 f., 29, 41 f., 44, 52, 73, 91, 99, 110
Meyer, Walzwerk, Kriens 30, 37
Monopol & Metropol, Hotel 187
Müller, Treuhandbureau 159
Muth, Bierhalle 99

Nationalbank 134

Oerlikon-Maschinenfabrik, Oerlikon 120
Orell Füssli & Comp., Druckerei, Verlag und Buchhandlung, Zürich 41, 103
Orell, Gessner, Füssli & Co., Druckerei, Verlag und Schriftgiesserei, Zürich 29

Palace, Hotel 115
Papiermühle Horw s. Hartmann
Perlen-Papierfabrik, Perlen 139
Petermann, Druckerei 23
Poststelle Ebikon 73
Postverwaltung, Eidgenössische 73, 167, 213 f.
Propaganda, Vatikanische Druckerei, Rom 15, 98
Pustet, Buch- und Verlagshandlung, Regensburg 106

Rebstock, Gasthaus 20
Regazzoni, Café 96
Reichenbach Elektrowerke, Meiringen 146
Reichmuth AG, Albert, Weinhandlung, Zürich 203
Réunis S. A., Druckerei, Lausanne 145
Rex Verlag 163
Ringier, Verlag und Druckerei, Zofingen 99

Rölli-Schär, R. und B., Briefmarken   213
Rössli, Gasthaus   17, 52
Rosengarten, Brauerei zum   115
Roth & Sauter, Druckerei, Lausanne   174
Rütli, Hotel   176

Salzmann, Druckerei   11
Schenk, Mechanische Werkstatt, Bern   30
Scherer, Buchhandlung, Solothurn   58
Scherer, Druckerei   23
Schiff, Wirtshaus   33, 99
Schiffahrtsgesellschaft des Vierwaldstättersees   81
Schiffmann, Franz-Joseph, Verlag   210
Schill & Cie., Druckerei   103, 110
Schlüssel, Gasthaus   50
Schneidern, Gasthaus zur   93f., 176
Schulze, Druckerei, Basel   84
Schumacher, Tabakwaren- und Lebensmittelhandlung   174
Schüpfheim AG, Druckerei, Schüpfheim   166
Schwanen, Hotel   33, 40, 52
Schweizerhof, Hotel   52
Schweizerische Bundesbahnen   105, 125, 169
Schweizerische Katholische Genossenschaftsbank   153
Schweizerische Kreditanstalt   90, 133
Schweizerische Mobiliarversicherung   60
Schwert, Gasthof, Arth   9
Segnitz & Co., A., Weinhandlung, Bremen   203
Spar- und Leih-Cassa s. Luzerner Kantonalbank
Sparkasse Willisau   146
Spengler, Modehaus   96
Sproll's M. Erben, Druckerei u. Papeterie   110, 174, 215
Stähli, Galerie   189
Stamminger, Mechanische Werkstätten, Bern   92, 166
Stocker, Buchhandlung   158
Storchen, Gasthaus   33
Studer-Meier, Druckerei   172

Thüring, Buchhandlung   18
Thüring, Druckerei und Verlag   28, 44, 52, 68

Union, Druckerei s. Genossenschafts-Buchdruckerei
Union, Hotel   121, 139, 165, 172, 198
Union Helvetia, Hotelfachschule   143
Unternehmen und Markt AG, Rheinfelden   185

Vaterland AG, Zeitungsverlag   88, 90, 105, 113, 116, 125, 127, 132, 136, 151, 153, 159–161, 165f., 169, 171–174
Victoria, Hotel   138
Vita Nova Verlag   158
Vogtländische Maschinen-Fabrik AG, Plauen   119–121
Volkshaus, Hotel   134

Waage, Hotel   52
Walter Verlag, Olten   173, 175
Winkler, Fallert & Cie., Maschinenfabrik, Bern   143
Wyssing, Druckerei   18

Zemp Robert & Co. AG, Möbelfabrik, Reussbühl   112, 180
Zeugin, Werbeatelier, Ebikon   177
Zytglogge Verlag, Bern   191

# Personenregister

Aalto, Alvar (1898–1976)   180
Abt, Hans   142
Achermann, Christina   219
Affolter, Cuno   204
Afro eigentlich Basaldella (1912–1975)   197
Agosti, Jean Paul   197
Altermatt, Urs   201
Althaus, Peter F.   182
Amberg, Johann (1830–1887)   71f., 90, 96, 102
Ambühl, Silvia   219
Amgwerd, Josef (1864–1942)   141
Ami, Ben   197
Ammann, Wilhelm (1810–1859)   46
Amrein, Hans   219
Anderhub, Jean-Paul   199
Andermatt, Werner   197
Anich, Anna-Maria   14
Anich-Balthasar, Niklaus (1799–1845)   14, 20, 38
Anich-Höck, Anna Maria   14
Anich-Höck, Johann Martin (1767–1838)   11–15, 18–22, 38, 42, 73, 185
Anrig, Esther   223
Aregger, Josef   210
Arminio-Brunori, Romana   219
Arnet, Fritz   184, 192, 219
Arnet, Moritz   198
Arnold, Tino   189
Attinghausen, Freiherr von   20
Auf der Maur, Anton (1879–1943)   149f., 158

Bachmann, Albert   173
Bachmann, Anton   73
Bachmann, Elisabeth (1814–1879)   223
Bachmann, Erwin   215
Bachmann, Peter   201f., 219
Bader, Alfred   191
Bader, Johann genannt Jean (1854–1885)   99
Bader, Karl Jakob (1850–1913)   99
Baldauf, Albert   219
Balthasar, Theresia (1804–1880)   20
Bangerter, Max   187
Barmet, Bernhard   219
Barmettler, Agnes   197
Baschung, Urs   192
Baumann, Karl   66
Baumann, René   219
Baumann, Lorenz (1786–1851)   31
Baumeler, Maria   219
Baumgartner, Charles   213
Beck, Agatha   183, 219
Beck-Leu, Franz Xaver (1827–1894)   71, 89
Beeler, Armin   198
Beffa, Peter   219
Benedikt XV. (1854–1922), Papst   135
Beneš, Vlastimil (1908–1981)   197
Benjamin, Walter (1892–1940)   158
Benziger, Josef Karl (1799–1873)   55, 67
Benziger, Niklaus (1808–1864)   55, 67
Berri, Melchior (1801–1854)   40
Bertha, Heilige   124
Beutter, Hedwig   219
Beyer, Helmuth   219
Bichsel, Peter   177

Bieri, Daniela   219
Bieri, Eva   219
Bismarck, Otto Eduard Leopold von (1815–1898)   78
Blaich, Hans Erich (1873–1945)   135
Blaser, Fritz (1898–1980)   185
Blättler, Hans (1927–1983)   175
Blättler, Kaspar (1791–1872)   29
Blättler, Rudolf   190, 197
Blunschi, Franz Michael (1798–1862)   34
Boll, Marcel E.   211
Bolzern, Josef Andreas (1830–1906)   71, 75, 99
Bonzanigo   151
Boselli, Monika   219
Boselli, Sandra   219
Bossard, Erwin   197
Bosshard, Georg Josef (1814–1894)   63
Bott, Francis   178, 197
Brechbühl, Beat   177
Bright, F. E.   114
Broadbent, Michael   203
Brun, Josef   210
Bründler, Alois   184, 219
Brunner, Jakob (1779–1846)   11
Brunori, Frieda   219
Bucher, Alice   168
Bucher, Bruno   210, 219
Bucher, Carl Josef (1873–1950)   75, 99, 138
Bucher, Hans   197
Bucher, Josef Leonz (1831–1905)   75, 99, 110
Bucher, Josef Leonz   33
Bucher, Theodor (1868–1935)   143
Buchwalder, Ernst   195, 197
Bugnon, Roland   189
Buholzer   16
Bühler, Franz-Josef (1881–1925)   139
Bühlmann, Joseph   164
Buob, Hans (1887–1969)   123
Buol-Schauenstein, Karl Rudolf von (1760–1833)   31
Büren, Francisca von   28
Burger, Arnold   181, 192, 194
Bürgi, Kurt   219
Burkhardt, Jakob (1851–1919)   99, 110
Burri, Franz   219
Bütler, Heinz   191
Bütler, Urs   192

Calame, Alexandre (1810–1864)   94
Camenzind, Josef   219
Clemens VII. (1478–1534), Papst   142
Condrau, Plazid (1911–1966)   159
Corragioni d'Orelli, Emanuel (1796–1834)   29
Corragioni d'Orelli, Ludwig (1758–1830)   29
Christian IX. (1818–1906), Dänischer König   78
Czekalla, Wolfgang   192

Dahmen, Karl Fred (1917–1980)   178, 197
Dennhardt, J. W.   60
Deucher, Adolf (1831–1912)   102
Diday, François (1802–1877)   94
Disler, Pfarrer   11f.
Disler, Schriftsetzer   103
Dmitrienko, Pierre (1925–1974)   182, 197
Dreyfuss, Ernst (1908–1979)   197
Dubach, Ursula   219
Dubois, Frédéric   199
Dufour, Henri (1787–1875)   54, 56, 58
Dumitresco, Natalia   197
Duret, Joseph (1824–1911)   84, 87f.

Durrer, Robert (1867–1934)  141–143
Duttweiler, Gottlieb (1888–1962)  70

**E**berle, Ambros (1820–1883)  70
Egger, Fritz  210
Eggler, Axel (1901–1977)  197
Egli, Jost Xaver (1790–1859)  34
Egloff, Anton  178, 180, 183, 185, 189, 197
Eicher, Anton  182, 206, 219
Eigenheer, Hans  196 f.
Eiholzer, Anton (1870–1948)  120–122, 163
Einbeck, Georges (1871–1951)  192, 197
Einbeck-Holle, Daisy (1893–1982)  191 f.
Elbs, Elmar  207, 219
Elisabeth von Thüringen, Heilige (1207–1231)  124
Elmiger, Josef (1910–1984)  215
Emmenegger, Emil (1890–1977)  166, 169
Endemann, Heinrich (1846–1914)  115
Erdmann-Kunz, Annemarie  214, 219
Ernst, Viktor von (1881–1952)  146

**F**alck-Crivelli, Ludwig (1838–1905)  113
Federspiel, Jürg  198
Fellmann, Dominik (1849–1919)  113 f., 136, 166
Féraud, Albert  197
Fischer, Gustav (1855–1921)  97, 103, 128 f., 132, 136
Fischer, Hans genannt John (1901–1974)  169
Fischer, Kaspar  189, 197
Fischer, Vinzenz (1816–1896)  90
Fleury, Fidel (1806–1874)  36 f.
Fluder  120
Fluder, Anna (1802–1835)  21, 26, 223
Fluder, Bernhard  21, 83
Flury, Agata  219
Franz Ferdinand (1863–1914), Erzherzog  128
Franz Joseph I. (1830–1916), Kaiser  47
Frei, Silvia  189, 197
Frei, Walter  189, 197
Frey-Fürst, Friedrich (1882–1953)  146
Fries, Othmar  199
Friesz, Othon  200
Fuchs, Jakob  195
Fürstenberg, Fürstin von  63

**G**ableck, Franz  191
Gaechter-Raeber, Betty  219
Gali, Carl (1954–1971)  197
Gasparri, Pietro (1852–1934)  142
Gassmann, Rosa  219
Gaul, Winfred  197
Gerber, Brigitte  219
Gerig, Charles  180
Giger, Paul  197
Gilli, Johann  96
Gilli, Marie (*1881)  114
Gisler, Alex  219
Glauser, Fritz  214
Glenn, John  181
Gmür, Joseph (1821–1882)  77
Göldlin, Oberst  80
Göldlin von Tiefenau, Antonia  10
Göldlin von Tiefenau, Lorenz (1802–1864)  21
Göring, Hermann (1893–1945)  149
Gosteli, Ernst  199
Gotthelf, Jeremias eigentlich Albert Bitzius (1797–1854)  105
Graberg, Christian Friedrich (1836–1908?)  29
Graberg, Friedrich (1788–1871)  29 f.
Greber, Kaspar  64

Gregor der Grosse (540–604), Papst  143
Greter, Anna (1884–1966)  135
Greter-Achermann, Anna-Maria (1855–1928)  141
Grüter, Alois  207, 210, 212, 219
Grüter, Sebastian (1871–1963)  163
Guisan, Henri (1874–1960)  163
Guizot, François Pierre Guilleaume (1787–1874)  51
Günthard, Jack  187
Gut, Walter  210
Gutenberg eigentlich Johannes Gensfleisch (um 1394–1468)  119

**H**aag, Herbert  177
Haas, Aloys (1790–1870)  41
Haas, Leonard  33
Haas, Leonhard (1833–1906)  101, 114
Habe, Hans  177
Häberlin, Heinrich (1868–1947)  151
Hägi, Eduard (1836–1906)  210
Halter, Peter (1856–1922)  192
Halter, Peter (1894–1985)  192
Hänggi, Anton  182
Hänsle  103
Hänsli, Franz  206, 219
Harder, Anton  191
Härdi-Keller, Carl Moritz (1838–1878)  99
Hartmann, Johann Franz Martin Anton  1
Hartmann-Trachsler, Ludwig (1781–1846)  29
Hasenfratz, Roland  219
Hauser, Anna (1861–1932)  223
Hauser, Johann  191
Hauser, Walter (1902–1963)  175
Hautt, Alois Xaver Valentin (1806–1871)  21
Hautt, Buchdruckerfamilie  185
Heckel, Erich (1883–1970)  197
Hegner, Gotthard  91
Heine, Baronin  119
Helbling, Lisa  219
Heller, Hermann August (1850–1917)  111, 125
Hensgen  60
Henzi, Fritz (1867–1928)  127
Hermann, Caspar (1885–1955)  143
Herzog-Weber, Adam (1829–1895)  71, 89
Herzog, Eduard (1841–1924)  89
Herzog, Josef  190, 197
Herzog, Xaver genannt «Balbeler» (1810–1883)  66, 68
Hesse, Hermann (1877–1962)  197
Hirschbühl, Alois (1883–1950)  142, 151
Hirt, Markus  210, 213, 219
Hirt, Oscar (1856–1901)  127, 137
Hirtler, Christof  205, 209
Hitler, Adolf (1889–1945)  147, 149, 154
Hochstrasser, Martin Alois (1821–1895)  74 f., 174
Hodel, Ernst (1881–1955)  143
Hofer-Hürlimann, Walter (1899–1978)  171
Hoheisel, Max (1881–1967)  173
Hohenberg, Herzogin von (1868–1914)  128
Holbein der Jüngere, Hans (1497?–1543)  17
Hollenstein, Willy (*1874)  114
Holz, Detlef s. Benjamin Walter
Holzmann  11
Hophan, Otto Hermann (1898–1968)  175
Hornung, René  206
Huber, Madeleine  223
Huber-Brun, Susan  219
Hübscher, Kaspar (1812–1865)  23, 62
Hug, Monika  219

Hugenschmidt, Otto  206, 219
Hügi, Emil (1882–1954)  143
Hunkeler, Anton  64
Hunkeler, Josef Leonz  23
Hüppi, Alfonso  197
Hurschler, Josef (1879–1905)  126
Hürzeler, Roland  187

**I**mbach, Johann Baptist (1865–1939)  110
Ineichen, Josef (1824–1872)  61
Ineichen, Robert  177, 207
Isaak-Meyer von Schauensee, Josef (1799–1853)  40, 44
Iseli, Rolf  187, 190, 197
Istrati, Alexandre  197

**J**aenisch, Hans  197
Jagau, Hans  219
Jenkins, Paul  178, 197
Johannes XXIII. (1881–1963), Papst  188
Jost, Josef  169, 172
Jucker-Billwiller, Albert (1858–1930)  132
Jucker, Hedwig (1892–1962)  132 f., 153, 222
Jurt, Burkard (1822–1900)  74
Jurt, Katharina (1826–1896)  74, 222

**K**äch, Jakob  114
Karl V. (1500–1558), römisch-deutscher Kaiser  142
Karrer, Otto (1888–1976)  159
Käslin, Walter  195
Kavurić-Kurtović, Nives  178, 197
Keller, David Heinrich (1843–1929)  99, 110 f.
Keller, Franz Xaver (1772–1816)  29
Keller, Marzella  210
Kerer, Alois  184
Klein, Emil (1852–1915)  110
Knab, Otto Michael  149 f.
Kneubühler, Conrad  85
Kneubühler, Theo  189, 192
Knörr, Johann Friedrich  17
Knörr, Kasimir Friedrich (1808–1882)  94
Knupp-Kreienbühl, Josefina  219
Knüsel-Suidter, Melchior  26
Knüsel, Melchior Josef Martin (1813–1889)  65
Koch, Anton  219
Kohler, Markus (1942–1967)  197
Kolumbus, Christoph (um 1451–1506)  94
Kopp, Alois (1827–1891)  63, 89
Kopp, Jakob (1786–1859)  37, 42, 55–57, 59
Kopp, Jakob  36 f.
Kopp, Paul (1900–1984)  199
Kost, Vinzenz (1844–1905)  109
Kost, Walter  163 f.
Krauer, Herbert  219
Krebs, Karl-Friedrich (1880–1945)  157
Kreienbühl, Ernst (1913–1974)  160–163, 165, 167 f.
Kreienbühl-Berner, Friedel  160
Kreyenbühl, Vinzenz (1836–1925)  93–95, 98, 136
Krieg, Paul Maria  151, 175
Krieger, Konrad  181
Kronenberg, Gabriella  200, 219
Kuchen, Beatrix  219
Küng, Jakob  134
Kunz, Karl  219
Kurzmeyer, Werner  189
Küttel, Roland  219

**L**agrebi, Mokhtar  219
Landolt, Otto (1889–1951)  143

Lanston, Tolbert 145
La Salle, Pierre-Isaac 37
Lassberg, Freiherr von 63
Lavalette, E. 173, 175
Leberer, Albert 191
Leimbacher, Joseph 18
Leimgruber, Otto 153
Leirer, Alois 219
Lenggenhager, Walther 195, 198, 219
Leo XIII. (1810–1903), Papst 125
Leszinski, Max 96
Leu, Franz Xaver (1904–1984) 171
Leu, Josef (1800–1845) 19, 38–40, 48–50, 71
Leu, Maria (1805–1886) 38, 223
Leu, Maria (1830–1911) 49, 71
Leu-Elmiger, Maria (1762–1853) 38
Liebenau, Anna von (1847–1915) 124
Liebenau, Hermann von (1807–1874) 63, 124
Liebenau, Theodor von (1840–1914) 63, 124
Lienhard-Weber, Marie-Louise 200
Lingg-Sidler, Annemarie 135, 219
Lötscher, Johann (1833–1906) 124
Ludwig, Irene 183
Ludwig, Peter 183
Ludwig Philipp I. (1773–1850), Bürgerkönig 51, 53
Luethi, Rolf 180
Luginbühl, Buschi 192, 195
Lusser, Josef 114
Lustenberger, Josef 219

Marchal, Guy P. 214
Marchi, Otto 198
Markowic, Frau 174
Marshall, Georg G. (1880–1959) 168
Marti, Emma 219
Marti, Kurt 177
Marti-Meier, Madeleine 219
Mastria, Brigitte 219
Matt, Annemarie von (1905–1967) 190, 192, 197
Matt, Caspar von (1817–1884) 66
Matt, Hans von (1869–1932) 141
Mauritius, Heiliger 119
Mayor, Guy 195
Mazzola-Krauer, Josef 21
Medici-Mall, Katharina 195
Meienberg, Niklaus 198
Meier, Christoph 212
Meier, Herbert 177
Meier, Hildegard 219
Meier, Josef (1904–1960) 163
Meili, Armin (1892–1981) 157
Meister, Ulrich (1838–1917) 102
Mengis, Ferdinand 168
Mergenthaler, Ottmar (1854–1899) 99, 114
Mermillod, Gaspar (1824–1892) 88
Merz, Marie-Luise 223
Merz, Richard 173
Metternich, Clemens Wenzel Lothar Nepomuk (1773–1859) 51, 53
Mettler, Clemens 177
Metzger, Fritz (1898–1973) 157
Meyenberg, Albert (1861–1934) 114, 138, 150
Meyenberg, Alois 172, 176
Meyer, Anna (1840–1905) 222
Meyer von Schauensee, Alphons (1817–1846) 28f., 44
Meyer, Bernhard (1810–1874) 47
Meyer, Dominik 30

Meyer-Rahn, Hans (1868–1954) 141, 143
Meyer, Josef 71
Meyer, Karl (1885–1950) 144, 148
Meyer von Schauensee-Zur Gilgen, Karl (1800–1860) 29
Meyer von Schauensee-Duc, Niklaus (1774–1837) 30, 37
Meyer-Bielmann, Oberst 80
Meyer, Thimotheus 11
Meyer-von Büren, Ulrich 28
Meyer von Schauensee, Xaver (1769–1829) 18f., 29f.
Meyer von Schauensee-Balthasar, Xaver (1803–1884) 29, 34, 59, 73
Michel-Firz, Annemarie 178
Mohr, Josef 55
Morel, Andreas F. A. 195
Möri, Alfred (1880–1936) 157
Moos, Karl von 63, 65
Mossdorf, Carl (1901–1969) 157
Mossdorf, Gustav (1831–1907) 133
Motta, Giuseppe (1871–1940) 149
Mozart, Wolfgang Amadeus (1756–1791) 174
Muff, Alois 214, 219
Müller, Albert (1834–1914) 75
Müller, Anton (1876–1934) 120f.
Müller, Anton (1919–1968) 120
Müller, Anton E. 192
Müller, Eduard (1830–?) 76
Müller, Gottfried (1878–1945) 118
Müller, Jakob (1811–1846) 50f.
Müller, Josef 28, 44, 52
Müller, Jost (1817–1851) 76
Müller, Ulrich (1822–1880) 59, 76, 99
Müller-Peter, Ulrich (1784–1870) 76
Mumenthaler, Sybille 219
Murner, Thomas (1457–1537) 119
Muschg, Adolf 177
Mussolini, Benito (1883–1945) 143f.

Nager, Jost (1813–1892) 59
Näpflin, Heidi 219
Napoleon I., Bonaparte (1769–1821), Kaiser 6f.
Navratil, Leo 191
Neth, Hans 206
Neuenschwander, Max E. 183
Nussbaumer, Karl 219
Nyffeler, Rolf 197

Ochsenbein, Ulrich (1811–1890) 45, 54, 75
Odermatt, Josef Maria 180
Odermatt, Melchior 219
Oppenheim, Roy 189

Palmerston, Henry John Temple (1784–1865) 53f.
Paul VI. (1897–1978), Papst 182, 188
Peyer, Emil 100
Peyer, Xaver 64
Peter-Raeber, Joya 205, 219
Petermann, Anton (1804–1873) 23, 39, 59
Peter und Paul, Heilige 139
Pfister, Joseph 45
Pfister, Ruth 219
Pfyffer von Altishofen, Carl (1771–1840) 21–23
Pfyffer von Altishofen, Franz 180
Pfyffer von Altishofen, Hans (1866–1953) 141
Pfyffer von Altishofen, Heinrich (1889–1957) 151
Pfyffer von Altishofen, Jakoba 124

Pfyffer von Altishofen, Kasimir (1794–1875) 19, 39, 41f., 50, 66
Pfyffer von Heidegg, Joseph Ignaz Franz Xaver 1
Pfyffer zu Neueck, Joseph Jakob Xaver (1798–1853) 44
Pillier, Ignaz (1792–1870) 44
Pius IX. (1792–1878), Papst 84, 87, 89, 144
Pius XI. (1857–1939), Papst 142f.
Pius XII. (1876–1958), Papst 163, 188
Pizzato, Viviana 219
Plenzdorf, Ulrich 198f.
Poliakoff, Serge (1906–1969) 178, 197
Portmann, Franz 210
Prinz, Otto 191

Räber, Ada 174
Räber, Adele (1899–1912) 127
Räber-Zemp, Adelheid (1871–1937) 127, 151, 154, 156
Räber, Alois (1834–1905) 32, 104
Räber, Alois (1864–1935) 133
Räber-Leu, Aloys (1796–1879) 2–16, 19–22, 25–50, 55–66, 68–80, 85f., 90, 97, 141, 148, 185, 205, 210, 215, 223
Räber-Schnyder, Aloysia (1764–1843) 2, 3f., 26, 28, 38
Raeber-Jenny, Andy 177, 191, 194, 204f., 219
Räber-Schryber, Anna (1859–1924) 113, 127, 140
Räber, Antoinette (1872–1952) 173, 223
Räber, Anton (1895–1912) 127, 132
Räber, Barbara (1788–1867) 26, 28
Raeber-Anrig, Bernard 178f., 182, 185–193, 196, 198–205, 207, 210, 214, 219, 223
Räber-Rotschy, Bernard (1831–1904) 70, 80, 83f., 86–95, 97, 99, 103–107, 109f., 124, 126, 133, 176, 223
Raeber-Schneider, Bernard Joseph (1897–1966) 145, 152–156, 158–171, 173–180, 223
Räber-Zemp, Bernhard (1863–1946) 97, 106f., 110, 112–116, 119, 123, 126f., 133f., 137, 139f., 143–148, 150–154, 156, 160, 164, 176, 223
Raeber-Schneider, Betty 156, 179, 205, 219
Raeber, Charlotte 205, 219
Räber, Claudia 219
Räber-Jucker, Franz (1888–1948) 119, 126–128, 132f., 140f., 145, 147, 151–154, 156, 158–167, 184, 188, 198, 222
Räber-Schnyder, Fridolin (1748–1809) 3f., 10, 222
Raeber, Heidy 205, 219
Räber-Bachmann, Heinrich (1799–1870) 3, 15f., 19–23, 26, 28, 30, 34, 48f., 52, 60–63, 65, 68, 70, 73f., 76, 80, 148, 185, 205, 223
Räber-Jurt, Heinrich (1818–1902) 61, 63–65, 70–72, 74f., 80, 83f., 86–95, 97–99, 102–106, 109f., 124, 126f., 140, 162, 176, 222
Räber-Küng, Heinrich (1785–1844) 32
Räber-Schriber, Heinrich (1840–1925) 42, 73, 78, 91, 95, 98, 102–104, 109, 141, 222
Räber-Schiffmann, Johann (1624–1686) 2
Raeber, Jonas 204f.
Räber, Josef (1827–1850) 26, 70, 80, 223
Räber, Josefa (1891–1955) 131, 152, 222
Räber-Hauser, Joseph (1866–1948) 104, 110, 113f., 116, 126, 128–130, 133, 135, 137–140, 143, 145–147, 149–151, 153, 166, 223

Räber-Meyer, Joseph (1822–1894)  70, 80f., 83f., 86–88, 99, 104f., 109, 173, 222
Räber-Schryber, Joseph (1860–1934)  98, 103f., 106f., 110, 113, 115f., 119, 121, 125–127, 130–132, 134, 136f., 139–143, 145–148, 150–154, 182, 222
Räber-Villiger, Joseph Jost Fridolin Alois (1786–1868)  7, 9, 222
Räber-Wyss, Joseph Alois (1794–1878)  7, 9, 11, 16, 28, 223
Räber-Rotschy, Josephine (1837–1879)  97
Räber, Jost (1829–1854)  26, 70, 80, 223
Räber, Kaplan  41
Räber-Schürmann, Kaspar (1791–1858)  42, 73, 78, 222
Raeber, Kuno  198
Räber, Luise (1893–1981)  141, 152f., 156, 161–163, 167f., 173, 198, 222
Räber-Leu, Maria (1805–1886)  48, 56, 83, 109
Räber, Marie (1859–1931)  132, 173, 222
Räber-Merz, Marie-Luise  177
Räber, Martha (1898–1976)  173
Raeber-Sawitzky, Moritz  167
Räber-Huber, Robert  176f., 179, 185, 187, 223
Räber-Merz, Robert (1898–1986), 143, 152f., 158, 162, 164, 173–177, 179, 182, 223
Räber, Rosalia (1892–1909)  127
Raeber-Jenny, Rosemarie  204
Räber, Stefanie  182, 205, 219, 223
Räber, Ursula  177, 219, 223
Räber-Schürmann, Verena (?–1867)  78
Raminsky, Witwe  78
Ramp, René  197
Reding, Nazar von (1805–1865)  70, 77
Reichmuth, Hanspeter  203
Reichmuth, Rolf  203
Reinecke-Dahinden, Ruth  219
Renggli-Raeber, Patricia  219
Rhyn, August am (1880–1953)  140
Ribary, Werner (1896–1966)  157
Rickenbach, Melchior  51
Riedler, Michael  205
Rogers, John  114
Rogger, Hans (1913–1982)  171
Rohner, Walter E.  203
Röist, Kaspar (1478–1527)  142
Rölli, Rolf  213
Roos, Tom  219
Roth, Joseph (1894–1939)  177
Rotschy, Josephine (1837–1879)  223
Rüttimann, Niklaus (1799–1858)  25
Rüttimann, Rudolf (1795–1873)  63, 71
Rüttimann, Vinzenz (1769–1844)  25
Ryser, Peter  192, 197

**S**alis-Soglio, Johann Ulrich (1790–1874)  54
Salis, Rudolf von  198
Salzmann, Joseph Aloys (1759–1811)  185
Sangregorio, Giancarlo  197
Santomaso, Giuseppe  197
Sartorius, Karl (1890–1965)  167
Sauerländer, Remigius (1776–1847)  38
Sauner, Lucien  202f.
Sauner, Theophil  202, 219
Schärer, Hans  197
Scharmann  60
Schatz, Adolf  164, 173
Schaub, Doris  219
Schenk, Christian (1781–1834)  30
Schenk, Karl (1823–1895)  30
Scherer, Bruno Stephan  195

Scherer, Johann Baptist (*1810)  23, 25
Scherer, Josef (1791–1854)  49
Scherer-Boccard, Theodor (1816–1885)  84
Scheuber, Josef Konrad  190
Schibi, Christian (1595–1653)  11
Schiffmann, Franz-Joseph  210
Schiffmann, Werner  84
Schill, Josef (1850–1905)  93, 99, 110f.
Schiller, Johann Christoph Friedrich von (1759–1805)  20, 62
Schilter, Harry  206, 219
Schiltknecht, Robert  199
Schläpfer, Fritz  182, 219
Schlönvogt, Horst  184
Schlumpf, Melchior (1797–1880)  22
Schmid-Iten, Antoinette  214, 219
Schmid, Christoph von (1768–1854)  5
Schmid, Damian  206
Schmid, Franz  141
Schmid, Hermann  188, 192
Schmid-Ronca, Jakob (1840–1908)  113
Schmid, Martin  197
Schmidig, Josef  219
Schnarwyler, Christoph  13
Schneebeli-Graf, Ruth  210
Schneider, Berta (1901–1916)  155
Schneider-Kuster, Berta (1879–1916)  155
Schneider, Betty  155, 223
Schneider, Charlotte (1912–1916)  155
Schneider, Hansjörg  177
Schneider-Kuster, Jakob (1879–1966)  155
Schneider, Olga (1915–1916)  155
Schneider, Paul  219
Schnieper, Dino  214
Schnurre, Wolfdietrich  177
Schnyder, Aloysia (1764–1843)  222
Schnyder, Anton (1804–1884)  23
Schnyder, Michael (1859–1924)  132, 137
Schnyder, Othmar  182
Schnyder, Wilhelm (1873–1938)  144, 148
Schobinger, Josef Anton (1849–1911)  113, 116
Schobinger, Karl Friedrich (1879–1951)  140, 143, 192, 197
Schoch, Ruth  219
Schorderet, Joseph (1840–1893)  85–87, 105
Schriber, Katharina (1860–1923)  222
Schryber, Anna (1859–1924)  106, 222
Schuldhess, Jörg  183, 190, 197
Schulthess, Emil  183
Schulz, Peter  214
Schum, Eliane  219
Schumacher, Dagobert  65
Schumacher-Uttenberg, Joseph (1793–1860)  55–57, 61
Schürmann, Verena (?–1867)  222
Schurtenberger, Ernst  182, 190, 197
Schwander, August  210
Schwander, Xaver  219
Schwarzenbach, James  184
Schwegler, Franz  206, 214
Scudder, Wilbur Stephen  114
Segesser, Joseph Coelestin von (1785–1844)  16
Segesser von Brunegg, Philipp Anton (1817–1888)  43, 50, 63, 66, 68–71, 77, 84f., 89
Segnitz, Hermann  203
Seifried, Markus  219
Seiler, Josef  219
Sidler, Alois (1873–1922)  119, 135, 141
Sidler-Greter, Anna (1884–1966)  141

Siegrist, Daniela  219
Siegwart-Müller, Constantin (1801–1869)  25, 41–43, 49, 53
Sigrist, Jakob (1869–1935)  144
Sigrist, Josef  180
Simmen, Maria  195
Späth, Gerold  177
Spitteler, Carl (1845–1924)  139
Spörli, Siro  175–177
Spoerri, Daniel  186
Spreng, Otto (1877–1960)  143
Sproll-Mettler, Mathias (1855–1924)  110
Sproll-Büchler, Max  174–176, 178f. 181f., 185, 187f., 191–193, 196, 200–202, 205–208, 211f., 214, 219
Sproll-Rey, Otto (1883–1948)  174
Stadelmann, Esther  219
Stadelmann, Gisela  219
Stadelmann, Isidor  219
Stadler, Hanna Mirjam  198, 204, 219
Stadler, Hans Beat  198, 204, 219
Staehlin, Christoph  219
Stalin, Josif W. eigentlich Dschugaschwili (1879–1953)  147
Stampfli, Frau  141
Staub, Kurt  219
Staufer  12
Steiger, Alfred (1864–1925)  132
Steiger, Jakob Robert (1801–1862)  22f., 41–43, 45f., 48, 57, 59, 63, 65, 132, 210
Steimann, Heinz  188, 213, 219
Steiner, Jörg  177
Sticher, Anton  168
Stocker, Abraham (1825–1887)  76
Stocker, Josef (*1884)  138
Stocker, Josef (1900–1985)  158
Stöckli, Heinrich (1850–1928)  109
Stöckli, Paul  197
Strasser, Hannes  199
Strauss, David Friedrich (1808–1878)  25
Streng, Franziskus von (1884–1970)  164, 182, 188
Stucki, Lorenz  198
Studer, Joseph (1902–1969)  165, 169–171
Stutz, Frieda  219
Sury d'Aspremont, Georges  151
Süss, Franz (*1867)  103, 113
Sustar, Alois  182
Suter, Alfred  219

**T**eh-Chun, Chu  197
Tellenbach, Fred (1906–1982)  187
Theobaldi, Alfred (1897–1977)  182
Thomkins, André (1930–1985)  186, 190, 197
Thüring, Georg Ignaz Anton (1758–1831)  18f., 28
Thüring-Göldlin, Georg Ignaz Johann (1782–1838)  18, 28, 34
Tolbert, Lanston  145
Tolstoj, Leo Nikolajewitsch (1828–1910)  18
Trittenbass, August  95
Troxler, Josef  47
Troxler, Joseph  84
Troxler, Niklaus  197
Tschirtner, Oswald  191
Tucholsky, Kurt (1890–1935)  128, 135
Tunk, Eduard von (1896–1983)  195
Turner, Anton (*1867)  138

**U**lrich, Josef Balthasar (1817–1876)  41–43, 47
Ulrich-Beeler, Theo (1942–1971)  186
Unternährer, Anton  31

Van de Velde, Henry (1863–1957) 180
Vannutelli, Serafino 142
Vetter, Josef (1860–1936) 119
Victoria (1819–1901), Königin von England 94
Villiger, Elisabeth 222
Villiger, Jakob 212, 219
Villiger, Johann Baptist 188
Vogt, Eugen (*1881) 113

Wagnière, Georges de 151
Wahlen, Friedrich Traugott (1898–1985) 162
Waidacher, Günter 199
Waldvogel, Hans 207, 209, 213f., 219
Walker, Aldo 190, 197
Walla, August 191
Wälle, Jakob 219
Walther, Heinrich (1862–1954) 125, 134, 136f., 153, 165f.
Wascher, Veronic 219
Weber, Andreas (1804–1869) 36
Weber, Hubert (1908–1944) 200
Weber, Ilse (1908–1984) 190, 197, 200
Weber, Jacques 110
Weber, Jost 89
Weber, Peter Xaver (1872–1947) 144
Weber, Werner 177
Weder, Jakob 197
Weibel, Josef 32f.
Weibel, Rolf 188, 219
Weimann, Karl 219
Weingartner, Anna Maria (1807–1838) 38, 223
Weingartner, Franz 38
Weingartner, Seraphin (1844–1919) 97
Weiss, Max 180
Wendel, Clara 13
Werro, Roland 190, 197
Wey, Hans (1896–1975) 159, 174
Wick, Karl (1891–1969) 158f., 170
Wick, Peter 203
Wicki, Bruno 219
Wicki, Gerhard 184, 206f., 212, 219
Widmer, Alois 212, 219
Widmer, Peter 192, 197
Widmer, Philomena 105
Wilhelm I. (1797–1888), Preussischer König 78
Willi, Esther 219
Winiger, Josef (1855–1929) 105, 114, 121, 127f., 132, 136–138
Winkler, Joseph (1809–1886) 87
Wipplinger, Dolores 214
Wolf, Niklaus (1756–1832) 19
Wolfisberg, Andreas 219
Wols eigentlich Wolfgang Schulze (1913–1951) 178, 182f., 197
Wols-Dabija, Gréty (?–1984) 182
Wuillemin, Marcel 219
Wyrsch, Sybille 219
Wyser, Marie 219
Wyss, Josepha (1796–1841) 223
Wyssing, Jost Franz Jakob 18

Zai-Achermann, Peter (1905–1977) 171
Zay, Karl (1754–1816) 9
Zehnder-Räber, Meinrad 131, 222
Zelger, Jakob Joseph (1812–1885) 94
Zemp, Adelheid (1871–1937) 106, 223
Zemp, Bruno 219
Zemp, Fredy 210
Zemp, Heinrich 206, 210
Zemp-Widmer, Josef (1834–1908) 89, 101, 104–106, 112, 136
Zemp-Schacher, Robert (1839–1916) 112
Zeugin, Mark 177
Zeyer, Albert F. (1895–1972) 157
Ziegler, Robert 130
Zihlmann, Josef 195
Zimmermann, Anna Maria 222
Zimmermann, Eduard (1872–1949) 142
Zopfi, Emil 198
Zürcher, Hans (1880–1958) 143
Zürcher, Maximilian (1808–1863) 58
Zust, Franz Karl (1895–1980) 158–160, 165, 167, 169f.
Zust-Schmid, Heinrich (1878–1950) 165
Zwyssig, Alberik (1808–1854) 41
Zyböri s. Bucher Theodor

© 1986 Raeber Bücher AG, Luzern, Verlag
Alle Rechte vorbehalten

Die Vervielfältigung und Übertragung auch einzelner Textabschnitte, Bilder oder Zeichnungen ist – mit Ausnahme der Vervielfältigung zum persönlichen und eigenen Gebrauch – ohne schriftliche Zustimmung des Raeber Verlages nicht zulässig. Das gilt sowohl für die Vervielfältigung durch Fotokopien oder irgendein anderes Verfahren als auch die Übertragung auf Filme, Bänder, Platten, Arbeitstransparente und andere Medien.

Limitierte Auflage von 1661 Exemplaren, wovon 161 Exemplare numeriert.

Herstellung: Raeber Druck AG, Luzern
Printed in Switzerland

ISBN 3 7239 0070 4